開祖物語

百瀬明治

はじめに

本書にとりあげた五人の人物は、いずれも凡人の域をはるかに超えた偉大な宗教家であり、思想家である。信仰を本位とする立場からするならば、彼らのそのような超越性を景仰し、遺徳を慕うことが肝要な行為となるであろう。

しかし、彼ら祖師、高僧は、信仰をもたない人々にも、多様なことを語りかけている。それは、人生を心豊かに生きる叡智であったり、苦悩の克服法や安心《あんじん》の獲得の道であったりする。そして、彼らの語りかけがもっとも身近に感じとれるのは、彼らもやはり同じ人間であり、はじめは凡人として出発したという観点に立ったときではないだろうか。

彼らを祖師、高僧と敬し遠ざけず、そのような観点から直視すると、意外に彼らは私たちのすぐそばにいるのである。

彼らは総じて、若いころから日の当たる道ばかり歩んだエリートではなかった。むしろ、エリートたる道に背を向け、あえて苦難の道を選ぶというのが、彼らに共通した生き方であった。たとえば、空海《くうかい》は官吏の出世コースに乗りながら、にわかに山林修行という何の保証もない世界に投じ、最澄《さいちょう》も南都仏教界でのエリートの地位を約束されながら、南都を出奔して比叡山にわけ入った。親鸞《しんらん》や道元《どうげん》、日蓮《にちれん》もまた、当時の仏教界の最高峰延《えん》暦寺《りゃくじ》に籍を置きながら、未練気もなくその恵まれた立場をなげうち、未知の荒野へと旅立っていった。

彼らがそのような挙に踏み切ったのは、既成の教えに深い疑念を抱き、疑念をそのままにしておくことができなかったからである。既成の観念に妥協せず、自分にとってのより真実なるものを追究するというこの姿勢は、私たちに親しい近代合理精神に通底するものであろう。

だが、彼らが生きた当時、こうした身の処し方は、ともすると異端の烙印を捺《お》されがちであった。今ふうの表現をすれば、〃いじめ〃の対象とされることを避けられなかった。

したがって、彼らもいったん独自の道に踏み出してからは必死とならざるをえず、あらゆる手だてをつくして、既成の観念を上回る新しい価値観の創出に身命を賭した。入唐求《にっとうぐ》法《ほう》という、生死の確率がなかばする冒険行も、彼らの厭《いと》うところではなかった。

それだけに、確信に到達したのちの彼らの生き方は、闊達自在な爽《さわ》やかさに満ちている。ことの本質において譲ってはならないところを意志強固に譲らなかった。そういう人間にだけ備わる不動心が、彼らの生き方から鮮明に感じとれる。

また、彼らは、疑念を抱いた理由も異なれば、その疑念を克服する方法論も、達した結論も、それぞれに違っていた。その事実も、人間能力の多様性を開示するものとして、私たちを力づけてくれるのではないだろうか。

百瀬明治

開祖物語　目次

主諌暁／小松原の法難／予言適中／生涯最大の受難／
天台宗からの自立

第一章　空海

――永遠に生きる万能の超人

新時代の息吹き

空海の前半生は、時あたかも奈良朝体制がいちじるしい動揺を示し、新しい秩序をめざして平安京への道が模索されつつあった、歴史の大きな過渡期と重なりあう。そして、そのような変動のきざしをとみに印象づけたのは、久しく朝廷の中枢の座を占め続けてきた称徳《しょうとく》女帝の死であった。

称徳女帝は、「三宝《さんぼう》の奴《やつこ》」と称して東大寺《とうだいじ》の大仏(毘盧遮那仏《びるしゃなぶつ》)の前に額《ぬか》づいた熱烈な仏信徒聖武《しょうむ》天皇の皇女である。天平勝宝《てんぴょうしょうほう》元年(七四九)、父から位を譲られて第四十六代天皇(孝謙《こうけん》)となり、九年後いったん淳仁《じゅんにん》天皇に譲位したものの、天平宝字《ほうじ》八年(七六四)にいたって重祚《ちょうそ》(称徳)、前後二十年にわたって奈良朝に君臨してきた女傑であった。

この女帝をめぐるエピソードとしては、僧道鏡《どうきょう》を異常なほど寵愛したことが、古来名高い。女帝は、未婚のまま即位して神聖不可侵の座に昇ったから、世の常の女性のように結婚して子供をもうけることができなかった。そんな鬱屈もはたらいてのことであろう、女帝は重祚してからというもの、しきりに道鏡の登用をはかるのである。

両者の出会いは、女帝が病気になって近江保良宮《おうみほらのみや》に療養の日々を送っていたとき、看病禅師として道鏡が派遣されたことにあるという。道鏡は密教の一種である宿曜秘法《すくようひほう》を修して懸命に看病につとめ、それによって病の癒《い》えたことが、道鏡に対する女帝の絶大な信頼を決定した。

女帝の道鏡寵愛がだれの眼にも明らかになったのは、重祚と同年の天平宝字八年のことである。この年、道鏡は一介の看病禅師からいきなり大臣禅師に登用され、ついで翌天平神護《じんご》元年（七六五）には、人臣の極位である太政大臣禅師にのぼった。ちなみに、七十余年を数える奈良時代において、太政大臣に任ぜられたのは、道鏡を含めて二人だけである。だが、女帝はそれでもなお満足せず、天平神護二年、ついに法王の称号を道境に与えた。この時、法王宮職《ほうおうぐうしき》も同時に設置されているので、道鏡の身分はほぼ天皇と同格になったといってよい。

それにともない、道鏡の腹心の僧が法臣や法参議に任ぜられて廟堂《びょうどう》に進出し、国政の場はにわかに政教混淆《こんこう》の色合いを増してくる。しかも、女帝は道鏡に譲位する意向まで抱いていたから、事態がこのまま進めば、ひょっとすると僧侶の主導する朝政が出現することになったかもしれない。

しかしながら、この異常事態は、宝亀《ほうき》元年（七七〇）八月、女帝が病没し、道鏡が藤原氏ほかの反撃を受けてあっけなく失脚したことにより、回避された。女帝のあとをついで即位したのは、それまで不遇をかこっていた天智《てんち》系の白壁王《しらかべ》（光仁天皇《こうにん》）である。白壁王は即位したとき、六十二歳という高齢であったが、崇仏政策の行きすぎなど弊害の目立つ従来のあり方に意欲的な改革を加え、政界に新風を吹きこんだ。こうして光仁天皇の施政のもとに発足した新路線は、その皇子である桓武天皇《かんむ》に引きつがれ、さらに強化される。そして、桓武天皇が長岡京、平安京と遷都を実施したことによって、名実ともに奈良朝体制からの脱皮、平安朝への道が実現するのである。

ところで、そのときの桓武天皇の前には、光仁朝から手渡された宿題ともいうべき大事業、蝦夷《えぞ》平定という緊急の課題があった。蝦夷平定は、大軍の動員と膨大な出費を必要とし、よほど本腰を入れなくては達成できることではなかった。

では、桓武天皇はそれほどの大事業を抱えこみながら、どうして新都造営というもう一つの大事業に着手したのであろうか。理由はいくつか考えられるが、その一つとして古来から指摘されているのは、南都仏教からの離脱ということである。南都つまり奈良の仏教勢力は、道鏡の異常な栄達が端的にものがたるように、朝廷貴族と密着して国政の中枢を侵食しつつあった。そのような仏教勢力の政治介入の弊を除くため、彼らの巣窟と化した平城京を離れるのが、新都造営・遷都に踏み切った桓武天皇の主たる狙いの一つだった、というのである。

そのころ、平城京に栄えていたのは、三論《さんろん》・成実《じょうじつ》・法相《ほっそう》・倶舎《くしゃ》・華厳《けごん》・律《りつ》の各宗であり、これを総称して南都六宗という。南都仏教界にこれら六宗が成立したのは、東大寺大仏殿建立のはじまった天平十九年（七四七）から大仏開眼《かいげん》供養の前年の天平勝宝三年（七五一）の間のことといわれ、各宗の機関である宗所が東大寺に設けられていた。当時の南都仏教界の繁栄ぶりは、大仏の開眼会《え》に列席した僧侶の数一万名あまりという記録からだけでも、容易に想像することができよう。

ただし、南都六宗はそもそものはじめから政治との密着を志向したのではない。腐敗、堕落した政僧を生み出したのは、むしろ天皇や貴族側のとめどない崇仏に原因があり、南都六宗自体は、本来きわめて禁欲的かつ学究的な存在であった。たとえば、南都六宗が重んじた戒律は、鑑真《がんじん》が持ち伝えた上座部《じょうざ》派（小乗）の「四分律《しぶりつ》」だったし、各寺院は学問寺として大学のような機能をおび、多くの図書を収集、常備していた。

また、三論宗、成実宗などの「宗」の意味は、後世のいわゆる「宗派」とは違っていたことも注意しておかなくてはならない。この時代の「宗」は「衆」とも書き、一種の学派・学団であって、一定の教説の研究のために形成された僧侶の集まりを意味した。宗派・宗団のように内面的信仰によって立場を異にしたのではなく、したがって仏教をいっそう深めようとすれば、他宗とあわせ学ぶのも何ら支障がなかった。その逆に、諸宗兼学こそ当時の仏教界では推奨されたことであり、あとでみるような空海の諸宗を統合しようとする壮大な構想も、そこに一つの根を発しているのである。

以上のような特徴を備えた南都仏教のなかで、もっとも早くわが国に伝わったのは三論宗であり、いちばん広い影響力を誇ったのは法相宗であった。とりわけ光仁・桓武の二代にわたる仏教統制後、法相宗は本来の教学の研究に力を入れ、南都六宗を代表する緻密な教学体系を作りあげていく。

だが、南都六宗は前述のように上座部派の戒律を重んじており、その性質上おのずから自己一身の宗教性の深化にのみ力点を置きがちであった。すなわち、自利的であって、すべての衆生の救済をはかろうとする利他性に欠けていた。

そんなところへ、あたかも平安京への道程を歩みつつある政治世界の胎動と即応するかのように、南都六宗の限界に挑んで大乗仏教を鼓吹する一人の僧侶が登場した。後年、空海の法友となり、ライバルともなる最澄《さいちょう》その人である。

最澄は比叡山にこもって経典の研究をかさね、『法華経《ほけきよう》』にもとづく天台宗《てんだいしゆう》に導かれていった。そして、その清新な教えは、平安新京にふさわしい仏教を求めていた桓武天皇の心をとらえ、これ以後、最澄は桓武天皇の外護《げご》のもと、南都仏教界と厳しく対立しながら平安仏教界の第一人者の地位を着々と築いてゆく。

空海《くうかい》はその当時、まだ微々たる山林修行者にすぎず、最澄の名声には遠く及ばない存在であった。しかし、空海はそのころすでに、南都六宗の教学はもとより最澄の天台法華思想をもあわせて総合的に超克し、より広く豊かな宗教的世界を構築しようという、壮大きわまる企てにとりかかっていた。空海もまた、平安京への道をひた走りに走っていたのである。

空海の意図したその宗教的世界は、周知のように真言密 教《しんごんみつきよう》と呼ばれる。いわゆる密教はインドに発したものであり、実に難解な内容をもつが、東洋の仏教思想史上、その密教に独創的な教理体系をもたらし、完成の域にまで高めたのが、ほかならぬ空海であった。

仏教への覚醒

香川県の善通寺《ぜんつうじ》市に、四国巡礼第七十五番札所の真言宗善通寺がある。寺伝によれば、空海が平安初期に建立したとされているが、実際の歴史はもっと古く、この地方の豪族佐《さ》伯《えき》氏の氏寺としてすでに奈良時代までに営まれていたようだ。

空海は、この善通寺にほど近い讃岐国《さぬきの》多度《たど》郡屛風《びょうぶ》ガ浦《うら》において、宝亀五年（七七四）六月十五日、呱々《ここ》の声をあげたという。幼名は真魚《まお》。もっとも、この誕生の月日については確実な記録がないので、事実かどうかは不明だが、ちなみに南北朝時代の公卿北畠《きたばたけ》親房《ちかふさ》の著『神皇正統記《じんのうしょうとうき》』は、次のようなことを記している。

「弘法は母懐胎《かいたい》の始《はじめ》、夢に天竺《てんじく》の僧来《きた》りて宿をかり給《たまい》けりとぞ。宝亀五年甲寅《きのえとら》六月《みなづき》十五日誕生。この日唐の大暦《たいれき》九年六月十五日にあたれり。不空三蔵《ふくうさんぞう》入滅す。仍《よりて》かの後身と申《もうす》也」

引用文中の不空三蔵は、あとでまたふれるが、インドに生まれて中国に密教を根づかせた、きわめて著名な僧である。その不空三蔵が没したのと空海の誕生したのが同じ日なので、空海は不空三蔵の生まれかわりだと信じられたというのだが、あるいは逆にそのような伝説がもとになって、六月十五日を空海の誕生日にあてるようになったのかもしれない。

空海の父は佐伯直田《さえきのあたいた》公《きみ》といい、空海はその三男であった。佐伯氏は、かつて大和朝廷に服属した蝦夷たちの集団佐伯部の管理を職掌とし、空海の祖先はその武功によって讃岐の国　造《くにのみやつこ》に任ぜられたという。だが、空海の生まれたころの佐伯氏は、大化改新を境に国造制度が廃止になったりしたため、あまり実力のない地方の名門という境遇にあったようである。

母方の姓は阿刀《あと》氏といい、おそらく儒教や仏教にかなりの素養をもった渡来人系の家柄であろうと推定される。その傍証として、母の兄弟のなかから、のちに桓武天皇の皇子伊《い》予《よ》親王の侍講《じこう》となったほどの大学者、阿刀大足《あとのおおたり》が出ている。

幼少の空海の学問の師となったのも、この阿刀大足である。空海がおじ大足から受けた学恩はなみなみならぬものがあったようで、後年空海はこう述懐している。

「貧道《ひんどう》、幼にして表　舅《ひょうきゅう》に就《つ》きて頗《すこぶ》る藻麗《そうれい》を学びき。長じて西秦《せいしん》に入りて粗《ほぼ》、余論を聴く」（『文鏡秘府論《ぶんきょうひふろん》』）

貧道とは僧侶の謙称で、つまり空海自身をさす。自分は幼いときから大足について多くの詩文や儒学のことを学んだ、そのおかげでのちに唐に渡った折も、現地でそれらのことについて学ばねばならないことはあまりなかった、というのである。

このように大足のもとで行きとどいた基礎教育を受けた空海は、十五歳のとき、国営の地方教育機関である国学に入学したらしい。ついでその三年後、空海は大足にともなわれて都（長岡京であろう）にのぼり、やはり国営の大学に入った。大学の入学資格は、原則として五位以上の貴族の子弟となっていたが、国学の修了者にも狭いながら門が開かれていたので、その特例にあずかったのであろう。

当時の大学には明経《みようぎよう》・明法《みようほう》・文章《もんじよう》・算道《さんどう》などの科があったが、空海が専攻したのは儒教研究を主体とする明経道であった。空海としては、大足から薫陶を受けたこの得意の分野で驥足《きそく》をのばし、学者として大成することを夢みていたのであろう。あるいは、名家佐伯氏の斜陽を憂える父母や一族の期待を背に、官界で雄飛することも空海の未来展望に含まれていたかもしれない。

いずれにせよ、故郷で「神童」（『空海僧都伝《くうかいそうずでん》』）とほめそやされたこの秀才青年の胸には、現世での栄達を願う熱い思いが渦巻いていたはずであり、実際にも精魂をこめて勉学に励んだことが、「雪蛍《せつけい》を猶《なお》怠れるに拉《とりひし》ぎ、縄錐《じようすい》の勤めざるに怒る」（『三教指帰《さんごうしいき》』）という記述からうかがわれる。

ところが、大学に入って一年後のことか、三年後のことか、時期ははっきりしないが、空海は突如として現世的栄達に背を向け、大学からも去って、山林修行に邁進《まいしん》しはじめるのである。すなわち、道を「儒」から「仏」に転じたのであった。
「爰《ここ》に一《ひとり》の沙門《しやもん》有り。余《われ》に虚空蔵聞持《こくうぞうもんじ》の法を呈《しめ》す。其の経に説く、『若《も》し人、法に依って此《こ》の真言《しんごん》一百万遍を誦《じゆ》すれば、即《すなわ》ち一切の教法の文義暗記《もんぎあんき》することを得《う》』。ここに大聖《だいしよう》の誠言《じようごん》を信じて飛焔《ひえん》を鑽燧《さんすい》に望む」（『三教指帰』）

沙門とは僧侶のことだが、空海を仏道に導いたこの沙門が具体的にだれであったのかは明らかでない。「虚空蔵聞持の法」とは、虚空蔵求聞持法《ぐもんじほう》と同義であり、奈良朝のころ一般に信じられていた、一種の記憶力増進の密教的な秘法である。智慧をつかさどる虚空蔵菩薩をまつり、百日間にわたって祈願をこめれば、あらゆる仏教の教法を暗記することができるというのが、この秘法の眼目であった。

要するに空海は、右引用文によれば、大学に在学中、たまたまある沙門から虚空蔵求聞持法を教えられ、これは仏の教えであるからまちがいないと信じて、それからというもの、木をこすりあわせて火を鑽《き》り出すように少しもたゆむことなく、仏道修行に精進するようになった、というのである。

この「儒」から「仏」への転回の原因も、はっきりしていない。ただ、空海の遺言を書きとめたとされる『御遺告《ごゆいごう》』に、五～六歳のころ八葉蓮華のなかにすわって諸仏と語りあう夢をしばしば見たということが記されており、また広く儒教を学んだけれども、もっぱら好んだのは「仏経《ぶつきょう》」であったということも述べられている。

そのことから察すると、幼少のころから空海の心中にはたえず仏教への関心がわだかまっていたのであろう。それが、「一の沙門」とめぐりあい、仏道を説かれるとともに虚空蔵求聞持法を示されたことによって、にわかに意識の表層に浮かびあがり、仏教への傾斜をうながされることになったのかもしれない。

ともあれ、こうして仏教にめざめたあと、空海はすべてをなげうって山林修行にとびこみ、虚空蔵求聞持法の実践に没入した。空海の山野を跋渉する生命がけの久修練行《くしゅれんぎょう》はまず阿波《あわ》国の大滝嶽《たいりょうのたけ》にはじまり、ついで太平洋の怒濤を望む土佐《とさ》の室戸岬《むろとざき》にひき移り、さらには四国の最高峰石鎚山《いしづちやま》や大和《やまと》の霊峰吉野山《よしのやま》にも修行の場を求めたという。

そして、大自然の息吹きと深くふれあいながら修行をかさねているうちに、谷がこだまし、明星があらわれるなど、経典に説かれているそのままの奇瑞《きずい》、現証《げんしょう》を宗教的陶酔のうちに体験したことによって、空海は強い無常観に覚醒し、まったく仏道一筋に生きることを決意するにいたった。

「谷響《ひびき》を惜《お》しまず、明星来影《らいえい》す。遂に乃《すなわ》ち朝市《ちょうし》の栄華念々に之《これ》を厭《いと》ひ、巌藪《がんそう》の煙霞日《えんかじつ》夕《せき》に之を飢《ねが》ふ。（略）誰か能《よ》く風を係《つな》がむ」（『三教指帰』）

空海の才能を愛する阿刀大足《あとのおおたり》や、大学の先生たちは、空海の「仏」への転回を喜ばず、しきりにいさめたらしい。だが、空海の決意はすでに固く、「誰か能く風を係がむ」――だれがいったい私の出家の志を思いとどまらせることができようと言って、わが道をつき進むのであった。

空海の投じた山林修行の道は、官寺仏教をたてまえとする奈良朝廷によって一時期抑圧されたこともあるが、前述の光仁天皇が公認して以来、ひときわ盛んになっていた。だが、山林修行の徒の多くは、当時の僧に期待された呪術能力を高めることのほうに意を用いがちで、修行の目鼻がつくとふたたび都の寺院に戻って宗教界で活躍することを望んでいた。例の道鏡などは、その典型的なケースである。それに対し、空海の場合は、みずから「朝市の栄華念々に之を厭ひ」と述べるように、世俗の一切からの出離を決しての山林修行であった。

そのうえに注目すべきは、空海には呪術能力への関心よりも、いかにして自己の究極的なめざめを実現するかという、宗教本来の命題に対する自覚のほうがはるかに強かった、ということであろう。そのことは、次に見る『三教指帰《さんごうしいき》』の中にも明白に語られている。

『三教指帰』は、延暦《えんりやく》十六年（七九七）十二月、二十四歳の空海が著わした、いわば彼自身の出家宣言の書である。内容は一種の思想劇の体裁をとっており、主な登場人物は亀《き》毛《ぼう》先生、蛭牙公子《しつがこうじ》、虚亡隠士《きよぼういんし》、それに仮名乞児《かめいこつじ》の四人。六朝《りくちよう》風の四六駢儷文《しろくべんれい》を自在に駆使し、広汎な漢籍や仏典の知識をきらびやかに援引して儒教・道教・仏教の比較論を展開しており、上・中・下の三巻から成る。

「亀毛先生論」と銘うたれた巻上では、儒教を代表する亀毛先生が、貴族の子弟である蛭牙公子に忠孝、立身出世などの教えを説き、公子の遊蕩三昧の生活をいましめる。巻中「虚亡隠士論」では道教の虚亡隠士が登場し、世俗の栄達をはかるための人倫を説く儒教よりも、超俗的なあり方を尊び、不老長生の神仙道を求める道教のほうがまさっていると主張する。そして巻下「仮名乞児論」では、山林修行者の優婆塞《うばそく》（私的な出家）仮名乞児が亀毛先生と虚亡隠士の論争の場にあらわれ、仏の教えを諄々と説き進める。

亀毛先生と虚亡隠士は、はじめなお自分の所説のほうが正しいと頑張ったが、儒教も道教も所詮《しよせん》は利己的な価値観の域を出ないのに対し、仏教は生きとし生ける一切衆生《いつさいしゆじよう》の救済をめざす深遠な哲理であることを仮名乞児が明らかにするに及んで、ついに両人とも仮名乞児に信服し、

「今、偶《たまたま》高論の慈誨《しかい》に頼《よ》りて乃《すなわ》ち吾が道の浅膚《せんぷ》（浅薄）なることを知むぬ。臍《ほぞ》を噬《くら》ひて昨《きのう》の非を悔い、脳《なずき》を砕いて明《あす》の是《ぜ》を行はむ。仰ぎて慈悲を願はくは、大和上《だいかしょう》、重ねて指南を加へて察《あきら》かに北極（仏教の精髄）を示したまへ」

と、まったく仏教に帰依するにいたる――。

おおよそ以上のような内容の『三教指帰』は、わが国漢文学史上の一大傑作であり、またわが国最初の思想批判の書であるという評価もされている。それとともに、空海が『三教指帰』の中で仏教を最高の地位に位置づけながら、決して儒教も道教も排撃しようとはしていないことも、注目しておくべきであろう。空海は『三教指帰』の序において次のようなことを述べ、結びの十韻の詩においても同趣旨のことをくり返し強調している。

「物の情一《こころひとつ》ならず、飛沈性異《ひちんせいこと》なり。是《こ》の故に聖者、人を駆るに、教網三種《こうもうさんじゅ》あり、所謂《いわゆる》、釈《しゃく》・李《り》・孔《こう》なり。浅深隔《せんじんへだて》有りと雖《いえど》も並《なら》びに皆聖説《せいぜい》なり」

すなわち、鳥は空を飛び、魚は水に沈むように、生き物のあり方はおのずから異なっており、人間においてもその道理は変わりがない。それであるから、人間を教え導く法も一様ではなく、仏教・道教・儒教の三種がある。それらは、浅い深いの区別があるにしても、みな聖人の教えなのだ、というのである。

空海がやがて樹立する真言密教の一特性は、このようにすべての思想を包摂《ほうせつ》し、統合しようとするところにあるわけだが、その特性は、早くも仏教に転じて数年足らずのうちに芽ぶいていたわけである。

謎の七年間

『三教指帰《さんごうしいき》』の主役ともいうべき仮名乞児《かめいこつじ》のいでたちは、まことにみすぼらしい。顔は土色で生気がなく、眼は落ちくぼんで唇はゆがみ、脚は骨と皮ばかりである。小柄なからだにボロボロの着物を着て縄の帯を結い、鐶《わ》の欠けた錫杖《しゃくじょう》をついてトボトボと歩む姿を見ると、乞食や泥棒までが恥じて眼を伏せる。たまさかに町に出れば、瓦礫《がれき》や馬の糞を雨のように投げつけられる、といったありさまなのである。

いくぶん誇張があるにせよ、このように描かれた仮名乞児《かめいこつじ》のモデルはおそらく空海自身であり、若い空海は仮名乞児さながらの姿で一途に修行に励んでいたことだろう。山林に修行生活を続ければ、真剣の度が強いほど、衣食は満足に整わず、その姿はおのずから痩せさらばえた乞食坊主と化す。

だが、そんな空海の姿は、『三教指帰』を完成した直後から歴史の底に埋もれてしまい、延暦二十三年（八〇四）五月、入唐留学生《にっとうるがくしょう》として再登場するまでのおよそ七年間、空海の動静はほとんど皆目不明というに近い。ちょうど同じ時期、最澄が時代の脚光をあびはじめたのとみごとに好対照をなしている。

とはいえ、この空白の七年間は、やがて見るように、空海が山林修行者の段階を脱し、独自の思想を形成して瞠目《どうもく》すべき宗教活動にうって出る、蓄積と発酵の時代であった。したがって、隠された空海の営為についていくつかの想像が可能であり、これまで先学によって試みられた推論を掲げると、おおよそ次のようになる。

まず第一は、山林修行ばかりでなく、仏教の諸経典についても本格的な研究を行なったであろうということだ。そして、そのとき空海がもっぱらひもとき、参考にしたのは、南都諸大寺に所蔵されている経典類であったということであろう。空海が南都六宗と相当親しい交渉をもっていたらしいことは、唐から帰国した四年後に東大寺別当に任ぜられ、その人事が南都仏教界から抵抗なく受け入れられたことからも察せられる。おそらく、空海はそのような南都仏教界との交渉を通し、諸経典のみならず南都六宗の教義、とりわけ密教につながる華厳《けごん》教学に関してほぼ通暁するまでになっていたのであろう。

また、空海は唐に渡ってのち、日常会話に不自由した形跡がなく、さらにサンスクリットの素養が必要とされる中国密教の理解も、ごく短時日のうちになしとげている。ということは、入唐以前に中国語やサンスクリットを修得していたことを意味し、それらの語学を学んだのも空白の七年間のことであったに違いない。そのころ、南都には中国系の渡来人ほかがいたはずだから、語学の修得は決して不可能ではない。中国語だけに限るなら、あるいはおじ阿刀大足《あとのおおたり》にその能力があり、もっと若いときから中国語の手ほどきを受けていたという可能性も考えられる。

さらに、空海を密教へ導いた密教の根本経典『大日経《だいにちきょう》』との出会いも、空白の七年間のできごとのようだ。

『御遺告《ごゆいごう》』などによると、空海は『三教指帰』を著わした翌年の延暦十七年（七九八）、三世十方の諸仏に祈願をこめているうちに夢告《むこく》を授かり、大和国高市《たけち》郡の久米寺《くめでら》の東塔の下で『大日経』を感得した、ということになっている。その年次についてはともかく、空海が唐から帰国後、朝廷に呈出した『請来目録《しょうらいもくろく》』のなかに肝心の『大日経』が記載されていないことからしても、入唐以前に『大日経』を知っていたことは確実とみてよいであろう。

密教は、比較的新しい時期に説き出された仏教の一つであり、すでに奈良時代、密教に関する経典類がわが国にも伝わっていた。それらの経典類にもとづいて書写・読誦《どくじゅ》・供養・修法《ずほう》なども実施されており、たとえば空海が修した虚空蔵求聞持法も密教系であれば、道鏡が得意とした宿曜《すくよう》秘法もそうである。この時代の密教はふつう古密《こみっきょう》教と呼ばれるが、奈良朝全般を通じてわが国にもたらされた経典類は百三十部にのぼるといい、『大日経』も天平神護二年（七六六）の書写本が大和西大寺《さいだいじ》に現存している。

ただし、古密教は宗教として体系をなしていず、主として現実生活の吉凶禍福《きっきょうかふく》に結びついた呪術《じゅじゅつ》的側面が重視されている程度であった。したがって、個々の行《ぎょう》においては練達者が存在しても、密教の体系的理解という点では決定的に人材が不足していた。

『大日経』と出会い、そこに自分の求めていた真の仏法が秘められていることを感知した空海も、そのような状況には困惑せざるをえなかった。まして、密教は、教理的理解と並行して、師弟相承の儀式的秘儀を要求する宗教である。『大日経』を精読し、研究を深めれば深めるほど、疑問が湧いてくるのに、その疑問に答えてくれる者は、南都に学僧多しといえども、だれ一人としていない。かくて、日本の仏教界に失望した空海は、当時の密教の本場であった唐への渡航を、こがれるような思いで待ち望むことになる。

とはいえ、そのころの交通事情では、唐に渡るのはたいへんな難事であった。定期便があるでなし、独力渡航はもとより不可能であるし、遣唐使の船に便乗するのがほとんど唯一の手段といってよかった。

延暦二十年（八〇二）八月、その遣唐使の議が廟堂で決定され、遣唐大使・副使にそれぞれ藤原葛野麻呂《かどのまろ》・石川道益《みちます》を任命するとの発令があった。通算十六回目の遣唐使であり、前回の派遣から起算すると二十数年ぶりのことになる。

空海はこの報を得て、好機到来と勇みたったことであろう。だが、空海が遣唐使船に乗りこむには、一つの大きな壁があった。それは、空海が私度僧《しどそう》だったということである。国家仏教の当時、正式の僧侶になるには、「僧尼令《そうにりよう》」に定められた手続きをふんで、官許を得なければならなかったが、空海はまだその公的な手続きをすませていなかったのである。

『御遺告』などによると、空海は二十歳の時、和泉《いずみ》国槇尾山寺《まきのおさんじ》において三論宗の有力僧勤操《ごんぞう》から沙弥戒《しやみかい》を授けられて出家したということになっているが、これは私的な出家であったようだ。すなわち、空海は姿かたちは僧であっても、律令政府の公認を得られない私度僧、優婆塞《うばそく》だったわけで、そのままではどうあがいても遣唐使船に便乗できる資格を欠いていたのだ。

空海はさぞかし切歯扼腕《せっしやくわん》したことであろうが、それを尻目に遣唐使船は延暦二十二年（八〇三）、難波《なにわ》の港を出帆した。だが、遣唐使船は九州にいたる途中で暴風雨にあって大破し、渡唐は翌年にもちこされることになった。この暴風雨による延期が、結果的に空海に幸いする。

六国史《りっこくし》の一つの『続日本後紀《しょくにほんこうき》』は、空海の略伝にふれて、「年三十一、得度」と記している。空海の三十一歳は延暦二十三年にあたり、官撰のこの史書が言うように、おそらく空海の公式な出家は、この年に実現したのであろう。この唐突な人事の背後には、伊予親王の侍講として朝廷の実力者につながりのあった阿刀大足《あとのおおたり》、僧侶を統轄する僧綱所《そうごうじょ》に勢力を占める勤操《ごんぞう》、および空海と交際してその宗教的天分を知る南都仏教界の大物たちの支援もあったようだ。後年成立の空海の伝記『高野大師御広伝《こうやだいしごこうでん》』や『贈大僧正空海和上伝記《ぞうだいそうじょうくうかいわじょうでんき》』も、そろって三十一歳得度説をとっている。

とすると、空海の前に立ちはだかっていた障壁は取り除かれたわけである。事実、延暦二十三年五月十二日、時期を一年延長して難波港を再出帆した遣唐使の第一船、遣唐大使藤原葛野麻呂の搭乗する船中には、空海の姿があった。一説に、空海は何らかの事情で遣唐使のメンバーに欠員が生じたため、補欠として乗船を認められたのだともいう。そのいずれにせよ、空海はともかくも念願の入唐求法《にっとうぐほう》の途につくことができたわけであり、空海に与えられた資格は、二十年間外地にとどまって研学することを目標とする留学生《るがくしょう》であった。

付言すれば、この第十六次遣唐使の編成は四艘仕立てであり、第二船には最澄が乗りこんでいた。つまり、平安新仏教の巨頭としてほどなく並び立つ最澄と空海は、まったく時期を同じくして入唐したわけである。ただし、すでに桓武天皇の信任を受けていた最澄の身分は、留学生より格上の還学生《げんがくしょう》であり、その使命もごく短期間唐に滞在して、鼓吹中の天台宗学をきわめることであった。

また、最澄と空海は、この渡航で直接顔を合わせる機会をもたなかったらしい。というのも、最澄は前年大破しながらも九州までたどりついた遣唐使船に乗って畿内を離れており、そのまま大宰府竈門山寺《だざいふかまどさんじ》に越年しているからである。そのうえ、四艘の遣唐使船は東シナ海に乗り出したとき、また嵐の洗礼を受け、中国沿岸のそれぞれ異なった場所に漂着しているので、両者相見の可能性はいっそう乏しくなってくる。上陸後も、空海は長安《ちょうあん》に赴いたのに対し、最澄がめざしたのは浙江省《せっこうしょう》の天台山《てんだいざん》であった。したがって、おたがいに名前ぐらいは伝え聞いていたにせよ、相見はまずなかったと断定してもさしつかえないであろう。

さて、それでは空海をして入唐求法にかりたてるほど、その魂をとらえた密教とは、いったいどのようなものであったのか。唐における空海の動静を追う前に、密教の由来や特徴を簡単に見ておくことにしよう。

密教の世界

密教の内包する世界はきわめて広大であり、神秘的である。その教えを端的に規定すれば、宇宙の大生命と自己の生命とが本来的に同一であることを説く、人間生命の大いなる肯定の思想ということにでもなるであろうか。したがって、そこでは人間の備える価値実現の限りない可能性が保証され、讃えられる。しかも密教は仏教系の思想のみならず、人間界のあらゆる思想、哲学を包摂しようとする立場をとり、その方向性は空海において一段と強化される。周知のように、のちの鎌倉新仏教は一行三昧《いちぎょうざんまい》というか、法然《ほうねん》や親鸞《しんらん》は念仏を、道元《どうげん》は只管打坐《しかんたざ》（坐禅）を、日蓮《にちれん》は題目をというふうに、それぞれ一つの行を救済の眼目として強調したが、密教はそのような選択的なあり方とまったく逆の総合性をめざすものであったのである。

密教というのは顕教《けんぎょう》と対置される概念であり、秘密仏教の略称という。ただし、秘密といっても、それは故意にかくされた秘密ということではない。すべての人々に公開されているにもかかわらず、覚知していない人々にとってはいまだ明らかでないという意味での秘密である。

では、密教と顕教とは、どこがどう違うのか。ここで、密教の本尊大日如来《だいにちにょらい》の性格が問題になってくる。

顕教はふつう、この世に肉身をもってあらわれた釈迦《しゃか》が説いた教えであり、その教えは言葉や文字によって明白に説き示され、伝えられてきたものとされている。それに対し、密教は日常的、論理的な言語表現ではとらえきれない、いわば直接体験によらなければ参入が不可能な、純粋な宗教的真理をめぐる教えであり、しかもそれを絶対者としての大日如来が非日常的、象徴的な言語表現をもって説き明かした（法身説法《ほっしんせっぽう》）というところに、最高の価値を置く。

では、大日如来とはいかなる存在なのか。密教では、その超越性を次のように説明している。

一般に仏教の歴史をさかのぼると、その源はインドに生まれた実在の人釈迦に行きあたる。釈迦はヒマラヤ山麓の迦毘羅《かびら》城主浄飯王《じょうぼんのう》の子であり、ナイランジャナ川の岸に近い菩提樹の下に端坐すること六年にして悟りを得、法を説きはじめた。そして、その法はまちがいなく仏教の真理である。

しかしながら、その法は釈迦がこの世にあらわれてもあらわれなくても、本来恒常的に世界に存在しているものである。それは、いわば宇宙をつらぬく永遠不滅の摂理であり、その摂理の具現者である絶対の仏陀こそ大日如来にほかならない——密教では、そう考えるのである。つまり、大日如来は永遠、絶対な理法の化身であり、それゆえに過去・現在・未来の三世にわたって存在する清浄にして妙《たえ》なる法身《ほつしん》だ、とするのが密教の立場であった。

そうすると、この考えは、のちに日蓮が展開する「久遠実成の仏《くおんじつじょう》」という観念と、かなり似かよっているところがある。日蓮は『法華経《ほけきょう》』を色読《しきどく》することによって、跋提河畔《ばつだいかはん》に入滅した歴史上の釈迦は、実ははるかな昔に成仏した釈迦が教化の方便としてこの世にあらわれ、人間の姿をとって入滅してみせたものである、ということを感得した。そして、非歴史的存在としての釈迦を「久遠実成の仏」と観じ、みごとに釈迦を根本真理の根源、絶対的な超越者へと昇華したのである。

だが、三世をつらぬく絶対者という点では同じでも、「久遠実成の仏」はあくまで釈迦であるのに対し、大日如来は釈迦の人格とまったく切り離されており、そのところが決定的に違う。しかも、大日如来は純粋に理念化された法身仏であるから、その存在自体がすばらしく拡大されてくる。『仏教語大辞典』（中村元著）の表現を借りるならば、こうである。

「大日とは、偉大な輝くもの（略）を意味し、もとは太陽の光照のことであったが、後に宇宙の根本の仏の呼称となった。宇宙の実相を仏格化した根本仏で、あらゆる仏・菩薩の最高位にある密教の仏」

要するに、大日如来は全宇宙を表現する霊格であり、宇宙の生命の根元なのである。したがって、その教えや姿は森羅万象《しんらばんしょう》あらゆるものにあらわれ、宿ることになり、そこから逆に人間生命をはじめ万物を肯定する密教独自の広大無辺な世界観が導き出されてくるわけだ。

さて、基本的に以上のような特性をもつ密教は、インド大乗仏教の発達の最終段階に位置するが、すでに釈迦在世とごく近い時期から、密教的思想は芽生えていたといわれる。

ついで二世紀の後半、インドの大乗仏教の碩学《せきがく》龍樹《りゅうじゅ》が密教の教義的基礎を整えたと伝え、空海はこの龍樹をもってインドにおける真言密教の開祖にあてている。法身仏＝大日如来の発見も、龍樹の働きによるところが大きかったという。

その後、密教は四世紀ごろから他の大乗仏教とは独立した方向をたどりはじめ、七世紀ごろ、根本経典である『大日経』および『金剛頂経《こんごうちょうぎょう》』がインドで成立したことによって、ようやく独自の宗教的足場を獲得した。これを境として、前代の密教は雑部密教《ぞうぶみっきょう》（雑密《ぞうみつ》）といい、両経典成立以後のそれは正純密教（純密《じゅんみつ》）と呼ばれている。前にふれたわが国の古密教、つまり空海が登場する以前に行なわれていた奈良密教も、その形態からすると雑密であった。

しかし、密教の思想は、くり返すように難解である。くわえて、非日常的、象徴的な言語が多用されており、秘密の核心に参入するのは容易ではない。とはいえ、そこに真理が存在する以上、それは必ず形をとって表現されなければならないとするのが密教の基本的理念であり、そこでいわゆるマンダラが案出されることになった。

マンダラは、スイスの精神医学者ユングが使用して以来、今日では深層心理学などにおける世界語の地位を獲得しているが、その原義は「本質を有するもの」「完成されたもの」を意味するという。ここでいう「本質」とか「完成」はすなわち仏の悟りの境地にほかならず、したがってマンダラとはその悟りの境地、いいかえれば密教の大生命の世界を、図画によって表象し、まだ知らない人々に開示しようとするものである。空海も、『請来目録』において、次のように述べている。

「密蔵深玄《みつぞうしんげん》にして翰墨《かんぼく》に載《の》せがたし。さらに図画を仮《か》りて悟らざるに開示す。種々の威儀《いぎ》、種々の印契《いんげい》、大悲より出《い》でて、一覩《いっと》に成仏す。経疏《きょうしょ》に秘略してこれを図像に載せたり。密蔵の要、実にここにかかれり」

密教におけるマンダラは必ずしも図画に限らず、造形や文字によっても表象されるが、そのなかでもっとも重要な地位を与えられているのは、胎蔵界《たいぞうかい》マンダラおよび金剛界《こんごうかい》マンダラであり、前者は『大日経』と、後者は『金剛頂経』と、それぞれ対応する。

つまり、胎蔵界マンダラは『大日経』の説くところによって作成されたものであり、その構図をみると、その中央に大日如来ほか九尊を描いた中台《ちゅうだい》八葉院《はちよういん》が位置し、その四方におびただしい仏・菩薩・諸天が色彩豊かに排列されている。一方、『金剛頂経』の所説にもとづく金剛界マンダラは、別に九会《くえ》マンダラとも呼ばれるように全体が幾何学的な九つのしきりで構成されており、その一つ一つのしきりの中にこれまたおびただしい仏・菩薩などが精神的活動を展開していくありさまが描かれ、胎蔵界マンダラよりもその構図は複雑である。

以上のように、これらのマンダラは「悟らざる（者）に開示す」るためのものとはいえ、ある意味で経典以上に象徴的であり、難解だといわざるをえない。しかし、密教では、胎蔵界マンダラに物理的原理・絶対の理法が、金剛界マンダラに精神的原理・完成された智慧がそれぞれあらわされていると説き、この両界マンダラの中にこそ密教の神髄、絶対の法身大日如来のすべてが凝縮されていると主張するのである。それゆえ、密教とは、このようなマンダラの神秘的了解に一歩でも肉薄し、自己のうちにマンダラを実現することを理想とする教えだとみなすのも、決して見当違いではない。

もっとも、密教において胎蔵・金剛の両界マンダラは、当初からこのような密接不二《ふに》の関係のもとに存在したのではない。逆に、『大日経』『金剛頂経』成立以来、胎蔵界と金剛界はたがいに影響を及ぼしあいながら系統を別にして発展し、八世紀前後、インド大乗仏教の中心的地位を占めるにいたった。そして、その教えは、広く東南アジアに伝播《でんぱ》することになり、中国にも両系統の密教が二人のインド僧を介し、ほぼ時期を同じくして入ってきた。

胎蔵界に属する密教を伝えたのは善無畏《ぜんむい》（シュバカラシンハ）であり、金剛界の密教をもたらしたのは金剛智《こんごうち》（ヴァジラボーディ）である。善無畏は東インドの王族出身と伝え、唐の玄宗《げんそう》皇帝の開元四年（七一六）、八十歳の高齢の身を長安にはこび、多くの弟子を育成するとともに、『大日経』『虚空蔵求聞持法』ほかの密教経典の漢訳につとめた。善無畏に遅れること四年、開元八年に入唐した金剛智は、金剛界マンダラの灌頂《かんじょう》道場（密教の秘法を授ける道場）を建立して弟子や一般庶民に灌頂を行ない、また、『金剛頂経』系の経典の訳出にも力を入れた。金剛智は霊的超能力にすぐれていたようで、いくつかのエピソードが伝わっており、中国密教の開祖にも擬されている。

ついで、金剛智のもとに不空三蔵《ふくうさんぞう》（アモーガヴァジラ）が登場し、密教はインド伝来の最新の仏教として、一躍、時代の脚光をあびることになった。不空三蔵もまたインド（一説に西域）の出身であるが、すでに幼少のころ唐に来ており、十六歳で金剛智に師事したといわれる。その後、不空は金剛智について二十年あまり密教経典の翻訳に携わり、そのかたわら一切の法を師から授かった。そして、金剛智の入滅後、不空は玄宗《げんそう》・粛宗《しゅくそう》・代《だい》宗《そう》の三代の皇帝に師と仰がれて絶大の信任を受け、さらに五台山《ごだいさん》に密教の根本道場を設立して、密教の普及に精魂を傾けた。その結果、中国の密教は全盛期を迎えることになり、伝統を誇る天台宗なども影がうすくなったほどである。

しかしながら、不世出の密教僧といわれる不空も、いまだ胎蔵・金剛両界に通暁するにはいたらなかった。不空がきわめたのは、金剛智直伝の金剛界マンダラだけであり、両界マンダラをあわせて手中にする役割は、次代の恵果《けいか》にもちこされる。

恵果は中国の人で、はじめ不空の弟子曇貞《どんてい》の門に入ったが、十九歳のとき不空から才能を見いだされて直接師事するようになった。その才能はみるみるあらわれ、恵果は二十二歳のとき、金剛界の奥義をことごとく不空より伝授された。ついで、恵果は前述の善無畏の高弟である玄超《げんちょう》について胎蔵界マンダラも受けつぎ、ここに密教史上はじめて、二つのマンダラをきわめることになったわけである。

こうして正純密教の最高峰に立った恵果は、長安の青龍寺《しょうりゅうじ》を本拠として法を説き、門弟の育成に励んだ。時の皇帝代宗の尊信も受けたといい、徳宗《とくそう》の貞元二十年（八〇四）には、長安の醴泉寺《れいせんじ》に金剛界マンダラの灌頂道場を建立した。そんな恵果の前に、ほどなく空海が姿をあらわすことになる。

劇的な邂逅

空海の乗った遣唐使の第一船が、はるかな大陸めざして肥前国《ひぜんの》田《た》ノ浦《うら》を出帆したのは、延暦二十三年（八〇四）七月六日のことであった。このときの遣唐船は、東シナ海を横断して揚子江河口《ようすこうかこう》付近をめざす「南路」をとったようだが、前にもふれたように折あしく暴風にあい、一カ月あまりもかかってようやく福州《ふくしゅう》（福建《ふくけん》）赤岸鎮《せきがんちん》の南に漂着した。

ところが、赤岸鎮一帯は日本との外交などと縁のうすい土地だったので、福州観察使《かんさつし》（地方長官）閻済美《えんさいび》はおそらく遣唐使船を密貿易船ではないかと疑ったのであろう、大使藤原葛野麻呂《かどのまろ》以下の上陸を許可しようとしなかった。そこで、葛野麻呂は空海に命じて来航の趣旨を明らかにする一文を起草させ、閻済美のもとに送付した。この一文は『性霊集《しょうりょうしゅう》』（空海の詩文を集成したもので詳名は『遍照発揮《へんじょうはっき》性霊集』）に、「大使の為に福州の観察使に与ふるの書」と題して収められており、実に格調の高い名文である。

その効果は、すぐにあった。閻済美は、これほどの文章を書ける人物がいるのだから、一行は正式の使節に違いないと疑いを捨て、快く上陸を許可したという。

だが、そのやさき、もう一つの難題がもちあがった。閻済美が、空海だけをこの地に抑留する態度に出たのである。その理由については、閻済美が空海の文才に惚れこんで側近にしようとしたのだとも、あるいは空海の正式得度を証明する度牒《どちょう》の交付が日本出航までに間にあわなかったためだともいわれるが、いずれにせよ福州にとどめおかれたのでは、せっかくの入唐求法《にっとうぐほう》を果たすことはできない。空海が憧憬を寄せる中国密教の中心地は長安なのである。驚愕した空海はふたたび筆をとり、閻済美にあてて「福州の観察使に入京《じっけい》せむと請《こ》ふ啓《けい》」を呈出した。大要は以下のとおり。

「日本国《やまとのくに》の留《る》学《がく》の沙門空海啓《もう》さく。空海才能聞《きこ》えず、言行《げんこう》取りどころ無し。但《ただ》雪の中に肱《ひじ》を枕にし、雲峰《うんぽう》に菜《さい》を喫《くら》ふことをのみ知る。時に人に乏《とも》しきに逢うて留学の末《すゑ》に箟《まじわ》れり。限るに廿年を以《も》てし、尋ぬるに一乗（大乗仏教）を以てす。（略）是《こ》の故に斯《こ》の留滞《りゅうたい》を歎いて早く京《けい》（長安）に達せむことを貪《むさぼ》る。（略）伏して願はくは、彼《か》の道（仏道）を弘むることを顧《かえり》みて京に入ることを得しめよ」

藤原葛野麻呂の代筆をしたさきの一文にくらべると、文章は簡潔であるが、それだけに真情がこもっており、空海の願いはいくばくもなく閻済美の容れるところとなった。

かくて遣唐使の一行と空海は、十一月三日福州を出発し、十二月二十三日に唐都長安（現在の西安《せいあん》市）に到着した。難波港出帆から起算すれば六カ月あまりを要した、長い旅程であった。

その翌々日、遣唐大使一行は時の皇帝徳宗の接見を受け、所定の任務をぶじなしとげた。なお、徳宗はその一カ月後病死し、皇太子李誦《りしょう》が即位して順宗《じゅんそう》となる。藤原葛野麻呂らは、この思いがけない皇帝の交代劇をまぢかに目撃しながら、翌年の二月十日、長安宣陽坊《せんようぼう》の官宅を出発し、帰国の途についた。一行は五月中旬、寧波《ニンポー》を出帆して中国を離れるが、その船には天台山での修学を終えた最澄も乗りあわせていた。

一方、空海は同じ留学生の 橘 逸勢《たちばなのはやなり》とともに、宣陽坊の官宅から延康坊《えんこうぼう》の西明寺《さいみょうじ》に移った。西明寺は、そのころ日本からの留学僧の宿泊所とされていたところという。

それからしばらく、空海は長安の醴泉寺《れいせんじ》に通い、カシミール出身の般若三蔵《はんにゃさんぞう》、中インド出身の牟尼室利三蔵《むにしりさんぞう》らについて、サンスクリット語や密教につながるインドの諸思想を学んだ。おそらく、空海の密教理解はすでに日本においてかなり高い完成の域に達しており、いわばその吟味と仕上げを醴泉寺の両師に託したのであろう。

そのかたわら、空海は正師《しょうし》と仰ぐに足る名僧高徳を求めて、長安の諸寺を周遊する。そして、同年六月上旬のこととみられるが、空海は青龍寺の恵果とめぐりあい、ついに正師との邂逅を確信した。一方、恵果も空海の来訪を大歓迎したといい、『請来目録《しょうらいもくろく》』には以下のように記されている。

「(恵果)和尚《かしょう》、たちまち見《まみ》えて笑《えみ》を含み、喜歓して告げていはく、我れ先より汝《なんじ》が来ることを知りて相待つこと久し。今日相見ること大《おおい》に好《よ》し、大に好し。報命《ほうみょう》竭きなんと欲すれども、付法に人なし。必ず須《すべから》く速《すみや》かに香花《こうげ》を弁じて灌頂壇《かんじょうだん》に入るべし」

これから察すると、空海の名はすでに長安の仏教界に知られており、恵果のほうがその訪れを待ち望んでいたことがうかがえる。だが、それにしても中国密教の第一人者が、異国の僧をたった一度引見しただけでたちまちその器《うつわ》を見ぬき、付法の人と嘱目《しょくもく》したこの一場の光景は、まことに劇的とすることができよう。ずっと後年のことだが、はじめて入室参問した道元を迎え、天童山如浄《てんどうさんにょじょう》が、「仏々祖々、面授の法門現成《げんじょう》せり」（『正法眼蔵《しょうぼうげんぞう》』「面授《めんじゅ》」）と、最高級の表現をもってその出会いを寿《ことほ》いだ場面を彷彿《ほうふつ》させるエピソードではある。

このとき、恵果は齢《よわい》六十を数えて健康に衰えがきざし、そろそろ後継者を選ばなければならない時期に直面していた。だが、弟子は千人あまりいたものの、期待を託すに足る者といえば義明《ぎみょう》という弟子一人しか見あたらず、しかもその義明は病身であった。恵果としては不安にならざるをえず、自分が感得した正純密教も一代にして立ち枯れてしまうのではないかと憂えていたに違いない。そんなところへ、思いがけず空海という大器があらわれたのである。それは、恵果にとっても、空海にとっても、ともに大きな幸運であった。

そのうえに、恵果は空海と日常的に接してみて、空海の秘める能力の深さ、密教理解のすぐれた到達度が予想以上であることを、あらためてしみじみと実感させられた。となれば、もはや伝法をためらう理由はない。

恵果は、空海が入門してほどなく、学法《がくほう》灌頂壇に空海を請じて胎蔵界《たいぞうかい》の五部灌頂を授けた。灌頂とは、古代インドの国王の即位の儀式に端を発するもので、密教では仏の家に生まれなおることを証する作法として、もっとも重視される秘奥の儀式である。恵果はついで七月上旬、金剛界《こんごうかい》の五部灌頂を授け、遍照金剛《へんじようこんごう》という灌頂号を空海に与えた。さらに八月上旬、恵果は金胎両部の大法を伝授した証《あかし》として、まだ愛弟子義明《まな》にも許したことのない伝法阿闍梨《でんぽうあじやり》の灌頂をついに空海に授けた。すなわち、恵果から空海への伝法はここに成就したわけであり、その席には青龍寺ほかの僧五百人ほどが居並んでこの伝法を讃嘆したという。

『請来目録』によれば、こうして伝法をすませたのち、恵果は空海を召して以下のように教えさとした。

「早く郷国に帰りてもって国家に奉り、天下に流布《るふ》して蒼生《そうせい》（すべての人民）の福を増せ。しかればすなはち四海泰《やす》く、万民楽しまん。これすなはち仏恩に報じ、師恩に報ず。国のためには忠なり、家においては孝なり。義明供奉《ぎみようぐぶ》は此処《ここ》にして伝へん。汝《なんじ》はそれ行きてこれを東国に伝へよ。努力《つとめよ》や努力《つとめよ》や」

中国のことは、義明がいて教えを弘めるであろうから心配は要らない。そなたは、一日も早く故国に帰り、国のため、万民のため、密教を伝える算段をせよ、というのである。

この教誡は結局、空海に対する遺誨となり、恵果は同年十二月十五日、青龍寺の東塔院において大日如来の法印を結びながら入滅した。空海が恵果の門に入ってわずか六カ月後のことであり、その意味でも恵果と空海の遭遇はまさに千載一遇の運命的な出会いだったわけである。

ちなみに同じ日の夜、空海が道場で祈りを捧げていると、夢に恵果が立ちあらわれて、次のように語ったという。

「汝未《なんじいま》だ知らずや、吾と汝と宿契《しゅくけい》の深きことを。多生《たしょう》の中に相共《あいとも》に誓願して密蔵を弘演《ぐえん》す。彼此《かしここ》に代《かわるがわる》師資《しし》たるや只《ただ》一両度のみにも非《あら》ず。是《こ》の故に汝が遠渉《えんしょう》を勧めて我が深法《じんぽう》を授く。受法云《ここ》に畢《おわ》りぬ。吾が願《ねがい》も足りぬ。汝西土《さいど》にして我が足を接す。吾東生《とうせい》して汝が室に入らむ。久しく遅留《ちりゅう》すること莫れ、吾前《さき》に在って去《い》なむ」

そなたは知っているであろうか、私とそなたとの契《ちぎ》りが前世から結ばれていることを。実は私たちはこれまですでに何度か、たがいに師となり弟子となってきたのである。だから、今回はそなたが唐に来て私に師事したが、次は私が日本に生まれてそなたの弟子になるであろう——ここに強調されているのは、恵果と空海の間に、過去世・現世・来世にわたる深い契りがあるということだが、それだけに、少なくとも空海が恵果との出会いにどれほど運命的な感慨をおぼえていたか、しみじみと了解させられるひびきがある。

明けて唐の元和元年（八〇六）一月十五日、空海は恵果門下を代表して、先師の碑文を撰した。碑は失われたが、文章は「大唐神都《しんと》青龍寺故《もとの》三朝《さんちょう》の国師灌頂の阿闍梨恵果和尚の碑」と題して『性霊集』におさめられており、「汝未だ知らずや……」の右引用文も、そのなかの一節である。並みいる弟子をこえて異国の一留学生が撰文の重役を担ったということは、早くも空海が中国密教界の第一人者として認められつつあったことを物語っている。

すでにみたように、恵果は密教史上、はじめて金胎両部マンダラをきわめた人物であり、恵果の体得した法の一切は空海に伝えられた。しかし、恵果は二つのマンダラをあわせ得て両部マンダラという体系の原型を作ったけれども、なおそれを総合的に統一した教理体系を生み出すまでにいたらなかった。したがって、恵果の限界をつきぬけ、インド以来の密教の大きな流れを整然と論理化、体系化することが、空海に課された宿題となったわけであり、空海はその負託にまっこうからとりくみ、これ以後、前人未到の独創的な密教世界を大胆に切りひらいてゆく。

前にみた、両界マンダラの中にこそ密教のすべてが凝縮されているという両部不二《ふに》の教理を確立したのも、空海である。なお、中国の密教は、恵果の没後すっかり不振におちいり、衰微するばかりであった。

仏法と王法

空海は中国に滞在中、密教を研鑽する一方で、多くの文人墨客と交わりをもった。その一人に、唐宋八大家に列する韓退之《かんたいし》とたがいに許しあった大詩人馬総《ばそう》がおり、彼は空海の作った離合詩《りごうし》（漢詩の一分野）を読んで、こう嘆じたという。

何ぞ乃《すなわち》万里より来《きた》れる。
其の才を衒《てら》ふに非《あら》ざるべけむや。
学を増して玄機《げんき》を助く。
土人《とじん》、子《なんじ》が如きなるもの稀なり。（『性霊集』の序）

あなたは何のためにはるばる中国にやってきたのか。まさか才能をひけらかすのが目的どいませんね。それにしても、あなたのような方は、この中国にもほとんどいません。ますます学を積んで、奥深い心のはたらきを究めるよう期待していますよ――。

これからも明らかなように、空海の令名は密教界をこえて、中国の文人社会にも知られるようになったらしい。だが、空海はその方面でさらに活躍することよりも、恵果の教誡や夢告に従って、一刻も早く帰国することを念願していた。

実際、空海は密教の奥義を体得するために入唐《につとう》したのであり、その目的が果たされた以上、いつまでも中国にとどまっている必然性はなかった。そこで、空海は帰国の日に備え、仏典のみならず、先進唐文明の精髄を伝える諸般の書物の蒐集や書写に心血をそそいだ。

しかし、入唐するときと同様、帰国する場合も、頼りとなるのは遣唐使だけである。その遣唐使船は、空海の入唐を可能にしたのが二十数年ぶりの催しだったという事実からも察せられるように、そうたびたび発遣《はつけん》される性質のものではなかった。

ところが、空海にとっては幸運なことに、彼が帰国を思い立った翌年、高階遠成《たかしなのとおなり》を遣唐判官とする遣唐使船がタイミングよくやってきた。前回とはわずかに二年しか間隔があいていないが、このように短期間に遣唐船が再来航したのは、前述した唐の皇帝の代替わりを日本側が祝賀するためであったらしい。

その報に接した空海は、春に入って長安を辞し、八月に明州《みんしゅう》から遣唐使船に便乗して帰国の途についた。空海がぶじ東シナ海を渡り、九州博多に上陸したのは、日本年号でいうと大同《だいどう》元年（八〇六年）十月初旬のこととみられる。ちなみに、空海より一年半ほど早く帰国した最澄は、すでに同年一月天台法華宗の開宗を公許され、着々と平安仏教界にぬきんでた地位を築きつつあった。

それに対し、空海はまだ帰朝ほやほやの一新知識にすぎなかったが、その胸中に満々たる自信が渦巻いていたことは、『請来目録《しょうらいもくろく》』の記述によってうかがうことができる。『請来目録』は、空海が唐から持ち帰った経典類や仏像仏具を一覧表にまとめ、高階遠成に託して朝廷に呈出した書であるが、そのなかで空海は、大日如来にはじまる正純密教の流れを明らかにし、恵果からの伝法の次第を克明に記し、さらに密教が顕教にまさるゆえんをまっこうから論じたてている。空海密教の基本的立場はほぼこの一書に尽くされており、その意味で『請来目録』は、いわば空海の開教宣言ともいうべき性格のものであった。

しかしながら、空海の称揚する密教の意義は、内容が壮大であり革新的であるだけに、朝廷の要路の理解を得られなかったらしい。あるいは、おじ阿刀大足《あとのおおたり》の仕える伊予《いよ》親王が政争に敗れて服毒自殺するという事件も、空海にとって、不利にはたらいたのかもしれない。空海は博多から大宰府《だざいふ》に移って朝廷の召命を待ったが、使者の訪れはいっこうになく、足かけ三年の歳月が無為のうちに流れ去る。その間の空海の動静もまたほとんど不明であるが、大同二年（八〇七）の後半か翌三年初頭のころには、和泉国の槙尾山寺《まきのおさんじ》に移り住んだもようである。この時期の空海は、伝法阿闍梨《あじゃり》の実績が認められないことにいささか焦燥をおぼえながらも、さらに思索を深め、密教のより精緻な体系化にいそしんでいたのであろう。

空海が待ちこがれていた入京を公許されたのは、大同四年七月のことであった。それに先立つ同年二月、空海は比叡山に登って最澄に会い、自己紹介をしたという。これ以降、最澄が空海に密教経典の借用を申し入れるなど、両者は親しい交渉をもつようになった。そのことから察すると、空海の入京実現の背後には、最澄の尽力があったようで、この推定は大筋において是認されている。

そういえば、入京を許された空海が止住《しじゅう》した高雄山寺《たかおさんじ》（現、神護寺《じんごじ》）も、最澄とゆかりの深い寺であった。高雄山寺は和気《わけ》氏の氏寺であり、清麻呂《きよまろ》や子の広世《ひろよ》・真綱《まつな》兄弟ら和気一族はそろって最澄に帰信していたのである。しかも最澄は、延暦二十四年（八〇五）、桓武天皇の命によって高雄山寺に灌頂《かんじょう》を行なっており、高雄山寺が発展するのに最澄が果たした役割もずいぶん大きいものがある。そのような来歴をもつ高雄山寺に確たるバックをもたない空海が止住できたのは、まずまちがいなく最澄の斡旋のおかげだったとみてよいであろう。

ところで、この前後の朝廷のありさまに視点を移すと、最澄を厚く信任した桓武天皇は大同元年（八〇六）に崩じ、そのあとは第一皇子の安殿《あて》親王に受けつがれた。平城《へいぜい》天皇である。だが、平城天皇は重症の脚気を病んだため在位四年にしてその座を退き、かわって即位したのは同母弟の神野《かみの》親王（嵯峨天皇）であった。空海が入京を許される三カ月前の大同四年四月のことであり、そしてこのような皇位の交替、直接的には嵯峨天皇の熱心な外護《げご》を得たことが、空海の前途に大きな光明をもたらすことになった。

両者のうち、はじめに相手の存在に着目したのは空海のほうである。空海は卓越した宗教者ではあるが、一方で当時の状況からして布教のためには体制の支援を得る必要があるということを冷徹に見ぬく現実的な認識をもっており、またそれを実践に移せるだけの豊かな社交の才も備えていた。そんな空海の眼からすると、唐文化に熱い憧憬を寄せる文人肌の嵯峨天皇は恰好のターゲットであり、空海は高雄山寺に止住してほどなく、『世説《せせつ》』のなかの秀文を揮毫《きごう》した屛風両帖を献上し、嵯峨天皇への接近をはかった。この時点での空海は、宗教者というよりも書家の才をもって天皇に近づいたわけだが、天皇もまた三筆《さんぴつ》に数えられる書道の大家だっただけに、空海の能筆を高く評価し、これを端緒として両者の親交はしだいに深まってゆく。

その翌年の弘仁《こうにん》元年（八一〇）八月、いわゆる薬子《くすこ》の乱《らん》がおこった。前年、病のため譲位した平城《へいぜい》上皇を擁し、その寵愛を一身に集めていた藤原薬子および弟の仲成《なかなり》がふたたび専権を握ろうとして、嵯峨朝の転覆を企てた事件である。もっとも、反乱そのものは薬子側の不手際もあってあっさり鎮定されたが、その直後、空海は高雄山寺において鎮護国家の修法を行ないたい旨を、懇切な文言をもって嵯峨天皇に願い出た。

「沙門《しゃもん》空海言《もう》す。（略）其の将《も》て来《きた》る所の経法の中に仁王経《にんおうきょう》・守護国界主経《しゅごこっかいしゅきょう》・仏母明《ぶつもみょう》王経《おうきょう》等の念誦《ねんじゅ》の法門有り。仏、国王の為に特《こと》に此の経を説きたまふ。七難を摧滅《さいめつ》し四時《しいし》を調和《じょうわ》し、国を護り、家を護り、己を安《やす》むじ、他を安むず。此の道の秘妙《ひみょう》の典《てん》なり。空海、師の授《さずけ》を得《う》と雖《いえど》も未《いま》だ練行《れんぎょう》すること能《よ》くせず。伏して望むらくは、国家の奉為《おんため》に諸《もろもろ》の弟子等を率《ひき》ゐて、高雄の山門にして来月一日《ひとひ》より起首《きしゅ》して法力の成就に至るまでに、且《か》つは教へ、且つは修《しゅ》せむ……」（『性霊集』）

空海のこの上表は、治世早々の混乱に当惑する嵯峨天皇に歓迎され、すんなり勅許がおりたので、空海は十一月一日から高雄山寺に鎮護国家の修法を重々しくとり行なった。この催しは、『仁王経』や『守護経』にもとづいたわが国最初の密教による修法であり、同時に空海にとっても、公的な宗教活動のはじまりという記念すべき意味をもつものであった。

いいかえれば、空海はここに宗教者としても嵯峨天皇に認知されたわけであり、両者の結びつきはこの修法を境に一段と加速されることになる。同じ年、空海はいきなり南都仏教界の中枢東大寺の別当職に抜擢《ばってき》されるが、この人事にも、とりわけ嵯峨天皇のほうが空海に傾倒していったありさまが如実にうかがわれよう。

それでは、このような修法を願い出た宗教者空海の国家観とは、どういうものであったのか。いわゆる王法《おうぼう》と仏法の関係を、空海はどう把握していたのであろう。

王法はいうまでもなくこの世に実際に機能している法、国家の政治をさすのに対し、仏法は仏が判定した出世間の戒律である。空海を祖とする真言宗の国家観は、時代が下るにつれて仏法よりも王法を上位とみなす観念を強めていったが、空海の基本的立場は違う。

空海は、王法と仏法とは通じあうものがあると言いながら、明らかに仏法の優位性を認めている。空海にとって、仏法は超国家的な意味をもつ最高の価値であった。

しかし、空海は仏法と王法との間に明確な一線を画そうとするのではない。もともと、密教は密厳《みつごん》浄土といって、大日如来の絶対の悟りの世界を、この世に実現し、建設することを究極の理念としている。問題となるのは、彼岸《ひがん》ではなく、此岸《しがん》なのである。そうであるならば、仏法は当然王法と没交渉でいるわけにはいかない。仏法は、この世に現実に機能している王法にたえず働きかけ、王法をして密厳浄土の建設を可能とする正法へと導くようにつとめなければならない。それが空海の基本認識であり、その目的にそって空海の重視した主要な営みが鎮護国家の修法であったのだ。

さらにまた、空海が嵯峨天皇に自分のほうから接近したのも、単に布教の方便《ほうべん》というのではなく、上述の理念の実現を期す上でごく必然性のある行為だったわけである。要するに、空海は王法に仏法を滲透させることによって、まず日本に密厳浄土を建設することを念願していたのであり、その願いは最晩年の承和《じようわ》元年（八三四）、宮中に真言院が設置されたことをもって、まがりなりにも達成されることになる。

空海のそのような理念に関しては、嵯峨天皇もよき理解者であった。天皇は、弘仁十四年（八二三）、三十八歳にして皇太弟（淳和《じゅんな》）に譲位したが、性格的におだやかでゆったりしたところがあり、その後も天皇家の大家父長として朝廷に重きをなしてきた。その威権は勃興いちじるしい藤原氏にも及んでゆらぐことがなく、天皇存生中の朝政は久方ぶりに安定したものとなった。のみならず、天皇は書や詩文に通じ、「文章は経国の大業《たいぎょう》、不朽の盛事《せいじ》」（『凌雲集《りょううんしゅう》』）とみなす、すぐれた文化人でもあり、その資質を総合的に判断すれば、歴代有数の英邁《えいまい》でスケールの大きい天子だったと評しても過言ではないであろう。

一方の空海も、あとで見るように万能の天才であり、宗教者としては稀有《けう》の大きなスケールの持ち主である。そのことから両者の親交のさまをうかがうと、おそらくそれぞれが王法のチャンピオン、仏法のチャンピオンであることを自認しながら、なおかつおたがいに全人格的に認めあう深い友情で結ばれていたのではないかと想像される。

ちなみにいえば、天皇は空海を「菩薩」と尊称し、空海もまた天皇の治世を中国の聖天子尭《ぎょう》の治世になぞらえて「尭日《げうじつ》」とほめたたえたことが、『凌雲集』や『性霊集』の詩篇にみえている。いずれにせよ、少なくとも空海にとって、この英邁な天子の知遇や外護を得たことは、もちまえの驥足《きそく》をのばし、密教を弘めるうえで、実に貴重な天の配剤のようなものだった、といわなくてはならないであろう。

最澄との離反

高雄山寺で鎮護国家の修法を行なった翌年の弘仁二年（八一一）から三年にかけて、空海はたびたび嵯峨天皇に贈り物をしている。それらの贈り物は、かつての中国から持ち帰った詩書や古人の筆蹟を除くと、あるいは職人に作らせた狸毛《たたげ》の唐筆であるとか、あるいは寺内の木になった蜜柑であるとか、いずれもたいしたものではなかったが、空海はその一つ一つに心をこめた文章を付しており、両者の交流が時とともにこまやかになっていくようすが、ありありと感じとれる。

そのかたわら、空海は同時並行して最澄との交流もしげくもつようになった。この交渉は主に書翰を介してのものであるが、空海が最澄にあてたのは五、六通なのに対し、最澄発信のそれは二十六通ほど伝わるので、最澄のほうが積極的だったようである。というのも、最澄にはそうせざるをえない理由があったからだ。

最澄はかつて、空海とともに入唐《にっとう》した折、中国ではすでに天台教学が斜陽化しつつあり、密教が最新の仏教として脚光をあびている状況を目撃した。そこで、最澄は天台山国《こく》清寺《せいじ》で天台教学や禅を学んだあと、帰国までに残された一カ月余を費やし、越州龍興寺《えつしゅうりゅうこうじ》の順暁《じゅんぎょう》に師事して、密教の典籍、法具などを伝承するとともに、金剛界、胎蔵界の灌頂《かんじょう》を受けた。すなわち、わが国に正純密教をもち伝えたということでは、最澄のほうが空海より一歩先んじていたのである。

帰国した最澄を待っていたのは、思いがけない運命の変転というべきか、最大の外護《げご》者であった桓武天皇の病み衰えた姿であった。しかも、桓武天皇はせっかく最澄が入唐してまできわめた天台教学にあまり関心を示さず、逆に密教に対して異常なほどの執着をみせた。晩年の桓武天皇は、かつて政争のうちに無実の罪をきせて殺した人々の怨霊に悩まされており、その不安と懊悩からの救済を密教に求めていたのである。前に少しふれたように、天皇が帰国早々の最澄に命じ、高雄山寺での灌頂を行なわせたりしたのも、そんな救済の思いにせかされてのことであった。

しかし、最澄が中国で修めてきたのは、空海と違い、善無畏《ぜんむい》系の密教であった。順暁に両部灌頂を授けられたとはいえ、それはあくまで『大日経』系統に偏した内容のものである。その事実は、もともと天台教学研鑽の片手間に密教を学んだにすぎないという自覚をもっていた最澄のことだから、彼自身よくよくわきまえていた。

そこへ、二年遅れて、密教をより深く体系的に修めた空海が帰国したわけである。おそらく最澄は、空海の呈出した『請来目録《しょうらい》』を宮中で披見した瞬間、そこに密教の秘奥の世界が遺漏なく盛られていることを感得し、あらためて自身の密教のいたらなさに思いをいたしたことであろう。

そうとなれば、後輩にも謙虚に教えを乞う態度をとれるのが、最澄という人間である。最澄は、空海の持ち帰った密教経典を借覧したり、書翰で疑問点をただしたりして、もう一度密教の勉学につとめた。だが、本当に密教をきわめようとするのなら、たびたびふれたように人は正師について灌頂を受けなければならない。そして、この正師たるべきは、当時の日本において空海ただ一人である。いや、広く中国に視線を転じても、恵果から伝法した空海をおいて、他に密教の正師は存在しない。かくて最澄は空海に灌頂の実施を依頼し、弘仁三年（八一二）十一月十五日、高雄山寺において歴史的な灌頂が行なわれることになった。最澄は同年九月末、乙訓寺《おとくにでら》に別当として滞在中の空海を訪ね、懇談して一夜を過ごしているが、その主な目的は灌頂の許可をとりつけることにあったようだ。

当日、空海が高雄山寺で施したのは、金剛界の結縁《けちえん》灌頂であった。この日、入壇して灌頂にあずかったのは、最澄のほか、在俗の和気真綱《わけのまつな》・広世《ひろよ》の兄弟、美濃種人《みののたねと》ら二十名弱の人々である。ついで、空海はおよそ一カ月後、今度は胎蔵界の結縁灌頂をとり行ない、その席には最澄以下あわせて百四十五名という多数の人々が居並んだ。

前述のように、最澄はこれより七年前、桓武天皇の命により、高雄山寺で灌頂の儀式を主催した。それなのに、今、空海に従って灌頂を受けたということは、さきの灌頂が正式のものでなく、空海の灌頂こそ密教の秘軌《ひき》にのっとった至上のものだということを、公然と認めたことにほかならない。つまり、密教においては空海のほうが師であるということを行動で示したわけであり、事実、最澄は、この前後から空海にあてた書翰に「弟子最澄」と自署している。

そのことの意味するところは、きわめて大きいものがある。当時の最澄は、くり返すまでもなく、平安仏教界の大スターであり、その地位はぬきんでていた。その最澄が、あえて空海に師弟の礼をとったのである。となれば、空海という存在に世人の注目が集中するのは、しごく当然のなりゆきであろう。はたして、空海は一夜明けると、たちまち時の人となり、スターの座にかけのぼっていた。空海が無名の段階を脱し、最澄とともに平安仏教界の双璧と謳《うた》われるようになるのは、この高雄山寺灌頂を契機としてのことなのである。

ところで、空海が最澄に授けた金剛界、胎蔵界の両部灌頂は、仏との縁を結ぶための儀式であり、在俗の人々を主対象とする、いわば密教への入門儀式であった。そこからさらに進んで、密教の奥義に達したことを証明してもらうのは、師から伝法阿闍梨《あじゃり》の灌頂を受ける必要がある。そこで、自分の密教理解に自信を抱いていた最澄は、両部灌頂を授かってすぐ、空海に対して伝法阿闍梨灌頂の伝授を願い出た。だが、空海はその伝授はまだ時期尚早であり、今後なお三年の実修が必要であるとして、最澄の願いをしりぞけた。

空海と最澄の交友関係は、このころから微妙に軋《きし》みはじめる。最澄の拠《よ》る天台法華宗は、中国隋代の高僧天台智顗《ちぎ》の緻密な教説を受けついでおり、どちらかといえば、理智的な傾向が強い。最澄本人も理智の勝った人であった。それに対し、密教は何よりも行《ぎょう》を重視する。かつて青年期の空海が深山幽谷に修行をかさねたように、密教では広い意味での実践、実修が要請される。どうも空海は、最澄が気軽に伝法阿闍梨の灌頂を求めてきたことによって、最澄の理智偏重的なあり方を見ぬき、そのことにあきたらなさをおぼえるようになったようだ。

だが、最澄はまだ空海の心理の変化に気づいてはいない。だから、最澄は申し出が容れられなかったのちも、相変わらず空海に親愛の情を示し、高弟の円澄《えんちょう》や泰範《たいはん》らを高雄山寺に送りこんで、密教を学ばせつづけた。最澄としては、いずれ比叡山での要務をすませたのち、自らも高雄山寺に赴いて、空海のいう三年の実修に従うつもりだった、といわれる。

しかし、最澄のそのような展望は結局満たされずに終わり、ほどなく最澄と空海の仲は修復しがたい亀裂に直面することになる。弘仁四年（八一三）十一月、最澄が弟子貞聰《じようそう》を遣《つかわ》して、『理趣釈経《りしゆしやくきよう》』の借覧をねんごろに申し入れたのに対し、空海が峻拒をもって応じたからである。『理趣釈経』とは、前述の不空三蔵が訳出した『理趣経《りしゆきよう》』の註釈書であり、そこでは一切の人間的欲望が煩悩即菩提の立場から肯定されており、男女間の性的交渉こそこの上もない菩薩の境地であり、法悦であるという論旨が展開されている。いわば、密教の現実肯定思想をもっとも徹底させた書であるが、同時にそれはもっとも誤解されやすい危険な書でもあった。

その意識が空海の念頭にあったではあろうが、それにしても最澄の申し入れを拒絶する空海の書翰の筆致は、あまりにも激越だといわざるをえない。

その書翰は、「叡山の澄《ちよう》法師の理趣釈経を求むるに答《とう》する書」と題して、『性霊集』に収められている。空海はその冒頭で最澄の健勝を祝し、最澄との交遊を「多宝の座を分《わか》ち、釈尊の法を弘む。此の心此の契り誰か忘れ、誰か忍ばむ」と、美しく謳いあげる。だが、空海の筆致はそこから一転して、『理趣経』の深遠さを強調し、「余不敏《よふびん》なりと雖《いえど》も略《ほぼ》大師の訓旨《きんし》（大日如来の教え）を示さむ。冀《こいねがわ》くは子《なんじ》、汝《なんじ》が智心を正しくし、汝が戯論《けろん》（迷い）を浄《きよ》めて、理趣の句義、密教の逗留《とうる》（伝え来たった教え）を聴け」と説いて、以下のような高圧的ともみえる言辞をあびせるのである。

「夫《そ》れ秘蔵《ひぞう》（真言密教の教え）の興廃は唯《ただ》汝と我となり。汝、若《も》し非法にして（正しい手続きを経ずに）受け、我、若し非法にして伝へば、将来求法《ぐほう》の人何《に》に由《よ》ってか求道《ぐどう》の意《こころ》を知ることを得む。非法の伝授せる、是《これ》を盗法《とうほう》と名《なづ》く。即ち是れ仏を誑《あざむ》くなり。又秘蔵の奥旨は文《もん》の得ることを貴《とうと》しとせず。唯《ただこころ》心を以て心に伝ふるに在り。文は是れ糟粕《そうはく》（残りかす）なり、文は是れ瓦礫《がれき》（価値のないもの）なり。糟粕瓦礫を愛すれば粋実至実《すいじつしじつ》（純粋な真実）を失ふ。真を棄てて偽を拾ふ、愚人《ぐにん》の法なり。愚人の法に汝随《したが》ふべからず、求むべからず」

一読明らかなように、空海は『理趣釈経』借覧の拒絶のことばかりでなく、さきに伝法阿闍梨の灌頂を拒否した理由についても、まっこうから論じているわけである。しかも、そこにはおおいようもなく、高所に立って最澄を難じ、教誡するひびきがある。

あなたには、そんなこともわかっていないのか。密教、私の唱える真言密教とは、こういうものなのですよ。あなたはどこか、とんでもない心得違いをしている……。「盗法」といい、「愚人の法」といい、そう言いきる空海の口調には、最澄の認識不足を批判すると同時に、最澄ほどの人がどうして真の理解にいたらないのかという、ある種の悲しみも感じられないではない。そして、空海は「努力《つと》めよ、自愛せよ」とかさねて叱咤して、この一文をしめくくるのである。

貞聴が持ち帰ったこの書翰を読んで、最澄はさぞかし誇りを傷つけられたことであろう。かつて、無名の空海を世に送り出すのにもっとも寄与したのは、最澄であった。ところが、今やその立場は、二人の交友の世界だけのこととはいえ、すっかり逆転してしまった按配なのである。まさか、七歳も年下の後輩から、このような屈辱的なあしらいを受けるとは、最澄も夢想だにしていなかったに違いない。

そこへもってきて、いっそう両者の関係をこじれさせる事件がもちあがった。いわゆる泰範《たいはん》問題である。

泰範はもと南都の元興寺《がんごうじ》の僧であったが、最澄の所説に感銘してその弟子となって以来、たえず最澄のかたわらにあって苦楽をともにしてきた。最澄は弘仁三年（八一二）にしたためた遺書のなかで、泰範を比叡山の惣《そう》別当に指名しているから、最澄にとって泰範はもっとも愛し、信頼をおいた弟子だったとみてよい。

ところが、その泰範は、前述のように密教修行のため高雄山寺に遣わされてからというもの、最澄がたびたび帰山を求めたにもかかわらず、いっこうに比叡山に戻ろうとはしなかったのである。それでも、最澄は切々とした愛情を吐露する書翰を泰範に送りつづけるのだが、弘仁七年にいたって、ついに泰範の進退は決定的となった。泰範の依頼を受けた空海が、かわりに筆をとって絶交状ともいうべき書翰を最澄に送りつけたからである。「叡山の澄和上啓《ちょうかしょうけい》の返報書」（『性霊集』）と題するこの書翰において、最澄・泰範の師弟間の確執は、最澄と空海の宗教論争といった性格のものに転化する。

最澄は、その少し前、泰範に送った書翰のなかで、「劣を捨てて勝を取るは世上の常理ならむ。しかれども、法華一乗と真言一乗と何の優劣ある」（『伝教大師御消息《でんぎょうだいしごしょうそく》』）と述べて、法華と真言は同じ大乗仏教であるから、本質的に変わりはないということを主張した。空海はそのような最澄の認識に的をしぼり、鋭い論駁《ろんばく》を加えるのである。

自分は大豆と麦の区別ができず、玉と石も見分けられないような愚か者かもしれない。とてもあなたの質問にこたえられそうになく、自分の無知におののき嘆息するばかりです。しかし、あなたの質問があまりに重要なことなので捨ててもおかれないと思い、あえて管見を開陳する次第だ――そう前置きして、空海は次のように述べたてる。

「顕密の教、何ぞ浅深無からむ。法智《ほうち》の両仏、自他の二受《にじゅ》、顕密説を別《こと》にして、権実《ごんじつ》隔《へだ》て有り。所以《このゆえ》に真言の醍醐《だいご》に耽執《たんしゆう》して、未《いま》だ随他《ずいた》（天台法華）の薬を噉嘗《たんしょう》するに遑《いとま》あらず……」

この一文の言わんとするところは、法華と真言が本質的に同一だなどというのはとんでもない誤謬《ごびゅう》だ、仏は人間のさまざまな資質に応じてさまざまな教えを説いたが、そのなかでもっともすぐれたものは真言密教であり、それを見分けることのできるのが真の智者である、ということに尽きる。

空海は、主著『秘密曼荼羅十住心論《ひみつまんだらじゅうじゅうしんろん》』およびその要略本である『秘蔵宝鑰《ひぞうほうやく》』において、彼特有の包摂的、体系的な構想のもとに、実に雄大な宗教世界を展開している。その核をなしているのは十住心体系であり、十住心とは十種の住心をさす。では、住心とは何か。その説明はきわめて難しいが、要するに人間の心の世界、宗教的意識のあり方といったような意味である。つまり、空海は人間精神の発達段階を十種の住心に分類し、そこへ仏教の諸思想はもとより、儒教や道教など当時知られたあらゆる哲学・思想を割り振って位置づけようとしたのであり、その成果が十住心体系であった。

空海はむろん、この十住心体系の最上位に密教を据えている。最上位の住心は秘密荘《ひみつしょう》厳心《ごんしん》と名づけられており、密教以外の一般仏教は塵《ちり》を払うだけだが、真言密教は秘宝の庫《くら》を開き、それによってあらゆる価値が実現される、と空海は説く。それ以外の住心、すなわち最下位の異生羝羊心《いしょうていようしん》から九番目の極無自性心《ごくむじしょうしん》までは、どれもそれ自体では成立せず、最高次元の秘密荘厳心に進むための因であり、過程であるとされる。そして、空海がこの十住心体系において、最澄の鼓吹する天台法華宗を配したのは、第八番目の一道無為心《いちどうむいしん》の段階であった。これは十の段階のうちの上から三番目であるから、相対的な評価はかなり高いといえる。しかし、空海は天台法華宗を華厳宗についで顕教のすぐれた教えと認めつつも、密教の立場からはまだ初門にすぎないとする。

空海が以上のような壮大きわまる宗教的世界観を著述の形で公表したのは、五十七歳の天長七年（八三〇）のことだが、その基本的観念は、すでに唐から帰国する前後にかたまっていたようだ。しかも、皮肉なことだが、天台法華宗は最澄によって南都仏教に対する革新原理とされたにもかかわらず、仏教史の観点からすると、南都仏教の腐敗をきわめた華厳宗よりも発生的に古い宗派であった。その実態を中国唐で熟知し、そのうえに十住心的発展段階説に立つ空海からみれば、天台法華宗に依拠する最澄の言動は、革新運動というよりもかえって時代錯誤的な復古の営みと映ったのかもしれない。

　それに対し、空海の信奉する密教は、前述のように当時最新の仏法であった。少なくとも、東アジアにおいて、密教ほど強い影響力をもった仏法は、空海の時代、他になかった。そのような認識と自負が、おそらく空海をして、恩人ともいうべき最澄にますます対決的な姿勢をとらせることになったのであろう。

　いずれにせよ、空海と最澄との間に生じた溝は、この泰範問題によって決定的に拡大した。これ以後、平安仏教界の両巨頭の交友は事実上断絶し、それぞれに独自の道を歩むことになる。最澄は、南都仏教界に対していよいよ闘争的となり、全精力を傾けて比叡山に独立の戒壇設立の勅許を得ることに奔走した。一方の空海は南都仏教界と協調を保ちつつ、十住心体系にもとづいた総合哲学の世界を深めていくのだが、こうして両巨頭の直接的交友はとだえたものの、なお有形無形の影響を与えあったことが平安新仏教により豊かな実りをもたらしたことは、認めなければならないであろう。

高野山と東寺

弘仁七年（八一六）六月といえば、空海が泰範の代筆をして絶交状にもひとしい書翰を最澄に書き送った翌月のことである。この月十九日、空海は朝廷に上奏文を呈出し、紀州高野山を密教修行の道場として賜わりたいと願い出た。

「空海少年の日、好むで山水を渉覧《しょうらん》せしに、吉野より南に行くこと一日にして、更に西に向かつて去ること両日程《りょうじつほど》、平原の幽地《ゆうち》有り。名《なづ》けて高野と曰《い》ふ。計《はかりみ》るに紀伊国、伊都郡《いとのこおり》の南に当る。四面高嶺にして人蹤蹊《じんしょうみち》絶えたり。今思わく、上は国家《こくけ》の奉為《おんため》にして、下は諸《もろもろ》の修行者の為に荒藪《こうそう》を芟《か》り夷《たいら》げて、聊《わず》かに修禅の一院を建立せむ。（略）望請《ほうせい》すらくは、彼の空地《くうち》を賜はることを蒙《こうぶ》つて早く小願を遂《と》げむ。然《しか》らば四時《しいし》に勤念《ごんねん》して雨露《うろ》の施《ほどこし》（天皇の恩）を答《とう》せむ」（『性霊集』）

空海の書翰集『高野雑筆集《こうやざつぴつしゅう》』に、この上奏文とほぼ同時期、内舎人《うちのとねり》の主殿助《とのものすけ》布勢海《ふせのあま》にあてた書翰が収められているが、それによると空海は唐からの帰途、しばしば海が荒れて漂流したので、ぶじ帰国できたなら、必ず修禅の一院を建立しようと発願したという。その発願を、今、空海は実現に移そうとしているのである。

では、空海はどうして都でなく、高野山のような人里離れた山中に修行の道場を建立しようとしたのか。その理由について、空海は上奏文の別の箇所で大意次のように述べている。

わが国の仏教界の状況を見ると、いたるところに立派な伽藍《がらん》や僧房が並び立ち、仏法を研鑽する名僧、高徳が寺ごとにたくさんいて、まことに結構なことである。しかしながら、残念なことに、わが国では高山深嶺に入って本格的な仏法を修行する者は、中国にくらべてきわめて乏しい。それというのも、これまで修禅観法の法つまり密教が伝わらず、また修行にふさわしい場所もなかったからである。では、どのような場所がふさわしいかというに、密教禅の経典によれば、深山の中の平地がいちばんふさわしいとあり、まさにそのとおりなので、「平原の幽地」高野山に白羽の矢を立てたのである——と。

なお、空海が泰範の代筆をした最澄あての書翰には、「(このの ち) 利他《りた》の事は悉《ことごと》く大師《だいし》に譲りたてまつる」という一節がみえる。あるいは、「空海、自行《じぎょう》未だ立《りつ》せず、日夕《じっせき》劬労《くろう》す」とも言っている。もちろん、謙遜の意をこめた反語的表現であるが、要するに空海はまだ自分が自利《じり》(自己の修行)の段階に汲々としており、とても利他(衆生済度)に及ぶ余裕はないから、衆生救済のことはすべて大師(最澄)におまかせしますよ、と述べているのである。これはまた読み方によっては、いたずらに利他を急ぐよりも、まず自己を究める自利の行のほうを優先せよ、という主張として受けとめることもできよう。

一方、空海はさきの上奏文において、修禅の行者は「国の宝、民の梁《はし》(かけはし)」であらねばならないとし、高野山を開創するのはそのような修禅の行者を育成するのが主要な目的の一つだ、と言明している。そして、この場合、修禅の行者とは、いずれ真の仏者となることをめざして自利の行に励む人々のことをさす。そうすると、空海が利他の放棄を思わせるような文意をもって最澄に訣別を宣した直後、高野山開創を朝廷に願い出たというのは、その二つの行為の背後に密接な心理的つながりがあってのことだったのかもしれない。少なくとも、このころ空海の胸中に、

「南山（高野山）の松石は看《み》れども厭《あ》かず。南獄（高野山）の清流は憐《あわれ》ぶこと已《や》まず。浮《ふ》華《か》（うわついた俗世）の名利《みょうり》の毒に慢《おご》ること莫《なか》れ」（『性霊集』）

という思いがきざし、山中閑居に心をひかれつつあったことは、まちがいないように思われる。

さて、空海の高野山下賜に関する上奏文は、二十日足らずという異例の速さで勅許にあずかることができた。空海を厚く信任する嵯峨天皇が特別の配慮を加えたのであろう。こうしてスタートする高野山の開創は、空海の生涯において、大学の学生《がくしょう》から山岳優婆塞《うばそく》への転進、恵果《けいか》からの伝法につぐ第三の転機といってよい。

開創事業が具体的に動き出したのは、翌弘仁八年（八一七）に入ってからのことであっ

た。この年、空海の命を受けた高弟泰範および実慧《じつえ》らが高野山にわけ入り、実地踏査を行なったのがその最初である。

ついで弘仁九年の十一月ごろ、今度は空海本人が高野山に登り、山中に一冬を過ごした。その結果、開創のめどがついたのであろう。翌弘仁十年の五月、空海の作成した設計プランにもとづいて、いよいよ堂塔《どうとう》伽藍《がらん》の建設がはじめられた。そして、完成の年次ははっきりしないものの、高野山山上の周囲十数キロの小盆地の一画、現在「伽藍」と呼ばれる場所に、東塔・西塔・講堂（金堂）などが次々と聳《そび》え立った。

それらの伽藍の配置を見ると、東西二基の仏塔が南面して建ち、その前方に講堂を置いている。このような伽藍配置は、中国唐の密教寺院にも見られず、まったく空海の独創になるものであった。しかも、空海は単に恣意的にこの独創のプランを採用したのではない。この伽藍配置には密教の根本経典『大日経』『金剛頂経』のマンダラ世界が表現されており、東塔は胎蔵界マンダラを、西塔は金剛界マンダラをそれぞれ表象しているのだという。

空海はのちに、こうした構想によって造営した高野山中の修行の道場を、金剛峯寺《こんごうぶじ》と名づけた。しかし、何にしても、「四面高嶺にして人蹤蹊《じんしようみち》絶えたり」というように立地条件がきわめて悪かったため、建設工事は困難につぐ困難を余儀なくされ、とうとう空海は在世中にそのすべての完成を見ることができなかった。

ところで、空海は弘仁十四年（八二三）、ちょうど五十歳の時、嵯峨天皇から東寺《とうじ》を勅賜され、もう一つの造営事業を抱えこむことになる。嵯峨天皇の意を奉じて空海のもとに赴いた勅使は、当時藤原氏のエースとしてめきめき頭角をあらわしつつあった藤原良房《よしふさ》であった。

空海が給預された東寺とは、よく知られているように、嵯峨天皇の父桓武天皇が平安京を営むにあたり、その入口の羅城門《らじょうもん》をはさんで、西寺《さいじ》とともに起工された王城鎮護のための官寺である。西寺のほうは鎌倉初期に衰亡し、今は礎石がわずかに往時の栄えをしのばせるだけとなったが、東寺のほうは高さ日本一を誇る五重塔（国宝）などがあって、今も入洛する人々の恰好の目印となっている。

だが、空海が給預された当時、東寺はまだ造営途上にあった。桓武天皇の発願からすでに二十五年あまりの歳月が過ぎていたが、官の力をもってしてもなお完成にこぎつけることができなかったわけである。

そんな難事業の成就が、空海の力量にゆだねられたのだ。翌天長《てんちょう》元年（八二四）六月、空海を造東寺別当に任ずるとの発令があり、空海の双肩にかかる責務は、いよいよ重くなる。その重責を空海はよく果たし、参議右大弁伴国道《とものくにみち》らの協力を得て、着々と東寺造営の業を進めていった。伴国道は佐伯氏出身の空海と親縁関係の深い大伴氏の出身であり、また空海と血縁でつながる高弟実慧《じつえ》が片腕となって造営推進につとめた。

ただし、空海にとって、東寺を給預されたことは、決して負担ばかりを意味するものではなかった。プラスの意味について、『御遺告《ごゆいごう》』は次のように述べている。

「弘仁の帝皇（嵯峨）給ふに東寺を以てす。歓喜にたへず。秘密の道場と成す。努力《ゆめ》、努力《ゆめ》、他人をして雑住せしむることなかれ。これ狭き心にあらず。真を護るの謀《はかりごと》なり。（略）すなはち真言密教の庭とすることすでに畢《おわ》んぬ。師々相伝して道場とすべきものなり。非門徒の者をして猥住せしむべけんや」

空海がもう一方で建設中の高野山は、すでに見たように修禅の行者を育成するための道場であった。空海が真言密教をあまねく弘通《ぐづう》しようとするのなら、密教にもとづく灌頂や講演などの諸活動を行う根本道場が、別に必要となる。これまで、その根本道場的な役割を果たしてきたものとして高雄山寺があったが、同寺は和気氏という一氏族の氏寺であり、しかも最澄との因縁がからまっている。真言密教の根本道場とするには、どうみてもふさわしいとはいえない。空海としては新たな根本道場を建立したかったであろうが、当面それだけの余裕もなかった。

そんなところへ、東寺という官寺を給預され、その運営を一任されたのである。空海にとってそれは造営の重責にまさる幸運だったといってよい。空海の意図は嵯峨天皇にも諒承されていたから、東寺をして真言密教の「師々相伝」の根本道場となすことに何ら支障はなかった。

かくて、空海は講堂、五重塔などを精力的に建立し、造東寺別当の任務を果たすかたわら、唐から持ち帰った仏像・仏画・経典などをすべて東寺へ移し、その内実を真言密教の根本道場化することにいそしんだ。東寺はもともと官寺として構想されたものなので、その伽藍配置は密教的表現をとっていないが、金剛界マンダラの五仏を中心として空海が構成した羯磨《かつま》マンダラの世界は、今もそのまま東寺の講堂に保ち伝えられている。

空海は、東寺を給預されたときからおよそ十年、高野山と京都を往復して過ごした。そして、この十年間は空海の活動の最盛期としてよく、空海密教の核心をなす『秘密曼荼羅十住心論』や『秘蔵宝鑰《ほうやく》』『真言宗所学経律論目録《しんごんしゅうしょがくきょうりつろんもくろく》』（『三学録』）などが相ついで生み出されたのもこの時期であれば、社会的、文化的分野に空海の大きな足跡が印《しる》されたのもこの時期であった。

万能の天才

密教は、すでに見たように、人間生命をはじめ森羅万象を含みこんで肯定する、広大無辺な世界観に立っている。そして、そのような秘密に満ちて広大無辺な世界像を、図画を仮《か》りて開示したのがマンダラであった。したがって、マンダラには宇宙的生命のあらゆる営みが表象されているわけであるが、空海その人も超人的といってよい多面的な活動によって、マンダラの具現者、マンダラの人と呼ばれたりしている。

実際、空海の生涯をなぞってみると、その営みは単に宗教面にとどまらず、実に広い分野にまたがっており、しかもそれぞれの分野において例外なく超一流の才能を発揮しているさまは、驚嘆に値するものがある。空海はまさに、伝説ではなく、その実績が明らかだという点で、わが国に最初にあらわれた万能の天才だった、といってもよいと思われる。

空海はまず、傑出した書家であった。嵯峨天皇との親交が書を通してはじまったことは前述したが、空海の書家としての令名は入唐する以前から高かったらしい。『続日本後紀《しょく》』には、空海の二十代のこととして、「書法に在りて最もその妙を得、張芝《ちょうし》（中国の草書の名人）と名を斉《ひとしく》し、草聖《そうせい》と称せらる」とある。

空海はまた、天性の詩人であった。勅撰の漢詩文集『経国集《けいこくしゅう》』には、空海の作品が七首収録されており、そのほかにも密教の教義をたくみにまとめて要をつくした漢詩は少なくない。『性霊集』を編んだ弟子の真済《しんぜい》によれば、空海は草案を作って推敲するようなことをせず、筆をとればたちどころに詩文ができあがったという。唐に渡った折、当地の大詩人馬総が空海の才能を嘆賞したことは前に紹介した。

空海はさらに、文章の才においても群を抜いていた。その才能は、二十四歳のとき四六駢儷文《べんれいぶん》を駆使して著わした『三教指帰《さんごうしいき》』に早くも輝いているが、弘仁十年（八一九）ないし同十一年ごろの著『文鏡秘府論』においていっそう確かな結実を示している。『文鏡秘府論』は、中国の漢詩文を例にとった、いわば空海流の作文概論に文芸評論をかねた述作である。その内容はきわめて難解であり、あまり註釈も出ていないようだが、同書に引用された作品にはすでに散逸してしまった唐代のものが数多く見え、唐代逸書の宝庫として近年世界的な関心を集めつつある。また、中国にならってわが国最初の辞典『篆隷万象《てんれいばんしょう》名義《みょうぎ》』を編纂したのも、空海の業績の一つとしなければならない。

以上は、空海の文人的な才能のあらわれであるが、むろん空海の天才ぶりはそこにとどまらず、科学技術的な分野でも当時の最先端に位置する能力を備えていた。その端的な例証としてあげるべきは、万濃池《まんのういけ》の修築事業に発揮した手腕であろう。

万濃池は空海の故郷讃岐国《さぬきの》多度《たど》郡（香川県仲多度郡）に現存し、今も豊かな灌漑機能を失っていない、香川県内最大の貯水池である。この池は、大宝年間（七〇一〜七〇四）にはじめて築かれたと伝えるが、その後たびたび決壊した。そこで朝廷は弘仁九年（八一六）、路真人《みちのま》浜継《ひとはまつぐ》を築池使に任じ、万濃池の修築工事にあたらせることになった。だが、池の規模があまりに大きく労働力も不足していたため、浜継は三年たっても使命を果たすことができなかった。

このとき、地元の人々の期待を担って登場したのが、空海である。弘仁十二年のことで、朝廷より築池の別当に任ぜられた空海は、さっそく現地に向かった。そして、着工以来たった三カ月でみごとに難工事を竣工に導いた、という。

浜継が三年かかってめどがつかなかったのを、その十二分の一の時日で完成させたというのは、工事に参加した人々の空海への信頼感もさることながら、空海の側に新しい土木技術の知見があったからこそ可能になったことであろう。そのことは、未完の東寺の造営を託されたことからも察せられる。おそらく空海は、帰国を待って唐に滞在中、当地の土木関係の最新技術についても学ぶ機会をもったに違いない。すでに伝法を果たした空海の関心が、先進唐文明の諸般の分野にそそがれ、貪欲にその吸収につとめたという推定はきわめて高い蓋然性がある。そういえば、空海は在唐中に医学を学んで漢方薬を持ち帰ったし、また兵書の類まで蒐集した事実も知られている。

さて次に、空海が教育に関しても先覚的な識見をもっていたことも、強調しておかなくてはならない。

当時のわが国の教育体制を見ると、前述のように、公的な教育機関としては中央に大学があり、地方の国ごとに国学が設置されていた。ともに官吏の養成を主目的としており、入学の有資格者は原則として大学が五位以上の貴族の子弟、国学では郡司《ぐんじ》以上の子弟であった。一方、私的なものとしては、皇族や貴族が一族の子弟に限って教育を施す施設がいくつかあり、和気氏の弘文院《こうぶんいん》、藤原氏の勧学院《かんがくいん》、橘氏の学館院《がくかんいん》、在原氏の奨学院《しょうがくいん》などが知られる。

つまり、当時の教育機関は公私いずれも、一定の地位をもつ家柄の子弟でないと入学できなかったわけであるが、空海はまったく違った教育理念をもっていた。その理念とは、『性霊集』所収の「綜芸種智院《しゅげいしゅちいん》の式　序を并《あわ》せたり」によれば、こうである。

「今、是《こ》の華城《かせい》（平安京）には但《ただ》一《ひとつ》の大学のみ有り、閭塾《りよじゆく》（民間の教育機関）有ること無し。是《こ》の故に貧賤の子弟津《つ》を問ふ（教えを乞う）所無し。遠坊《えんぼう》（遠方）の好事《こうし》（学問を好む人）は、往還するに疲れ多し。今此の一院を建てて普《あまね》く童蒙《どうぼう》（幼くて道理にくらい者）を済《すく》はむ、善《よ》からざらむや」

一読明らかなように、空海は貧賤の別、地位の上下に関係なく、あらゆる人々に開かれた、いわば庶民のための学校の設立を期していたのである。これに先立つ一文には次のようなことが記されてあり、空海がこの時代に先がけた教育理念を抱くことができたのも、入唐体験のおかげであったことがうかがいとれる。

「大唐の城坊には坊ごとに閭塾を置いて普く童稚《とうち》を教ふ、県《さと》ごとに郷学《きようがく》を開いて広く青衿《せいきん》（学童）を導く。是の故に才子城《じよう》に満ち、芸士（六芸に達した人）国に盈《み》てり」

空海のこのような構想は、天長五年（八二八）、空海の心酔者藤原三守《ただもり》の協力を得て、実現を見た。藤原三守は右大臣まで進んだ公卿で、『新撰格式《しんせんきやくしき》』の撰者の一人としても知られるが、そのころ東寺の東隣の堀川沿いに邸をもっていた。その邸を三守が空海に提供したことによって、空海は宿願の学校を開設することができたのである。

これが、わが国最初の庶民に開かれた学校として名高い、綜芸種智院である。綜芸種智院の「種智」とは、『大日経』具縁品《ぐえんぼん》に典拠する言葉で、大日如来の絶対智を意味し、『大日経』によれば、あらゆる学問芸術はその絶対智のあらわれだとされる。したがって、綜芸種智院という校名は、そうしたあらゆる学問芸術を綜合的に教えるという、いわば全人教育の理想を標榜《ひょうぼう》しているわけで、現実にも綜芸種智院には仏・儒・道のほかインド諸学科まで置かれ、きわめて特色のある綜合的な教育が実施された。空海は唐の教育制度に範をとりながら、ここにおいてそのレベルをはるかにつきぬけた、といってよいであろう。空海はこのほか、望ましい教育の条件として、教育環境の整備、資質のよい教師陣の組織、教師・子弟双方の生活を保障する完全給費制などを、前掲の「綜芸種智院の式」に列挙している。

これほどの明確な教育理念をもち、しかも一般庶民に開放された私立の学校は、その当時の世界を見渡しても、おそらく他に類を見ないものであった。ちなみに、世界的な科学史の権威サートンは、この綜芸種智院の開設と先の万濃池の修築とをもって、空海を九世紀の文化史上における最大の科学者の一人に数えあげている。

一方、わが国の文化史の推移を見ると、空海の活躍と即応するように、いわゆる弘仁期の密教芸術が花開き、それが華麗な絵巻物のような国風文化の形成につながってゆく。こうした芸術、文化的な分野でも、空海が果たした役割はすこぶる大きいものがあった。

密教は、その真理を絢爛たる五彩のマンダラに図解するように、もともと芸術的な宗教である。宗教的な真理を芸術的な造形によって表現し、理解させようという傾向が、仏教諸宗派中とりわけ顕著である。いわば、仏像を作ったり、仏画を製作したりする芸術活動そのものが、同時にマンダラ世界の実現に通じるというのが、他の禁欲的な諸宗派と一線を画す真言密教の真骨頂であった。

そして、その宗風を鼓吹する先頭に立っていたのが、空海にほかならない。空海は、唐から帰国した後半生において、実に旺盛に芸術的創造に参画している。そのとき、空海はみずから創造の鑿《のみ》や彩管《さいかん》をふるわなかったにせよ、斬新な着想にあふれるすぐれて総合的なディレクターではあった。そのような空海の活動の恩恵を多分にこうむって、わが国の文化は豊かな造形の世界を知り、そのもとに根づいた密教芸術を一つの主要な養分として、国風文化が形成されることになったのである。また、空海がもたらした密教の宗教儀礼のいくつかが、世俗的な社会に受け入れられ、日本人の生活の節目をいろどる年中行事などに化していったことも、忘れてはならないであろう。

同行二人

天長九年（八三二）の秋八月、五十九歳の空海の姿は、高野山の山上にあった。空海の甥で幼いときから空海に師事してきた智泉《ちせん》が三十七歳の若さで没して、ちょうど七年目にあたる。空海が入山したのは、その甥を追悼し、あわせて一切衆生の幸福を祈念して、万《まん》燈万花会《どうまんげえ》を催すためであった。万燈万花会とは読んで字のとおり、万の燈明と万の花を仏にささげる法会であるが、このとき空海は「高野山万燈会の願文」を著わし、次のような誓願をたてている。

「ここに空海諸《もろもろ》の金剛子等《こんごうしら》（弟子）と金剛峯寺にして、聊《いささ》か万燈万花の会を設《ま》けて両部曼荼羅、四種《ししゅ》の智印《ちいん》（一切のほとけ）に奉献《ぶごん》す。期《ご》する所は毎年一度斯《こ》の事を設《ま》け奉《たてまつ》つて、四恩《しおん》（父母・国王・衆生・三宝の恩）を答へ奉らむ。虚空《こくう》尽き、衆生尽き、涅槃《ねはん》尽きなば、我が願ひも尽きむ」（『性霊集』）

空海の「永遠の誓願」と呼ばれるものである。最後のくだりは、虚空があり、衆生がおり、涅槃（悟りの世界）がある限り、私の念願も限りなく生き続ける、というような意味になるであろう。では、その念願とは何か。それは、鳥も虫も魚も含め、生きとし生けるあらゆるものが「同じく共に一覚《いっかく》に入らむ」、すなわち同一の悟りの世界に入ることだと、空海は「願文」の末尾で力強く宣言している。

しかし、空海は前年の春に大病をわずらっており、その肉体はとみに衰えをみせはじめていた。そのため、空海は万燈万花の法会を営んだころから、外に向けた積極的な活動をひかえ、もっぱら高野山にこもるようになった。

そして、同年十一月に入ると、空海は死期の近いことをさとったのであろう、一段と身の行ないを厳しくし、五穀を口にしない断穀修行を開始する。もちろん、衰弱したからだで五穀を断つことは健康にいいわけがないので、弟子たちは極力いさめたが、空海はいっさい聞き入れず、逆に現世の生に執着する過ちをいましめるばかりであった。空海のそのような姿勢は日ごとに強まり、しまいには飲みものまで断つ完全な絶食状態で修禅観法に没頭した、という。

空海が多くの弟子にかこまれながら、眠るように息をひきとったのは、断穀修行をはじめて二年五カ月ほどのちの、承和《じょうわ》二年（八三五）三月二十一日のことであった。行年は六十二。その直前の二月末、高野山金剛峯寺が嵯峨上皇の配慮によって定額寺《じょうがくじ》に列せられている。また、私たちもなじみ深い「弘法《こうぼう》大師」の諡号《しごう》は、入滅から八十六年目の延喜二十一年（九二一）、醍醐天皇から勅賜された。

ところで、ここまで密教の諸側面を場合に応じて見てきたが、密教の究極の実践目標は、即身成仏《そくしんじょうぶつ》ということにある。空海はとくにこの即身成仏を重視し、早くも『請来目録』において即身成仏をめざす実践体系が密教であることを明確に述べるなど、真言密教の中核に据えていた。

成仏とは、「仏になること」、「仏の悟りを得ること」であり、空海が登場する以前に主流を占めていたのは、南都仏教の説く三劫《さんごう》成仏であった。その三劫成仏説によると、人間はいくたびか生まれかわり死にかわり、幾十万年も限りなく修行をつみかさねなければ、成仏することが不可能だという。それに対し、人間は今生きているこの身のままで、すみやかに成仏することができる、とするのが即身成仏の立場である。三劫成仏にくらべれば、まさに百八十度の方向転換であり、ほとんど革命的な考え方といってよい。

では、どのようにしたら、人は即身成仏にあずかれるのか。空海はその解答として、三《さん》密加持《みっかじ》ということを言う。三密とは、仏の身体と言語と心に秘められた玄妙な働きのこと。つまり、人は手に仏の印を結び、口に仏の言葉（真言）を唱え、心を仏の悟りの境地に置いて瞑想につとめるなら、必ずや生きながらにして仏になることができる、と空海は説くのである。

空海の即身成仏は、後代の道元や日蓮に比較するとき、ずっと難解であり、三密加持もきわめて複雑な行法をともなうものであったが、ともかくも空海はだれにでも仏の悟りは秘められており、それゆえにだれの前にも即身成仏の道が開かれていると説いてやまなかった。

このように、空海は何にもまして即身成仏を強調しただけに、空海その人はすでに即身成仏の理想を達成していると信じられていたようだ。この認識と、前に見た万能の天才というにふさわしい超人的な活動などが相まって、ほどなく空海をめぐる一種の不死伝説のようなものが形成されたことも注目すべきであろう。

ふつう、僧侶の死は入滅《にゅうめつ》、入寂《にゅうじゃく》、遷化《せんげ》などと表現されるが、空海にかぎってそうは言わず、入定《にゅうじょう》の語を用いる。入定とは、「禅定に入っている」状態をさす。つまり、生きて活動している姿である。空海は前述のように、現象的には六十二歳をもって高野山に最期を迎えた。しかし、それはあくまで仮の死であって、空海本人は今なお生きながら永遠の禅定に入っている――そう信じられるようになったのである。僧侶の不死伝説はきわめて珍しいが、このような空海の「入定」信仰が広まりはじめたのは、その死から一世紀あまりのちのことらしい。

真言密教の理想とするところは、他の大乗仏教と同じく、上求菩提《じょうぐぼだい》、下化衆生《げけしゅじょう》である。みずからは仏の悟り＝最高の人間的な自覚を求め、その一方においてすべての人々の救済につとめる。ただ、空海の場合は、上求菩提が即身成仏とするなら、下化衆生は迷える魂の救済にとどまらず、人間の現実生活の利便をはかる積極的な社会活動としてもあらわれた。空海の言葉をかりれば、「済世利民《さいせいりみん》」であり、その実例としては、万濃池の修築のほか、農業の基盤である水を操作しようとしてたびたび祈雨止雨《きうしう》の修法を行なったことなどがあげられる。このような済世利民の社会的活動はほとんど全国にまたがっておびただしい弘法伝説を生み出したが、入定信仰もそうした流れのうちに形成され、流布されることになったのであろう。

今、空海にかかわる聖地としては、高野山とならんで四国八十八カ所が知られており、巡礼する人々も多い。そして、これらの巡礼者はたえず「同行二人《どうぎょうににん》」という意識につつまれて遍路をたどっている、という。同行二人のうち、一人はもちろん巡礼者自身であり、もう一人は空海である。そうすると、空海は現代にいたってなおみずみずしく生き続け、信仰者の胸のうちでは不死の生命を保っている、といっていいのかもしれない。

第二章

最澄

――求法の王道を歩む

宗教界の巨峰

白河法皇といえば、長らく続いた藤原摂関《せっかん》政治を廃して院政を開始、歴代のなかでも強大な専制権力をふるった天皇として知られる。だが、それほどの専制君主にとっても、やはり意のままにならない苦手なものがあった。

「賀茂川の水、双六《すごろく》の賽《さい》、山法師は、是れ朕が心に従はざる者」(『源平盛衰記』)

以上をまとめて「天下の三不如意《ふにょい》」という。

この三不如意のうち、「双六の賽」はさいころのこと。さいころの目を思いのままに出すのは、インチキでもしないかぎり、たしかに難しい。

「賀茂川の水」は、賀茂川(鴨川)の治水のことをさす。鴨川の流れは今でこそおとなしいが、かつての鴨川は、名うての暴れ川であった。大雨のため、鴨川が氾濫して京都に水害をもたらした事例は、平安時代だけでも軽く二十回をこえる。土木技術が未発達だった当時、このような自然の暴威の前には、専制君主といえども手をつかねるほかになかったのだ。

「双六の賽」と「賀茂川の水」にくらべると、三番目の「山法師」は、よほど色あいが違う。前者は人事の及ばぬ不如意であるのに対し、「山法師」とは比叡山延暦寺《ひえいざんえんりゃくじ》の僧兵を意味するから、まさに人事そのものに関わる不如意とすることができるであろう。

山法師たちはそのころ、朝廷に呑ませたい要求があると、神木や神輿《みこし》を先頭に押したててしばしば京都に乱入し、いわゆる強訴《ごうそ》に及んだ。そんな山法師の強訴など、専制君主の権力をもってたたきつぶしてしまえばよさそうに思えるが、これは現代人の感覚であって、当時としてはそうもいかなかった。白河法皇も時代の子であるから、神威仏罰を正面に持ち出されるといたって弱く、結局は屈伏せざるをえなかったのである。

山法師の強訴は院政時代を境に頻発するようになり、しかも彼らはたいていの場合、要求をかちとって意気揚々と比叡山に引きあげていった。

このような状況は同時に、比叡山延暦寺の宗教界における地位がどれほど傑出したものであったかということの、恰好の証左とすることができる。

実際、平安後期から鎌倉・室町時代にかけての延暦寺は、国内宗教界を圧する権勢を誇るとともに、朝政さえ左右しかねない隠然たる政治勢力としても機能してきた。その意味で、山法師の強訴は、そんな隠然たる機能が阻まれた際の最後の切り札だったといえないこともない。延暦寺の経済力も実に豊かなものがあり、大荘園領主というのが、延暦寺のもう一つの素顔であった。

宗教界の巨峰延暦寺は、戦国時代を迎えてもなおそうした権勢を保ち、その実質的あり方はほとんど戦国大名と変わるところがなかった。近江《おうみ》の浅井長政《あさいながまさ》、越前《えちぜん》の朝倉義景《あさくらよしかげ》らと結び、織田信長《おだのぶなが》の天下布武の前に大手を広げて立ちはだかったことなどは、防衛的戦いの意味が強かったにせよ、群雄争覇の一角に延暦寺が深く関わっていたことを、如実に示して余りない。

そして、その行きつくところ、延暦寺は史上有名な信長の焼き打ちを受け、一山ことごとく焼亡という甚大な被害をこうむった。延暦寺の権勢は、焼き打ちを境にしてすっかり地に堕《お》ち、昔日の面影は失われた。

だが、永年にわたって延暦寺が培《つちか》ってきた潜在的な実力は、なお為政者を怯《おび》えさせるのに十分なものがあったらしい。信長、秀吉のあとを受けて完全な天下統一をなしとげた家康は、政権の所在地を江戸に置いただけに、とりわけ延暦寺の底力を警戒し、南光坊天海を起用して慎重に宗勢の東西分割をはかっている。今、東京上野に広大な寺域を擁する東叡山寛永寺は、家康のそのような延暦寺対策の延長上に出現したものであり、天台宗の実権を寛永寺が掌握することによって、延暦寺はようやく体制側の脅威としての座から滑り落ちたのであった。

さて、延暦寺はこのように俗権顔負けの猛威を逞しくしてきたが、一方で中世における最高学問の府であったという事実にもふれないと、片手落ちになる。

延暦寺は天台宗の総本山であるから、当然のようにおびただしい仏典や経論を山内に収蔵していた。それも、天台宗関係の書籍、資料ばかりではない。天台宗は円密禅戒の四種相承をたてまえとしていたので、仏教諸宗派に関するあらゆる典籍を網羅していたといってよい。さらに、儒学その他、仏教以外の学問に関する資料も豊富であり、そのなかには信仰と縁のない科学技術書や兵術書のたぐいまで含まれていた。

そこへもってきて、延暦寺には、宗祖最澄が自身の体験をもとに編み出した、十二年籠山を根幹とする厳密かつ実際的な教育システムがあった。その教育システムにそって実施される学問もきわめてレベルが高く、そうした諸条件を勘案すると、中世の延暦寺は東大と京大を合わせたほどの総合的な教育機関だったと称しても、あながちに言いすぎではないかもしれない。

したがって、延暦寺からは、英才や人材が輩出した。とくに知られるのは、いわゆる鎌倉新仏教の水源となったことであろう。その呼び水的役割を果たした恵《え》心《しん》僧《そう》都《ず》源信《げんしん》をはじめ、浄土宗《じょうどしゅう》の法然《ほうねん》、臨済宗《りんさいしゅう》の栄西《えいさい》、浄土真宗《じょうどしんしゅう》の親鸞《しんらん》、曹洞宗《そうとうしゅう》の道元《どうげん》、日蓮宗《にちれんしゅう》の日蓮《にちれん》らは、ことごとく延暦寺に学んだのち、独自の信仰に到達して驥足《きそく》をのばした経歴の持ち主である。

延暦寺はまた、これらの新仏教の弾圧者として歴史にクローズ・アップされる道を歩んだ。新仏教の祖師たちは軒なみ延暦寺の弾圧にさらされており、たとえば栄西は宋からもち伝えた臨済宗を鼓吹するのに、鎌倉将軍家の外護《げご》を仰がなければならなかった。法然およびその門弟として出発した親鸞は、たびたび圧迫にあったあげく、それぞれ讃岐《さぬき》と越後《えちご》への流罪に処された。道元もやはり、深草に開創した興聖《こうしょう》寺を延暦寺衆徒に破却されたため、京都布教を断念し、山深い越前永平寺に拠点を移さざるをえなかった。

新仏教の祖師のうち、関東を活躍の場とした日蓮だけは、延暦寺の直接的な弾圧を受けずにすんだ。そのかわり、弟子の日像が日蓮の遺命に従って上洛伝道に乗り出すと、たちまち延暦寺の迫害の手がその頭上を見舞い、日像は前後三度、京都追放といううきめを味わわされた。

しかしながら、延暦寺が以上に見たような聖俗両面にわたる強権を行使できたのは、教団として発展したのちのことであり、発足当初の延暦寺は、みるからにささやかな山中の小寺であった。鎌倉新仏教を弾圧したのとは逆に、官立の南都仏教からたびたびいじめられるという苦汁もなめている。それに、最澄が開いた教義も、他宗の存在を認める寛《ゆる》やかさがあり、新宗派の進出にすぐ目くじらを立てるような偏狭なものではなかった。

山に登る

最澄をわが国の仏教史上に位置づけるなら、仏教を鎮護国家の効用ばかりでなく、人間の内面に関わる信仰の問題として把握し、仏教の日本的受容と定着につとめたトップランナー、ということになるであろう。少なくとも、大乗仏教の秘める仏法を前にした万人の平等性、「一切衆生《いっさいしゅじょう》悉有仏性《しつうぶっしょう》」（人間は生まれながらにしてだれでも仏となる可能性を備えている）を正確に見ぬき、その日本移入をはかったという点では、空海に先がける第一人者だったといってよい。ついでながら、大師号を授けられたのも最澄が最初であり、その大師号「伝教」と空海の大師号「弘法」を比較すると、最澄は「中国から仏教をもち伝えた」人、空海は「仏法を日本に弘めた」人といった意味あいになり、平安時代人が宗教界の二大スターともいうべき両者に抱いていたイメージが彷彿とするようである。

両者はまた、性格や行動形態も好対照をなしており、空海を何ごとにもきらびやかで融通無碍《むげ》な能力を発揮した天才タイプとすれば、最澄は道を学ぶのに誠実、真率にして緻密を旨とした秀才タイプだったとすることができるであろう。

最澄の生年については、天平神護二年（七六六）と神護景雲元年（七六七）の二説があるが、ほぼ定説となっている神護景雲元年説に従うと、空海より七歳の年長となる。

父は、三津首百枝《みつのおびとももえ》といい、中国からの渡来人の末裔《まつえい》であった。後漢の最後の皇帝献帝《けんてい》の血統につらなるともいわれるが、献帝と最澄のあいだには四百五十年以上の歳月の隔りがあり、まずは問題とするに足りない。

百枝の所領は、近江滋賀郡古市郷にあった。今の地理でいうと、琵琶湖から発する瀬田川の西岸一帯で、大津市に属する。生母は、藤原北家の出身と伝えるが、確証はない。

最澄の幼名は、広野《ひろの》といった。父の百枝は首《おびと》を称しているから、ちょっとした地方の有力者というところであろう。首は、姓《かばね》の最下級のものであり、官位は正八位下に相当する。先祖が国造《くにのみやつこ》の空海の生家は正六位下だったと伝えるから、最澄の生家のほうが格下となる。こうした家格の違いにより、空海は公営の地方教育機関である国学に入学する資格をもったが、最澄にはその資格がなかった。

ただし、最澄のように才能があり、向学心にもえる少年には、国学とは別の教育を受けるルートがあった。

それは、国分寺である。奈良中期、国ごとに置かれた国分寺は、その国の宗教行政を管轄し、住民の教化にあたるとともに、近辺の優秀な子弟を選抜して教育を授ける学校的機能を備えていた。もっとも、学校とはいえ、そこは寺院のことであるから、選ばれて入った子弟は、学びつづけようとすると、いずれ出家しなければならなかった。つまり、国学は官吏養成の機関であるのに対し、国分寺の教育は僧侶の養成を目的としていたのである。

最澄は十二歳のとき、後者のルートをたどって近江国分寺に入り、十五歳で得度した。最澄という法名は、得度とともに与えられたものである。

最澄が師事したのは、国分寺のトップに位置する国師行　表《ぎょうひょう》であった。行表は、南都大安寺出身の僧で、系譜的には唐から渡来した道璿《どうせん》の弟子にあたる。道璿は天平八年（七三六）、戒律を伝えるための鑑真《がんじん》に先がけて来日し、大安寺西唐院に住して弟子の育成にあたるとともに、東大寺大仏の開眼供養会《かいげんくようえ》では呪願師をつとめた。

道璿は来日する以前、戒律のほかに禅を修め、天台も学んだという。大安寺に住して以後は、主として禅の指導にあたったといわれるが、この禅はのちに栄西や道元が将来する臨済禅、曹洞禅とは別系統のものである。

禅は、菩提達磨《ぼだいだるま》によって中国にもたらされて以来、五祖弘忍《こうにん》にいたるまで一本化して相承されたが、六祖慧能《えのう》の代を迎えて二系統に分かれた。慧能の兄弟子の神秀《じんしゅう》が弘忍から嗣法を許されなかったのを残念に思い、北方の長安を拠点として独自の禅風を鼓吹したからである。その後、慧能の系統は南宗禅、神秀の系統は北宗禅と呼ばれ、それぞれに教勢を競いあった。だが、ちょうど道璿が来日した前後から、南宗禅は北宗禅を圧倒しはじめ、ほどなく完全に中国禅宗界の主流を制するようになる。

臨済禅、曹洞禅は、「五家七宗」と総称される南宗禅の一派であるのに対し、道璿が修めたのは、今や衰退のさなかにある北宗禅だったのである。

それはともかく、禅と戒律を中心とし、天台にも知見の及ぶ道璿の宗風は、弟子の行表に受けつがれ、孫弟子ともいうべき最澄にも伝えられた。最澄が師事したとき、行表はすでに五十七歳と高齢であったが、なお矍鑠《かくしゃく》として弟子の接得《せっとく》に倦むことをしらず、道璿と同様に禅を主体とする厳しい指導をもって最澄を鍛えた、という。

そんな環境のもとで、最澄は順調に資質を開花させ、二十歳になった延暦四年（七八五）四月、東大寺の戒壇において具足戒《ぐそくかい》を授けられた。この受戒は、最澄が国家公認の僧侶の身分を取得したことを意味し、そのままおとなしく国家仏教のなかに身を置いておれば、僧侶としての栄達はほぼ約束されたのも同然であった。

ところが、最澄は受戒してすぐ、道璿、行表ゆかりの大安寺に入って修学につとめるかにみえたが、それからわずか三カ月後、意想外の行動にうって出る。すなわち、大安寺から飄然《ひょうぜん》と姿をくらましたかと思うと、やがて比叡山に登って山林修行にうちこみはじめたのである。

出世に背を向けたこの隠遁行は、空海の場合とそっくりといえる。空海は、国学から中央の大学へ進み、官吏としての栄進を目前にしながら、やはり途中でみずからコースを変更して山林修行に投じた。

それでは、最澄はどうして南都を去り、人跡もまれな比叡山に閑居したのであろう。

最澄は、比叡山での修行中に著わした『願文《がんもん》』の中で、その理由について次のようなことを述べている。

「悠々たる三界《さんがい》は純《もは》ら苦にして安きことなく、擾々《じょうじょう》たる四生《ししょう》はただ患《わずらい》にして楽しからず。牟尼《むに》（釈尊）の日久しく隠れて、慈尊（弥勒《みろく》菩薩）の月未《いま》だ照さず。三災の危きに近づきて、五濁《ごじょく》の深きに没《しず》む。しかのみならず、風命《ふうめい》保ち難く、露体《ろたい》消え易し」

使われている言葉は難しいが、要するに無常感の吐露といってよい。『願文』を読むかぎり、最澄が山林閑居に踏み切ったのは、このような深刻な無常感、そしてみずからを「愚が中の極愚《ごくぐ》、狂《おう》が中の極狂《ごくおう》」と規定する厳しい自己省察とにうながされてのことだった、と読みとれる。

内面の動機は、たしかにそのとおりであったことだろう。しかし同時に、純真な青年僧をして南都止住を厭《いと》わせる、外部的な理由が存在したことも見おとしてはなるまい。それは、立身出世ばかり望む僧がうごめき、信仰や修行が形骸化する一方という、南都仏教の腐敗、堕落である。あるいはまた、最澄が受戒する前年、桓武天皇がそうした南都仏教のあり方に見切りをつけ、都を長岡京に遷してしまったことも、若い最澄の南都に対する失望感をいっそうあおりたてたのかもしれない。

それに加え、最澄の胸底には、一切を放下《ほうげ》して苦行の道を選んだ釈迦の生き方を自分も実践してみたいという、強い欲求がうずまいていたようだ。したがって、最澄の比叡山閑居は、以上みた内外の理由がないまざって実行に移されたと解するのが、いちばん妥当ではないかと考えられる。他人の眼には唐突と映った山林閑居も、最澄本人にとっては心理的格闘を経た末の必然的な選択だったのである。

天台宗に帰す

比叡山は、標高八百四十八メートルの大比叡を主峰として四明ガ嶽、釈迦ガ嶽、水井山がつらなる一群の山の総称である。その山容は比較的なだらかであり、京都から見ても琵琶湖側から眺めても、豊かな包容力を感じさせる。

今、比叡山中には俗に三塔十六溪《たに》と呼ばれる延暦寺の多くの堂塔伽藍が散在しているが、比叡山の歴史は延暦寺開創からはじまるのではない。比叡山は、はるかな古代から神の鎮まる聖地として近在の人々の信仰の対象となり、その神は大山咋神《おおやまぐいのかみ》であるといいならわされてきた。

下って奈良時代に入ると、比叡山は聖地であるがゆえに、仏道修行の場としてもクローズ・アップされるようになった。麻田連陽春《あさだのむらじやす》という者が比叡山のそんなありさまを詠んだ漢詩が、『懐風藻《かいふうそう》』に収められている。それゆえ、最澄が一大決心のもとに比叡山に登ったころも、山中にはすでに何人かの山林行者がいたらしい。

彼らは、広大な比叡山中の適当な場所を選んで思い思いに庵《いおり》を結び、たがいにあまり交流することもなく、独自の修行に励んでいたのであろう。最澄も入山すると、彼らになららって粗末な庵を設け、修行三昧の明け暮れに没入していった。

最澄の最初の庵が置かれたのは、現在の東塔紅葉渓《こうようけい》の本願堂のあたりだった、という。ついで最澄は、入山四年目の延暦七年（七八八）、現在の根本中堂の地に一堂を創建し、一乗止観院《いちじょうしかんいん》と名づけた。

最澄は、一乗止観院の本尊とすべく、みずからノミをふるって等身の薬師如来《やくしにょらい》像を作り、また、火を鑽《き》りだして本尊の前に燈明《とうみょう》をささげた。これが、世に喧伝《けんでん》されたいわゆる延暦寺の「不滅の燈明」のはじまりである。

「不滅の燈明」は、最澄がのち入唐求法《にっとうぐほう》に際して中国天台山から持ち帰った燈明の火を加えられていよいよ重みを増し、現在にいたるまで根本中堂においてたいせつに護持されている。

なお、この時期の最澄の作歌として、次の二首が伝わる。

阿耨多羅《あのくたら》　三藐三菩提《さみゃくさんぼだい》の　仏たち
我が立つ杣《そま》に　冥加《めか》あらせ給へ

明らけく　後の仏の　御世までも
光り伝へよ　法《のり》のともしび

前者は、一乗止観院創立の際の壮大な抱負を、後者は「不滅の燈明」が永遠に仏法を照らしてほしいという祈りを、それぞれにこめたものだという。

最澄が前述の『願文』を執筆したのは、おそらくこれ以前のことであろう。その『願文』のなかで、最澄は次のような注目すべき五カ条の「心願」をたてている。

我れ未《いま》だ六根相似《ろっこんそうじ》の位を得ざるより以還《このかた》、出仮《しゅつけ》せじ。〈その一〉
未だ理を照す心を得ざるより以還、才芸あらじ。〈その二〉
未だ浄戒を具足することを得ざるより以還、檀主の法会《ほうえ》に預らじ。〈その三〉
未だ般若《はんにゃ》の心を得ざるより以還、世間人事《にんじ》の縁務に著《じゃく》せじ。相似の位を除く。〈その四〉
三際《さんさい》の中間《ちゅうげん》（現世）にて、所修の功徳、独り己が身に受けず、普《あまね》く有識《うしき》に廻旋《えせ》して、悉《ことごと》く皆な無上菩提《むじょうぼだい》を得しめん。〈その五〉

第一条から第四条までは、自分が目的とする悟りの境地に達しないかぎり、比叡山をおりて世間とまじわったり、才芸（芸術や遊び）をもてあそんだり、檀主の招待を受けたり、世間的な仕事に携わったりすることは決してしない、という誓いである。以上は、真率な山林修行に徹しようとするからには、ある意味で当然の心がまえといえる。

それに対し、第五条は悟りの境地に達したあと、みずからが宗教者として実践すべき態度の表白であり、最澄は『願文』の別の箇所で、同趣旨のことをこうも述べている。

「解脱《げだつ》の味《あじわ》ひ独り飲まず、安楽の果独り証せず、法界の衆生、同じく妙覚に登り、法界の衆生、同じく妙味を服せん」

すなわち、最澄は修行のすえに悟りを得たなら、それを独り占めにせず、この世のあらゆる人々に施して、ともに無上の悟りをわかちあいたい、というのである。

最澄がかつて身を置いた南都仏教界は上座部派《じょうざぶ》（小乗）の戒律「四部律《しぶりつ》」を重んじており、上座部派は自己一身の宗教的解脱《げだつ》をもっぱら重視した。そのため、南都仏教界も全体の傾向として自利を優先し、あらゆる衆生の救済をはかろうとする利他性を欠きがちであった。このような自利性の強い上座部派のあり方への反省と批判をもとに、新しく勃興してきたのが、いわゆる大乗仏教である。

仏教のこの革新運動は、つとに紀元前一世紀ごろインドにおこり、中国その他に伝播《でんぱ》していったが、当然のことに大乗仏教は自利のみではなく利他をも重んじ、一切衆生の救済をめざすものであった。

最澄もまた、南都仏教と袂《たもと》を分かって比叡入山に踏み切ったとき、上座部派の教義を不満とし、大乗的志向を抱いていたことは、「心願」の第五条によってはっきりうかがいとることができるであろう。

そして、最澄がその方向性のもとに諸経典を考究し、大乗の精神にもっともふさわしいとして選びとったのは、『法華経』であり、『法華経』にもとづいて立宗された天台宗であった。

天台宗は、中国隋《ずい》代の高僧智顗《ちぎ》によって大成された宗派である。

智顗ははじめ、毘曇《びどん》・成実《じょうじつ》・三論《さんろん》などの諸宗がまじりあった兼修禅を学んだが、やがておびただしい仏典のうち、どれが釈迦の真の教え、「正法《しょうぼう》」なのかという疑問にかられ、仏典の批判研究にとりくんだ。

仏典に対するこのような批判的、体系的な研究は、教相判釈《きょうそうはんじゃく》、略して教判《きょうはん》という。中国において教判を実施した先駆者は何人かいたが、智顗《ちぎ》は彼らの研究成果を総合大成し、「一代五時」の教判と呼ばれる、緻密そのものの大理論を築きあげた。そして智顗は、この教判のなかで、『法華経』こそ正法にほかならないと結論づけ、その確信に導かれて新たな宗風を鼓吹したのであった。

智顗の説く教えが、天台の宗名をもって世に迎えられたのは、浙江省の天台山において智顗がその思想体系を完成させたことによる。また、隋の煬帝《ようだい》といえば、とかく悪名ばかり高いが、智顗を尊信して新宗の成立を実現するのにもっとも寄与したのは、そのころ晋《しん》王広《こう》と呼ばれていた煬帝であった。

智顗の思想は、「天台三大部」と総称される『法華文句《もんぐ》』『法華玄義《げんぎ》』『摩訶止観《まかしかん》』に詳述されている。「天台三大部」は、智顗の口述を弟子の灌頂《かんじょう》が筆録したものであり、内容はきわめて深遠、私たち現代人には容易に理解を許さないが、智顗の思想の特色をあえて摘記するとすれば、それは『法華経』のなかに人間存在の究極的な平等性を開示する「一《いち》乗《じょう》」の精神を読みとったことであろう。

一乗とは「一つの乗り物」という意味で、一仏乗ともいう。乗は「衆生を乗せて悟りにおもむかせる教え」の比喩的な表現である。

インド仏教界では、前述のように紀元前一世紀ごろから上座部派と大乗派の相剋が生じたが、しだいに優位を占めた大乗派は、上座部仏教の担い手を縁覚《えんがく》、声聞《しようもん》と呼んで差別した。しかも大乗派は、縁覚・声聞が高い悟りに達していることは認めるのだが、上座部派に属しているがゆえに、彼らが成仏することはできないとみなした。

ここに、「三乗」という考えがおこってくる。声聞乗、縁覚乗、菩薩《ぼさつ》乗の三つである。最後の菩薩とは、自利・利他を兼ねた大乗の修行者ないし大乗の悟りの体現者をさす。

人間には、生まれながらにして能力や素質の違いがある――その認識を前提として、「三乗」の思想は声聞、縁覚、菩薩の区分を設け、それぞれに適応した三つの乗り物、つまり教えが用意されなければならない、と説くのである。むろん、この三種の教えのうち、最上位にランクされるのは菩薩乗であり、声聞乗、縁覚乗は相対的に劣るとされた。このような考え方を教理として発展した宗派には、あとでまたふれる法相《ほつそう》宗などがある。

しかしながら、大乗仏教が一切衆生の救済を標榜している以上、こうして声聞、縁覚と菩薩のあいだに救いの差別をつけるのは、どう考えても筋が通らない。そこで、次の段階として、大乗と上座部を包摂的に仏の慈悲に浴させようという動きがおこり、その動きのなかから、平等そのものの「一乗」の思想が生み出されてきたのであった。「一乗」の思想が大乗のなかの大乗、最高の教えといわれるゆえんである。

「一乗」の思想は、『法華経』『勝鬘経《しょうまん》』『華厳経《けごん》』ほかに説かれているが、『法華経』においてとりわけ強調されている。智顗《ちぎ》の天台宗の清新さと魅力は、そのような『法華経』の真髄を正しく見ぬき、緻密な論証をもって「一乗」という平等かつ現実肯定の思想を浮き彫りにしたことにあった、といってよい。

前掲の「天台三大部」のうち、『法華文句』と『法華玄義』は、以上の教理を説き明かしたものだが、宗教では教理の研究と並行して実践修行も欠かすことはできない。もう一つの『摩訶止観』は、その実践修行について述べた書である。

『摩訶止観』の摩訶は、「偉大な」といった意味の形容句だが、止観については説明するのに専門的な知識を要し、筆者の力量に余るので、『仏教語大辞典』（中村元著）の解説を引用するにとどめたい。

「止は、心の動揺をとどめて本源の真理に住すること。観は、不動の心が智慧のはたらきとなって、事物を真理に即して正しく観察すること。（略）止とは、諸現象の生起、変転にとらわれ、引きずられて心が散乱、動揺するのをとどめ、おさえることで、いわば主体の確立である。観とは、そこから諸現象を全体的、客観的に観察し、的確に判断をくだし、自在に対処していくことを意味する」

ここで、最澄が比叡山にはじめて建立した堂宇の名称を思い返してほしい。一乗止観院である。一乗といい、止観といい、智顗の天台宗にピタリと照応しており、比叡入山後の最澄が大乗諸宗派のなかでも、天台宗にぐんぐん惹かれていったことが、この一事にも如実に示されているではないか。

さて、最澄は智顗よりも二世紀ほどあとの生まれである。その間に、『法華経』および天台宗はともにわが国に伝えられている。

『法華経』の日本伝来は、智顗の天台宗開宗よりさらに以前のことだが、正確な年代は明らかでない。『扶桑略記《ふそうりやくき》』は敏達《びたつ》天皇の代と述べており、その説に従うと六世紀後半ということになる。

『法華経』の受容と流布にあたり、その先駆的な業績をとくに喧伝されているのは、『法華義疏《ぎしよ》』を著わした聖徳太子である。ただし、聖徳太子は、中国光宅《こうたく》寺の法雲《ほううん》の説を重んじて『法華経』を解釈したので、それが後世の天台宗受容の際に一つのネックとなった。光雲は智顗に先行する『法華経』の研究の第一人者であったが、智顗の天台宗は光雲の説を否定するところに立宗のもとを置いたからである。

最澄の師、行表のまたその師である渡来僧道璿《どうせん》が天台宗の知見をもっていたことは前述したが、天台宗の日本伝来の時期もやはりはっきりしない。

道璿に続いて来日した鑑真《がんじん》は、本格的な戒律の移入者としての名が高いものの、本来はれっきとした中国天台宗の僧である。それゆえ、来日するにあたって、鑑真は、天台宗関係の書籍をたくさん携えてきた。最澄が大乗仏教の教えを知り、天台宗に導かれていったのも、東大寺の書庫に利用する人もなく埋もれていた鑑真将来のそれらの書籍を眼にしたからだ、といわれている。

鑑真はまた、戒律を伝授するかたわら、天台宗を日本に弘めようとつとめた。そんな鑑真の前に立ちはだかったのが、聖徳太子の幻影である。

南都仏教にとって、〝日本仏法の開祖〟ともいうべき聖徳太子は、ほとんど絶対的な存在であった。その聖徳太子が尊信した法雲の説を否定する智顗の天台宗は、たとえどれほど魅力的でも、受け入れるわけにはいかなかったのだ。

しかし、南都仏教界をみずから離脱した最澄にとっては、権威主義に発するそのようなタブーは、はなから無縁であった。正しいものは正しいと謙虚に肯定できる足場が、最澄には備わっていた。かくて、天台宗への憧れを赤裸々に吐露した一乗止観院の建立というはこびになったのである。

その後、最澄は経蔵や八部院・文殊堂など、寺院に必要な堂宇を次々と建て増してゆく。とはいえ人里はなれた山中に堂宇を建てるというのは、容易な作業ではない。木材こそ豊富にあるものの、それを伐《き》り出し柱に削り、建物の骨格を整えるには、専門職の参画をあおがなくてはかなわないことである。そのためにはまた、莫大な費用も必要となる。

そこで思いあわされるのは、比叡山の立地条件だ。最澄の生家の所在地、滋賀郡古市郷は、ちょうど比叡山の南西の麓を占めていた。最澄の生家はおそらく、最澄が比叡山に山林修行をはじめて以来、一族きっての秀才青年の前途を嘱望し、必要に応じての財政的支援を絶やさなかったのであろう。

ともあれ、修行に精進し、堂宇を建立しているうちに、最澄の名は徐々にではあるが、山林修行者らのあいだに知れわたっていった。それにともない、最澄の教えを慕って一乗止観院に集まる聖俗も漸増していったようである。

桓武天皇の外護

比叡山の西南方に開ける京都盆地は、かつて山背国《やましろの》葛野郡《かどの》と呼ばれており、大小の池沼が散在する湿地帯であった。その状況は最澄の比叡入山時もほとんど変わらず、水はけのよい高地を除くと、京都盆地には目立つほどの集落もほとんどなかったらしい。

ところが、最澄が一乗止観院を建立して五年後の延暦《えんりやく》十二年（七九三）、京都盆地はにぎやかに槌音のひびくところとなり、一躍、時代の脚光をあびることとなった。皇弟早良《さわら》親王の怨霊《おんりよう》が出没したり、造都長官藤原種継《たねつぐ》が暗殺されたりしたため、長岡京の造営に見切りをつけた桓武天皇が、遷都の候補地として京都盆地に白羽の矢を立てたからである。

京都盆地への遷都を桓武天皇に進言したのは、法皇を望む道鏡の野望を粉砕したことなどによって天皇の信任を得た和気清麻呂《わけのきよまろ》であった。天皇は同年三月、車駕《しやが》に乗ってみずから新京の予定地を巡覧し、それと前後して新都の造営工事もはじまった。

桓武天皇には、長岡京の造営を中絶せざるをえなかったという前歴がある。それだけに、今度また失敗すれば政治生命は断たれてしまうかもしれないとあって、新京造営にそそぐ天皇の意気ごみはなみなみでなかった。

その熱気のもとに、造営工事は順調にはかどり、翌十三年七月には、長岡京の東西市《とうざいのいち》を新京に移した。東西市は物資供給のセンターであり、この移転によって新京の住人の日常生活が可能になったわけである。

ついで十月二十二日、桓武天皇が正式に新京に移り、遷都の詔《みことのり》を発した。さらに十一月八日、「山河襟帯《きんたい》、自然に城を作す《な》（略）よろしく山背国を改めて山城国となすべし（略）号して平安京といふ」という詔が出され、新京の名は平安京と定められた。

こうして比叡山の西麓に首都が出現したことは、最澄のその後の運命とも大きく関わることになった。

そのきざしは、早くも平安遷都の一カ月半ほど前にあらわれた。

すなわち、『叡岳要記』ほかの古記によると、同年九月三日から七日間にわたって、盛大な法要が一乗止観院で営まれている。

「一乗止観院初度供養会《しょどくようえ》」と呼ばれるこの法要の奉行《ぶぎょう》をつとめたのは、桓武朝の有力者藤原小黒麻呂《おぐろまろ》と紀佐教《きのすけのり》であった。南都仏教界からも、善殊《ぜんしゅ》、義真《ぎしん》、勤操《ごんぞう》ら名だたる高僧がやってきて、法要の席につらなった。

一説に、この法要には、桓武天皇もわざわざ山路を登り、臨席したという。

最澄が山林修行のかたわら、『願文』を著わしたことは、前にふれた。その『願文』を読んで感激し、最澄と堅い交わりを結んだ者のなかに、寿興《じゅこう》という朝廷勤仕の僧がおり、その寿興が最澄を桓武天皇に推奨したことが、異例の行幸につながったのだという。あるいは、最澄の存在を天皇に告げたのは、平安遷都の進言者和気清麻呂だったとの説もある。

もっとも、桓武天皇が一乗止観院の法要に行幸したという確証はなく、むしろ計画倒れに終わったとする見方のほうが有力だ。ただ、いずれにしても、藤原小黒麻呂や紀佐教が奉行したという事実がものがたるように、「一乗止観院初度供養会」の盛儀が、桓武天皇の意向のもとに実現したことだけは、まず疑いないであろう。

その推定を裏づける状況証拠が、もう一つある。

かつて、桓武天皇より京都盆地の実地踏査を命じられた藤原小黒麻呂は、四神相応の帝都にふさわしい霊地であるが、東北の鬼門に一高岳があるのが難点でございます、と復命した。東北の一高岳とは、むろん比叡山をさす。

当時、陰陽道《おんみようどう》にもとづく鬼門の観念は、現実の恐怖として人々に受けとめられていた。まして、桓武天皇は、長岡京に徘徊する怨霊に怯えて平安新京の造営に踏み切ったのである。桓武天皇としては、新京の「平安楽土万年春」を確保するため、崇《たた》りの元凶となりそうな鬼門の鬼神鎮めの儀式を、なんとしてもとり行なう必要があった。

では、だれにその役をやらせ、どのようにとりはからうのが適当か。このとき、天皇は、和気清麻呂や寿興に知られていた最澄を思いうかべ、一乗止観院での盛大な法要を企画したのではなかったか。最澄といい、一乗止観院といい、いずれも比叡山と深く結ばれているから、鬼門鎮めの儀式にこれ以上ふさわしい人物と舞台は、他にないのである。

少なくとも、一乗止観院の供養会が鬼門鎮めの目的で執行されたことは、その時期が正式遷都の一カ月半前というタイミングからして、首肯してよいと思われる。となると、当然の帰結として、供養会の真の主催者はやはり桓武天皇だったという答えが導き出されてくるわけである。

だが、ここで重要なのは、「一乗止観院初度供養会」が桓武天皇の御願《ぎょがん》であったということよりも、最澄がその存在を天皇から認められ、力量を評価されたということであろう。

鎌倉新仏教の時代と違い、このころの宗教者は空海もそうであったように、一宗を立てて教線を拡大するには、天皇をはじめとする貴顕の帰信と外護《げご》をかちとらなければならなかった。その意味で、最澄は彼の生涯を左右する最大の外護者との縁《えにし》を、このときはじめてしっかり結ぶことができたのである。

同じとき、和気清麻呂とその子広世《ひろよ》、真綱《まつな》らの帰信を得たことも、最澄の後半生にとって大きな意味をもつものであった。

さて、桓武天皇が平城京から長岡京に遷都した理由の一つとして、南都仏教界への嫌悪が指摘されているが、むろん天皇は仏教そのものまで嫌ったのではなかった。天皇が忌避したのは、内実を荒廃させながら、朝廷貴族と密着して国政に介入するような、南都仏教界のあり方であった。

そもそも、仏教は当時において、信仰であると同時に政治理念としても機能しており、仏教を頼りとすることでは桓武天皇も人後におちなかった。

それだけに、南都仏教界に訣別したあとの桓武天皇は、新しい仏教を切実に求めていた。その待望感は、自身が怨霊に悩まされるようになり、また平安京に遷都するにつれて、ますます高まっていった。自身の魂を救済するためにも、平安新京に民心をひきつけるためにも、新しい仏教との邂逅は緊急の課題だったのだ。

天皇のそんな渇いた心は、平安遷都からほどなく、新しい教えに接して、歓喜にうちふるえた。天皇に感銘を与えた教えが、最澄の鼓吹する清新そのものの天台法華の教えであったことは、いうまでもない。

最澄が、ちょうどこのような時期に天皇と縁を結ぶことができたのは、一つの幸運であるが、幸運を招きよせるのもまた成功者に必須の条件である。

これ以後、桓武天皇は国政と仏教の関わりを正すため、最澄は正法と確信する天台宗を国内に行きわたらせるため、手を携えて邁進することになるが、その立場上、はじめに相手を登用し、知名度の向上を助けたのは桓武天皇であった。

その第一弾として、桓武天皇は延暦十六年（七九七）最澄を内供奉《ないぐぶ》に任命した。内供奉とは、朝廷の内道場にあって天皇の安泰を祈ったり、仏事のアドバイスをしたりする職掌のことであり、定員が十名だったので十禅師とも呼ばれる。

内供奉に任ぜられたからには、朝廷に出仕しなければならないが、最澄は悟りの境地に達しないかぎり俗世間と交わらないと誓った前述の「心願」はすでに満たされたと判断したのであろう、桓武天皇の勅命を受け取ると、入山十二年目にして比叡山をくだり、平安京に向かった。

そういえば、翌延暦十七年、最澄は比叡山ではじめて、弟子たちに『法華経』の講義を開始している。それは「心願」の第五条の精神、利他の実践であり、この前後、最澄が修行の成果にようやく自信をもつにいたったらしいことがうかがいとれる。

延暦二十年（八〇二）十一月、最澄は「十大徳」と尊称された南都仏教界の名だたる学僧十人を招き、一乗止観院で『法華経』に関する講義をしてもらった。この「法華十講」を弟子とともに聴聞した最澄は、『法華経』の理解に関するかぎり、自分のほうがはるかに進んでいるという自信を、ますます深めたようである。

翌二十一年四月、和気広世、真綱兄弟が、和気氏の氏寺高雄山寺《たかおさんじ》（現在の神護寺）において、亡父清麻呂、伯母広虫《ひろむし》の三周忌法要を営んだ。その際、彼らは最澄を講師に請じ、五カ月にわたる大講演会を開催した。

最澄がこのとき講じたのは、前述の智顗《ちぎ》の著わした「天台三大部」、すなわち『法華玄義』、『法華文句』および『摩訶止観』についてである。すでに『法華経』と天台宗の理解にかけては国内のだれにも負けないと自負する最澄の講演は、南都からやってきた諸高徳をはじめ、聴聞の僧俗に深い感銘と強烈な印象を与えた。

桓武天皇は、最澄の講演が終盤にさしかかった八月二十九日、特別に和気入鹿《いるか》に口宣し、天台の一乗仏教がはじめて日本で説き明かされた功徳を嘆賞した。南都の高僧たちも天皇に和し、最澄の講演をほめちぎる上表文を呈出した。

そうなると、最澄の名声が上がらないほうがおかしい。はたして、最澄の名はこの「高雄講経」を境にみるみる知れ渡り、最澄は平安新仏教のスターの座を獲得するにいたった。

最澄の弟子光定《こうじょう》の著わした『一心戒文《いっしんかいもん》』によると、『高雄講経』の真の主催者も「一乗止観院初度供養会」と同じく桓武天皇であり、最澄を大々的に世に出そうとして企画したのだ、という。事実と見てよいであろう。そして、天皇と最澄の二人三脚による意図は、みごとに達成されたわけだ。

これに気をよくした天皇は、自己の政権を荘厳《しょうごん》する新仏教として、天台宗の宗派的独立をはかろうとした。南都諸宗も「高雄講経」を称讃した今こそ、天台宗を公認する恰好の機会と考えたのである。

九月七日、天皇は「高雄講経」演出の功労者である広世を召し、その意向を表明した。父清麻呂に続いて最澄を庇護してきた広世にとっても、天台宗の独立は望むところである。宮中を退出した広世は、さっそく天皇の意向を最澄に伝えた。

最澄は喜色を満面にうかべてこの朗報を聞いたが、なお慎重な態度を持し、中国唐への留学を願い出た。その理由は、こうである。

「毎《つね》に恨むらくは、法華の深旨、尚未《なおいま》だ詳釈せず。幸いに天台の妙記を求め得て披閲《ひえつ》すること数年なるも、字謬《あやま》り行脱《ぬ》けて、未だ細かき趣を顕《あらわ》さず。若《も》し師伝を受けずば、得たりと雖《いえど》も信ぜられず」(「請入唐請益の表《にっとうしょうやくのひょう》」)

わが国に伝わっている天台法華の書物は誤脱が多く、細部の意味が不明なため、まだ完全に天台法華の深い意味を会得しているとはいいがたい。それに、中国天台の師から直接教えを授けられなければ、たとえ深旨をきわめても正統的なものと信じてもらえないであろう。それゆえ、中国に赴いて本場の書籍を蒐集し、天台山で嗣法を受ける機会を与えてほしい、というのである。

最澄はこのとき、通訳として弟子の義真《ぎしん》を同道することも願い出ている。

最澄の願いはすべて、桓武天皇に聞き届けられ、彼は「入唐請益天台法華宗還学生《げんがくしょう》」に任ぜられた。還学生とは、長期留学をつとめとする留学生《るがくしょう》に対する言葉で、留学生より格上であり、その使命もごく短期間唐に滞在して学び、その成果を日本に持ち伝えることであった。

むろん、費用はすべて国庫から支給されるが、通訳にも国費が支弁された還学生派遣の例は、最澄のケース以外にないという。最澄の入唐にかける桓武天皇の期待がどれほど大きかったかが、この破格の厚遇から如実にうかがいとれよう。また、皇太子の安殿《あて》親王

(のちの平城天皇)も、金銀数百枚という莫大な餞別を最澄に与えているから、まことに恵まれた旅立ちだったといってよい。

天台山の付法

空海の章でもふれたが、この時代、日本から中国に渡るとすれば、たまさかに発遣される遣唐使の船に便乗するほかになかった。

だが、最澄の前には、すでにそのルートも準備されていた。「高雄講経」の前年の延暦二十年(八〇一)八月、通算十六回目の遣唐使発遣の議が、廟堂で決定ずみだったからである。

前回から起算すると二十数年ぶりの催しになるこの遣唐使は、一年半あまりの準備期間を費やしたのちの延暦二十二年四月、難波の港を出帆した。今回の遣唐使は四艘仕立てであり、最澄が乗りこんだのは第二船である。

だが、一行は難波出港から数日して暴風雨にあい、遣唐大使藤原葛野麻呂《かどのまろ》らは帰京、最澄は九州に向かって、大宰府竈門《かまど》山寺ほかを遊歴しつつ再発遣を待った。

その時期は、翌二十三年五月に訪れた。最澄は前回と同じく、ふたたび第二船に乗りこむ。遣唐大使藤原葛野麻呂搭乗の第一船には、かろうじて駆けこみ乗船が間にあった空海の姿も見かけられた。ただし、このころの空海はまだほとんど無名であり、その身分も留《る》学生《がくしょう》であった。それに、乗る船も乗船場所も違っていたので、最澄と空海が顔をあわせて語りあうという後世の私たちが期待したい劇的な場面も、どうやらなかったらしい。

四艘の遣唐使船は同年七月、舳先《へさき》をそろえて肥前国松浦郡田ノ浦を解纜《かいらん》し、東シナ海に乗り出した。だがその翌日、一行は早くも暴風雨に見舞われ、船団は四散した。

四艘のうち、首尾よく中国にたどりついたのは、空海の第一船、最澄の第二船の二艘だけである。第四船のごときはそのままついに行方知れずになってしまったから、空海も最澄もよほどの強運の持ち主だったとしてよいであろう。

空海の第一船は、漂流すること一カ月余り、目的地よりだいぶ南方の福州赤岸鎮《せきがんちん》のあたりに着岸した。それに対し、最澄の第二船は五十四日もの漂流を余儀なくされたが、目的地の明州鄮県《みんしゅうていけん》、寧波《ニンポー》の港に入ることができた。

最澄は、唐の都長安に向かう遣唐使の一行を見送ったあと、しばらく寧波にとどまった。病気にかかったためともいい、長期の漂流による疲労を癒やすためだったともいわれる。

約二週間後、最澄は義真をともない、天台山のある台州へ、予定どおり求法《ぐほう》の旅をはじめた。

台州に着いて最澄が最初に面会したのは、刺史《しし》（地方長官）陸淳《りくじゅん》である。州内での旅行許可を取得しなければならなかったからだ。

陸淳は信仰心の篤い人で、最澄が求法のためにわざわざ日本からやってきたと知ると、心をこめてさまざまな便宜をはかってくれた。最澄の願いを入れて天台関係の書籍の筆写を助けたのも陸淳であれば、たまたま台州の龍興寺《りゅうこうじ》に滞在中の天台の高僧道邃《どうずい》を最澄に紹介したのも陸淳である。

中国天台宗は、八世紀に入って不振におちいったが、智顗《ちぎ》から数えて六世の荊渓《けいけい》大師湛《たん》然《ねん》が宗勢を挽回した。道邃はその湛然の高弟であり、そのころ天台山修禅寺の座主《ざす》の地位にあった。道邃はまた、中国天台宗の第七祖でもある。

最澄は、龍興寺に赴いて道邃の講義を聴聞し、さらに面謁して親しく道邃から種々の教えを受けた。そのころ、天台随一の学識を謳われた道邃に直接教えを受けたことによって、最澄はあらかた天台の奥旨を会得した。

だが、台州まで来て天台山に詣でないのでは、求法も中途半端になる。そこで、最澄はいったん道邃に別れをつげ、舟運と駕籠《かご》を利用して天台山に向かった。

天台山には、二つの中心伽藍がある。一つは道邃が座主をつとめる修禅寺であり、もう一つは国清寺《こくせい》である。修禅寺は本山であると同時に山中に位置した修行の場、国清寺は山麓にあっていわば天台山の表玄関的な性格をもつ寺であった。

天台山に着いた最澄は、その国清寺に入り、座主行満《ぎょうまん》に迎えられた。行満もやはり湛然の高弟であり、道邃とは相弟子にあたるが、最澄を案内して修禅寺に登ると、手書して次のように述べたという。

「昔聞く、智者大師、諸《もろもろ》の弟子等に告げたまはく、吾が滅後二百歳、始めて東国において我が法興隆せん、と。聖語朽《く》ちずして今、此《こ》の人に遇《あ》へり。我が披閲せる所の法門を日本の闍梨《じゃり》に捨与せん、海東に将《も》ち去りて当《まさ》に伝燈を紹《つ》ぐべし」(「行満和上印信《いんしん》」)

かつて宗祖智顗は、自分の死後二百年にして、天台の教えは東国でも興隆するであろうと語られたと聞く。そのお言葉のとおり、今あなたがこうしてやってきた。私の知っているかぎりのことは伝授するから、日本にもち伝えて法の燈を輝かしてほしい——というのである。

行満は、この手書とともに、法華疏など智顗の書をあわせて八十二巻、最澄に与えた。それは、行満が修めた天台宗の教理がすべて、最澄に伝えられたことを意味するという。

最澄は、そのあとなお天台山にとどまり、禅林寺の翛然《しゅくねん》から禅を、また国清寺の惟象《ゆいしょう》から密教のマンダラをそれぞれ授けられている。

最澄の天台山滞在はほぼ一カ月にわたったが、成果はすこぶる大きかったといってよい。

最澄は、その謝恩の意味もこめて国清寺に一堂建立の寄附をしたあと、見送りがてらの行満とともに、ふたたび台州の龍興寺に戻った。

龍興寺では、道邃が依然講義を続けており、最澄はそのもとでさらに百三十日ほど、道邃の教えに接しつつ、修行につとめた。

その間の八〇五年（延暦二十四）三月二日の夜、道邃は龍興寺極楽浄土院において、唐の僧二十七人とともに、最澄と義真に対しても大乗戒（菩薩戒）を授けた。このように最澄が仏教の本場中国で大乗戒を受けたことは、のちに最澄が大乗戒壇独立運動を展開する際、重要な意味をもって浮上してくることになる。

最澄はまた、大乗戒受戒から十三日後、道邃によって「付法印信」を与えられた。「付法印信」とは、道邃が最澄に天台宗の伝法をしたことを証明する文書のようなものである。

このころ、陸淳の配慮と道邃の支援のおかげで、台州到着後最澄が発注した天台関係の書籍の筆写も、百二十部三百四十五巻と、予期していた以上の数量にのぼった。

道邃からの伝法をすませ、書籍の蒐集も予定量をこえたとなれば、最澄の入唐求法《にっとうぐほう》の目的は完全に達成されたわけである。かくて、最澄は帰国を急ぐべく、道邃と陸淳に洪恩を深く感謝して別れを告げ、台州から明州へ引き返した。

帰路もまた、遣唐使の船を利用することになる。最澄が明州に戻ると、すでにその船は修補も成って港に浮かんでおり、ほどなく長安に滞在していた遣唐大使藤原葛野麻呂の一行も、明州に姿をあらわした。

しかし、当時の船は帆船なので、順風が吹かないと出港することができない。帰国に都合のよい季節風がおこるのは一カ月余り先のことだと知った最澄は、遣唐大使の承諾をもらい、明州から百キロほど離れた越州に足をはこんだ。越州は、現在の紹興である。

最澄は、唐に滞在しているあいだに、天台宗がどうも斜陽気味なのに対し、密教がインド伝来の最新の仏教として華やかな脚光をあびていることを知った。そこで最澄は、前述のように国清寺の惟象《ゆいしょう》について密教のマンダラを受けたが、密教を理解するにはまだ不十分なものであった。

最澄はそれ以来、帰国するまでにどうにかして密教に通じたいと願っていた。しかし、その願いはかなえられず、明州に引き返したところ、思いがけない風聞を耳にした。越州の龍興寺（台州の龍興寺とは別）において、順暁《じゅんぎょう》という僧が密教を鼓吹している、というのである。最澄が越州を訪ねたのは、その順暁に師事し、密教を学ぶためであった。

密教は、その思想的芽生えは紀元前にさかのぼるが、七世紀ごろ、根本経典の『大日経《だいにちきょう》』および『金剛頂経《こんごうちょうきょう》』が成立して、大乗仏教の仲間入りをした。この時期を境として、前代の密教は雑部《ぞうぶ》密教（雑密）、両経典に依拠する密教は正純《せいじゅん》密教（純密）と呼ばれる。

密教が中国に伝えられたのは八世紀前半のことであり、当初はインドからの伝来者にちなみ、善無畏《ぜんむい》系と金剛智《こんごうち》系の二つの系統があった。この系統を経典にそって色分けすると、善無畏系は『大日経』系、金剛智系は『金剛頂経』系ということになる。

越州龍興寺の順暁は、金剛智系の不空三蔵《ふくうさんぞう》の弟子であり、しかも善無畏系の義林《ぎりん》の付法も受けていたという。順暁の伝燈系譜は、もうひとつはっきりしない部分があるが、いずれにせよ、最澄は順暁を師と仰ぐことによって、『大日経』にもとづく胎蔵界《たいぞうかい》の三部三昧《さんぶさんま》耶《や》の灌頂《かんじょう》、『金剛頂経』にもとづく金剛界五部の灌頂をあわせて授かることができた。

その観点からすると、わが国にはじめて正純密教を将来したのは、空海ではなく、最澄だった、ということができる。ただ、最澄の将来した正純密教は、惜しむらくは万全のものではなかった。そのため、空海とのあいだに第一章で述べた悲劇的な悶着が発生するのだが、それはのちのこととして、今ここで注目すべきは、日本天台宗の重要な特色をなす円密禅戒《えんみつぜんかい》の骨格が、最澄の入唐求法中に形成されたということであろう。

円は天台宗そのもの、密は密教、禅は禅宗、戒は大乗戒をさす。くり返すことになるが、最澄は天台宗を道邃《どうずい》や行満《ぎょうまん》から受け、密教は順暁《じゅんぎょう》から受け、禅は禅林寺の翛然《しゅくねん》から受け、大乗戒は道邃から授けられた。

最澄が、このような実り豊かな入唐求法を成就し、はずむ心で明州を出帆する遣唐使船に帰国の身を託したのは、延暦二十四年五月十九日のことであった。

忍びよる悲運

帰路の遣唐使船は二艘編成であり、最澄は遣唐大使藤原葛野麻呂とともに第一船に乗り組んだ。この時期、やがて最澄のライバルとなる空海は、まだ長安にあって師事すべき密教僧を探し求めている最中であった。

遣唐使船は六月の初旬、対馬を経て博多に安着した。最澄はいったん船をおり、博多郊外に独鈷《どっこ》寺を建立するとともに、天台山から携えてきた法燈の火を、とりあえず在地の信徒横大路《よこおおじ》源四郎の家のかまどの薪に移したという。

最澄が京都に帰りついたのは、六月の下旬のことだった。ついで七月なかば、最澄は弟子経珍《きょうちん》を朝廷に遣わし、中国から持ち帰った経論や仏具類をもれることなく書き記した『将来目録』を、桓武天皇に捧げた。

桓武天皇は、この『将来目録』とそれに添えられた最澄の上表文を読んで非常に喜び、南都諸大寺に命じて天台の法文の天下流布をはからせた。

しかし、これまで桓武天皇の外護《げご》のもとに順風すぎるほど順風に回転してきた最澄の運命の歯車は、このころから微妙に軋《きし》みはじめる。

最澄が帰国、上奏したとき、桓武天皇は齢《よわい》すでに六十九を数え、しかも久しく病床にあってすっかり病みおとろえていた。それに加え、最澄を迎えて天皇がもっとも関心を示したのは、肝心の天台教学ではなく、密教だったからである。

そのころの日本の密教は、まだ雑密《ぞうみつ》の段階にあり、密教の一側面である加持祈禱的な効能がとくに期待されていた。そこへ、最澄が純密系の密教をもち帰ってきたわけだ。心身ともに憔悴し、しかも依然として怨霊に悩まされていた天皇は、純密であればいっそう霊験があらたかであろうと信じ、不安や懊悩からの救済を最澄将来の密教に期待したのである。

そこで天皇は、和気広世に対して次のように勅した。

「真言（密教）の秘法等は、未だ此の土《くに》（日本）に伝ふるを得ず。然るに最澄闍梨《じゃり》は、幸に此の道を得、良《まこと》に国師たり。宜《よろ》しく諸寺の智行兼備の者を抜きて、灌頂三昧耶《かんじょうさんまや》を受けしむべし」（『叡山大師伝』）

さらに天皇は、小野岑守《みねもり》を勅使とし、画工などを動員して、灌頂に必要な仏画、仏具などの調度をそろえさせた。

このような経過のうちに、高雄山寺での灌頂が実現するはこびとなった。最澄が帰国して三カ月ほどたった延暦二十四年（八〇五）九月上旬のことである。

その日、最澄は高雄山寺に新しく設けられた灌頂壇にのぞみ、道證《どうしょう》、勤操《ごんぞう》ら八人の僧に灌頂を授けた。この八人のうち、光意《こうい》と円澄《えんちょう》は、「朕が為に重ねて灌頂を受法せしめよ」と命ぜられ、天皇の代理として灌頂を受けている。他の六名については、とりやめたい者はやめてもよいということだったから、高雄山寺灌頂の一番の目的は、天皇自身が密教の秘法の加護にあずかることになった、とみてよい。

ついで、平安京の西郊に好地を選び、ふたたび灌頂が行なわれたが、これは明らかに桓武天皇の病気平癒を祈るのが目的であった。同月十七日にも、同じ目的にそって最澄が宮中に召され、毘盧遮那《びるしやな》法を修している。

この間、天皇が最澄を優遇するさまは、南都の僧を嫉視させるほどのものがあった。しかし、最澄本人にとっては、さぞかし不本意であったことだろう。

最澄が危険な入唐求法《につとうぐほう》に赴いたのは、天台宗独立の基盤を固めるためだったはずである。それなのに、帰国してみると、もてはやされるのは密教ばかりで、天台宗独立はかすんでしまった恰好なのだ。

しびれをきらした最澄は、翌大同元年（八〇六）一月三日、上表して、天台宗にも年分《ねんぶん》度者《どしや》の割当てを認めてほしい、と天皇に願い出た。

当時、仏教は国家の統制下にあったから、正式の僧となるには朝廷の承認を受けなければならなかった。その定員も、たとえば法相《ほつそう》宗、三論宗各五人というふうに、宗派ごとに決まっており、年分度者の資格を得ると、その生活費も国家から支給されることになっていた。

したがって、宗派としての独立を果たそうとする以上、年分度者の割当てを獲得するのは、最低限の条件だったのである。

最澄の上表文は、法相、三論両宗の独占をとめて法相宗三人、三論宗三人、華厳宗二人、律宗二人とし、そこへさらに天台宗の二人の増員を認めてほしい、というものだった。

それを受けた桓武天皇は、翌四日中納言藤原内麻呂をして最澄の上表文を僧綱《そうごう》（仏教行政に携わる僧官）に諮問させるという所定の手続きをとったのち、同二十六日、最澄の請願どおりの新しい年分度者の制度を勅許した。

最澄の上表から天皇の勅許まで二十日あまり、この制度改定の速さは異例のことという。桓武天皇も、自分の病気にかまけて、最澄の悲願をおろそかにしていたことに、慚愧《ざんき》の念を抱いていたからであろう。

ともあれ、年分度者二名の割当てを得たことによって、天台宗は待望の独立を達成することができた。天台宗は今や、南都六宗と並ぶ国家公認の一宗として、しかも平安新京にもっともふさわしい教えとして、だれはばかることなく宗教活動を展開することが可能になったのだ。

最澄の前には、ふたたび明るい未来が開けはじめたかに見えた。しかし、いったんきざした悲運の翳《かげ》りは、しぶとく最澄にまとわりついて離れなかった。

悲運がはっきりした形をとりはじめたのは、桓武天皇の死を境としてのことである。桓武天皇は、天台宗独立の勅許を置き土産として、それからわずか二カ月後、帰らぬ人となった。天台宗のいちばんの理解者であり、最澄の最大の外護者が失われたのである。

皇統はこのあと、四年在位の平城天皇をはさみ、嵯峨天皇の代へと移行する。

嵯峨天皇即位の年の大同四年（八〇九）七月、長らく不遇をしいられていた空海が入京を許され、平安京に姿をあらわした。そして、空海が嵯峨天皇に尊信を寄せられ、かつての桓武と最澄の関係以上に親密な仲を形成していくにつれ、最澄の悲運はますます増幅されることになった。

空海は、最澄より一年半ほど遅れて大同元年（八〇六）の秋、唐から帰国し、自分が伝法した密教の卓越性などを強調する内容の『請来目録《しょうらいもくろく》』を朝廷に提出した。だが、空海の意気ごみにもかかわらず、『請来目録』は黙殺され、空海は三年近くも九州その他に焦燥の日々を過ごさなければならなかった。

そんな空海に救いの手をさしのべ、入京できるようとりはからってやったのは、最澄だったといわれる。そのときの最澄には、空海がまだ無名の僧であるのに対し、自分は平安仏教界の第一人者だという余裕もあったのであろう。

だが、最澄にとって不運だったのは、桓武朝末期以来まきおこった正純密教への人気が、さらに激しく燃えさかっていたことだった。

正純密教の体系的な理解と実修にかけては、残念ながら最澄より空海のほうがずっと上である。最澄の密教は、前にふれたように、帰国の便船を待つ暇に駆け足で修めた拙速のものであった。一方の空海は、唐都長安の青龍寺《しょうりゅうじ》において中国密教の最高峰恵果《けいか》に師事し、後嗣を証明する伝法阿闍梨《あじゃり》の灌頂を受けている。

そのことが知れると、以前『請来目録』を黙殺した朝廷人士も争って空海を尊信し、それにともなって空海は最澄をしのぐスターの座を獲得するのだ。

最澄にしてみれば、この光景は愉快であるはずがない。だが、最澄はあくまで謙虚であり、「弟子最澄」と自署して、この後輩にねんごろに密教の伝法を乞うた。天台宗が円密禅戒の四種相承《そうじょう》を宗旨としている以上、密だけを劣った状態にしておくことはできなかったのであろう。

空海も当初は、最澄の依頼に快く応じ、密教経典を貸与したり、結縁《けちえん》灌頂を授けたりした。しかし、両者のあいだには、密教についての考え方の違いがあり、そのことがしだいに両者の仲を隔てさせることになる。そして、最澄の弟子泰範《たいはん》の帰属をめぐって、両者の交遊は修復しがたい破局に直面するのだが、その経緯については空海の項で詳述したので、ここではくり返さない。

ここにいたる一連の場面で優位に立っているのは、明らかに空海のほうである。空海は密教至上主義をつらぬき、ときには先輩の最澄を教誡するような言辞さえ用いている。

しかしまた、求法の前には先輩も後輩もないとして、一切のプライドや見栄を捨て、ただ謙虚に純一無垢に密教の伝授を空海に求めた最澄の態度も、称讃に値するであろう。いったん何らかの分野でトップに立ち、世間の尊敬を集めた人間は、たいていこういう態度をとれないものである。それを虚心にさらりとやってのけたところに、空海とは対照的な、最澄の宗教者としてのまれな資質が輝きだしているといえよう。

ただ、最澄もさすがに、空海から絶交状にひとしい書状を送りつけられたあとは、真言密教に批判を加えるようになった。それ以前の最澄は、「法華一乗と真言一乗と何の優劣ある」(『伝教大師御消息』)と述べて、天台と真言密教は帰するところが同じだとしていたから、かなり大きな方針転換をしたわけだ。

とはいえ、最澄は真言密教批判に深入りはしなかった。かわりに、空海と訣別して以後の最澄が正面の敵としたのは、大乗精神の乏しい南都仏教界であった。

徳一との大論争

最澄と南都仏教界との確執は、つとに最澄が天台宗をもって桓武天皇に信任されたころからはじまっていた。そのはっきりした分岐点を求めるとすれば、おそらくそれは「高雄講経」のあたりであろう。

前にふれたように、この「高雄講経」の席には、南都の諸高僧が聴聞に訪れ、また彼らは最澄の講演のすばらしさをほめたたえる上表文を桓武天皇に呈出した。だが、聴聞といい、上表文といい、それらは南都仏教界の本意ではなかった。彼らは、腹のなかでは最澄を小面憎く思いながら、天皇の意向に逆らう愚を避け、最澄を尊重してみせただけなのである。

南都仏教界の最澄に対する反感は、桓武天皇が天台宗の独立を勅許したことによって、さらに高まった。とりわけ最澄への不快感をつのらせたのは、そのころ南都仏教界の主流を占めていた法相宗である。

法相宗は当時、三論宗とともに年分度者を五人ずつわかちあっていたが、三論宗に進む者は少なかったので、その分まで自宗に取りこんでわが世の春を謳歌していた。その特権が、最澄の上奏を桓武天皇が認めたため、年分度者三人に削減されてしまったのだから、最澄を目の敵にしたのも無理はない。

弘仁六年（八一五）八月、最澄は広世が没して和気氏の新当主となった真綱に請われ、南都の大安寺に出向いて『法華経』の講義をした。大安寺といえば、旧師行表《ぎょうひょう》とその師道璿《どうせん》にゆかりが深く、最澄自身も東大寺戒壇で具足戒を受けてのち比叡入山を決行するまでのあいだ、しばらく身を置いた寺院である。

最澄は、さぞかし懐旧の念を催したことだろうが、はからずもこの講義の席が、法相宗を先頭とする南都仏教界の最澄非難の大合唱の場となった。最澄は、南都の諸高僧を相手どり、一歩もひかずに論陣を張ったが、空海との仲がひび割れ、今また南都の総攻撃にさらされた最澄の姿には、ぬぐいきれない孤独感が漂っていた。

その直後のことといい、また二年後の弘仁八年春のことともいう。最澄は近江から美濃、信濃と通じる中山道《なかせんどう》を経由して、東国に向かった。

最澄はかつて比叡山に山林修行中、経典蒐集のため書写の助力を有縁の僧に呼びかけたことがあるが、その事業にもっとも寄与した人物に道忠《どうちゅう》という僧がいる。道忠は、鑑真和上《がんじんわじょう》の持戒第一の弟子であり、その門弟は主として東国に繁衍《はんえん》していた。最澄の東国行は、それらの門弟を自分のもとに再組織し、東国にも天台宗を弘めることにあった。

ところが、最澄が東国布教を進めるうちに、思わぬ障害があらわれた。法相宗の徳一《とくいっ》という僧が、教理論争を挑んできたのである。

徳一は、奈良朝の権臣藤原仲麻呂の子ともいわれるが、その出自は明らかでない。若いころ南都で学んだのち、東国に赴いて民衆の教化につとめ、最澄が訪れたころは、広い尊崇を集めていた。徳一が本拠としたのは、みずから創建した会津の恵日《えにち》寺であり、そのほか徳一の建立と伝える寺院は東国に五〜六十もあったという。

徳一と最澄の論争は、『法華経』が権教《ごんきょう》（方便の教え）であるか実教であるか、また南都の三乗仏教と天台の一乗仏教のどちらがすぐれているかの二点をめぐって行なわれ、足かけ五年に及んだ。

ただし、論争といっても、両者が対座して応酬したのではない。論争の主役をつとめたのは、両者の著わした文書であり、論争の発端は、徳一が『仏性抄《ぶっしょうしょう》』一巻を著わして、『法華経』こそ実教であり正法とする最澄の説を批判したことにあった。

これに対し、最澄は東国布教中の弘仁八年二月、『照権実鏡《しょうごんじつきょう》』をまとめ、一乗が三乗にまさるゆえん、それゆえに一乗を説く『法華経』が実教であることを述べたてて、まっこうから『仏性抄』の説を否定した。

これに対し、徳一は『中辺義鏡《ちゅうへんぎきょう》』をもって反論し、最澄また『守護国界章《しゅごこっかいしょう》』九巻を著わして再批判するというふうに論争は展開してゆく。その間の両者の著述でほかに知られるのは、徳一側に『慧日羽足論《えにちうそくろん》』『遮異見章《しゃいけんしょう》』、最澄側に『法華去惑《ほっけこわく》』『決権実論《けつごんじつろん》』『法華秀句《ほっけしゅうく》』などがある。ちなみに最澄が論争の最後を飾る『法華秀句』をまとめたのは、死の前年のことだった。

しかし、論争のテーマが信仰をめぐることだけに、明白な決着はつかなかったようである。現在に残る著述の量だけから見れば、最澄が勝ったようにみえるが、実情は引き分けに近いものだったのであろう。

それにしても、この論争の過程ほど、最澄の生まじめな性格があらわれている場面は、他にない。

徳一は、空海に対しても『真言宗未決文《みけつもん》』一巻を呈し、真言密教の教学に批判を加えているが、空海はまともに相手をせず、十一カ条の批判の一カ条に答えただけで、あとは徳一のことを「菩薩」と敬称したりして、適当にあしらっている。都では無名の、地方の僧の批判など歯牙にもかけない、といった態度である。

最澄のほうは、その点まったく逆であり、徳一の批判の一々について厳密な再批判を加え、手抜きするということが少しもない。相手の地位、身分に関わりなく、全身全霊を投じて、自分の教学を理解させようとしている。その態度は、空海よりずっと一本気であり、ないしは闘争的だ。

しかし、それをすべて、最澄と空海の性格の違いに帰するのも、正しいとはいえないであろう。

徳一の背後には、南都仏教界がある。徳一は、南都仏教の主流、法相宗の僧であった。最澄は、その南都仏教界と対決している最中なのである。いったん徳一の批判を受けて立った以上、それはおのずから南都仏教界との宗教論争に転化する。最澄としては、どうあっても負けることはできなかった。

一方、空海は、嵯峨天皇に登用されて以来、南都仏教界と協調的な関係を保ってきた。そんな空海からすれば、南都仏教界の末端に位置する徳一の批判など、まともに受けとめる必要がなかった。空海の立場は、最澄にくらべると、はるかに気楽だったといえる。

ともあれ、最澄が徳一とまっこうから対決したことは、はっきり勝敗がつかなかったにせよ、決して徒労ではなかった。最澄は、古代最大ともいわれるこの論争を通し、南都諸宗に対する天台の思想的独自性を、鮮明にうち出すことができたのである。最澄は、この収穫をもとに、天台宗のより望ましいあり方をめざして、次の段階につき進んでいく。

大乗戒壇建立の悲願

すでに見たように、徳一との論争は、南都諸宗に対する天台の教理の優越性を証明する闘いであった。だが、天台宗が教団としての完全な独立を達成するには、もう一つ打開しなければならない重要なことがあった。

天台宗は、桓武天皇によって、たしかに宗派的独立を認められたが、それはあくまで南都諸宗と同じ立場での独立公認であり、南都の僧によって構成される管理機関としての僧《そう》綱《ごう》の支配に服することが義務づけられていた。しかも「僧尼令《そうにりょう》」は、東大寺の戒壇院において四分律《しぶりつ》を受戒することを、正式の僧侶の資格に定めており、天台宗の年分度者といえども、「僧尼令」の規定に従わなければならなかった。

四分律は、前にもふれたように上座部派の戒律であり、天台宗は大乗派である。大乗仏教の僧が正式の出家得度にあたり、上座部派の戒律を受けなければならないというのは、はなはだしい矛盾であり、同時に苦痛である。

したがって、天台宗が教団としても独自性を備えるには、南都僧綱の支配を脱して別の立場を確保すること、および四分律ではなく大乗戒にもとづいた戒壇を建立するという二つの手続きが、どうしても欠かせなかったのである。

この点のうち、とりわけ肝要なのは、大乗戒壇の建立である。大乗戒壇が実現すれば、天台宗は南都仏教界と関わりなく自前の僧を生み出すことができ、おのずと南都僧綱の支配からの脱出の道も開けることになる。

弘仁九年（八一八）三月、最澄はその観点に立ち、東大寺戒壇院において三十三年前に受戒した四分律の破棄を宣言した。これは、僧尼令の規定を遵守するかぎり、僧侶の資格の喪失を意味する。国家仏教の当時、僧として自殺行為にひとしいこの挙に最澄が踏み切れたのは、入唐求法《にっとうぐほう》の折、本場中国の天台宗七祖道邃《どうずい》から大乗戒を授けられたという裏づけがあったからであった。

こうして、みずから先頭を切り、大乗の僧として生きることを表明した最澄は、ついで比叡山に大乗戒壇を建立する勅許を獲得するため、精力的に朝廷に働きかける。

その手はじめに最澄が実践したのは、天台僧の新しい養成制度を述べた『天台法華年分《てんだいほっけねんぶん》学生式《がくしょうしき》』を朝廷に提出し、天皇の裁可を求めることであった。天台宗の年分度者について六条の規則が掲げられているので、ふつう『六条式』と略称されるものである。なかに籠山十二年の修行が説かれているのは、比叡入山から内供奉《ないぐぶ》に任ぜられて下山するまで、ちょうど十二年を費やした最澄自身の体験からの発想であろう。

この六条式で注目されるのは、前文において最澄が「国宝」論議を展開していることである。

「国宝とは何物ぞ。宝とは道心なり。道心あるの人を名づけて国宝となす。故に古人言《いわ》く、『径寸十枚、これ国宝に非《あら》ず。照千《しょうせん》・一隅、これ則《すなわ》ち国宝なり』と」

この一文のうち、「照千・一隅」の解釈については、近年学者のあいだで論争がおこっているようだが、最澄が〝国宝〟と表現したのは、物ではなく人間であり、それも国家、社会に貢献できる人材のことであった。大乗の精神そのままに、自利よりも利他を優先し、利他の行為のうちに自利を完成させることこそ人間の理想的なあり方であり、そのような国宝を養成するのが自分の願いだ、というのである。

それは当然、南都仏教界に対する批判となり、挑戦状となる。

最澄はこのあとひき続き、『勧奨天台宗年分学生式《かんしょうてんだいしゅうねんぶんがくしょうしき》』（八条式）、『天台法華宗年分度者回小向大式《えしょうこうだいしき》』（四条式）を著わして朝廷に捧げ、勅許獲得に邁進した。六条式、八条式、四条式は、まとめて『山家学生式《さんげがくしょうしき》』と呼ばれる。

だが、朝廷の反応は、一貫してはかばかしくなかった。『山家学生式』を示された南都の僧綱が、反対ないし黙殺の態度をとったからである。

したがって、最澄の発言もしだいに過激になった。最澄は、三番目の四条式において、「仏道には菩薩と称し、俗道には君子と号す。その戒、広大にして、真俗一貫す」と述べ、真の悟りの前には出家も在俗も区別がないと主張している。これは、「一切衆生悉有仏性《いっさいしゅじょうしつうぶっしょう》」を説く大乗仏教の立場からすれば当然の認識であるが、上座部派的な南都諸宗からみると、とんでもない危険思想であった。

そのため、南都諸宗は、最澄が四条式を奉呈したことから黙殺の態度をかなぐり捨て、猛烈な非難を最澄にあびせはじめた。南都の僧綱は、最澄の見解を弾劾する内容の文書を天皇に上表し、その上表文はやがて最澄に伝達された。

だが、この展開は、最澄の望むところであった。黙殺されては打つ手もないが、論争の土俵に相手があがってくれれば、打開の道はできるのである。

南都僧綱の批判文を受けとった最澄は、勇躍して精読し、それへの反論であり、最澄畢《ひっ》生《せい》の大作とされる『顕戒論《けんかいろん》』を書きあげた。

弘仁十一年（八二〇）二月末、最澄は自分が受け伝えた仏法の正しさを系譜的に証明する『内証仏法相承血脈譜《ないしょうぶっぽうそうじょうけちみゃくふ》』を添えて、『顕戒論』を朝廷に奉った。

嵯峨天皇はこれに対し、特別な意見を述べず、『顕戒論』は南都僧綱に回送された。南都僧綱は総力をあげて、『顕戒論』を検討したが、ついに正面切って『顕戒論』に反論を加えることができなかった、という。

最澄と南都との論争は、最澄の圧勝に終わったわけである。

そのころ、朝廷内部にも、最澄から「四賢臣《しけんじん》」と呼ばれた右大臣藤原冬嗣《ふゆつぐ》、良岑安世《よしみねのやすよ》、藤原三宅《ただもり》、伴国道《とものくにみち》をはじめとして、最澄を支援する人々がふえつつあった。

しかし、それでも、大乗戒の独立、大乗戒壇の建立という最澄の悲願は、生前に満たされることがなかった。

大乗戒壇建立の勅許が下ったのは、最澄が比叡山中道院《ちょうどういん》に没して一週間後の、弘仁十三年（八二二）六月十一日のことである。嵯峨天皇が最澄の死を哀悼しての処置、という。

その翌年二月には、最澄を信任した桓武天皇の代の年号にちなみ、「延暦寺」の寺額が勅賜された。年号を寺名とするのはこれが最初の例である。

以上によって、教団的独立を果たした天台宗は、これ以後南都を圧倒して日本仏教界の巨峰たるべき道を順調に歩んでゆくことになる。

なお、後半生をほとんど論争のうちに過ごした最澄が病床に伏したのは、死の三カ月前のことだった。すでに余命の尽きたことを悟った最澄は、入唐求法の折に通訳をつとめ、その後もずっと師事してきた義真を後継者と定め、高弟たちを前に今後の心がまえなどを遺言したが、その遺言のなかに次のような一文がみえる。

「我、鄭重に此の間に託生《たくしょう》して一乗を習学し、一乗を弘通《ぐづう》せん」

自分は、この世に何べんでも生まれかわり、一乗の教え、天台宗の弘通につとめるつもりだ、というのである。純一無垢の求道者、不撓《ふとう》の行動者として生きてきた最澄の真面目《しんめんぼく》は、最期の場面を迎えてなお鮮やかに輝きつづけていたわけである。行年は五十六であった。

第三章 親鸞

——苦悩の果ての歓喜

乱世と末法

親鸞《しんらん》が生まれ育った時代は、二重の意味での乱世であった。

親鸞の生年である承安《じょうあん》三年（一一七三）の前後を見渡すと、そこには崩壊の危機を目前にして喘《あえ》ぎ彷徨する古代王朝体制の零落した姿がある。そして、その一方に、保元《ほうげん》の乱《らん》以来いちじるしく実力を伸張し、上昇気流に乗り切った武家社会の躍動する姿がある。

「（保元の乱を境に）日本の乱逆《らんげき》と云《いう》ことはをこりて後、むさ（武者）の世になりにけるなり」

超一流の貴族出身の僧慈円《じえん》は、自著の史論書『愚管抄《ぐかんしょう》』において、そのように慨嘆している。実際、保元の乱は、それまで地下《じげ》よ犬よと卑しめられてきた武士階層が、もちまえの武力を発揮することにより、はじめて分厚い貴族支配体制の壁に風穴をあけた歴史的瞬間といってよく、貴族の武士に対する一方的な優位はとたんに崩れ去った。

このとき、武士勢力の先頭に立ってその地位向上に邁進したのは、周知のように平清盛《きよもり》を棟梁にいただく伊勢《いせ》平氏であった。清盛は永暦《えいりやく》元年（一一六〇）、武士として最初の公卿の座について以来、めざましいスピードで権勢の階段をかけのぼり、仁安《にんあん》二年（一一六七)、ついに人臣の極位である太政大臣の座を手中にする。

清盛の昇進にともない、一族の身分もひとしく上がっていった。その結果、『平家物語《へいけものがたり》』に「一門の公卿十六人、殿上人《てんじょうびと》三十余人」とあるように、廟堂の過半を清盛一門が占めることになり、かつての藤原氏政権にかわって平氏政権が成立した。

だが、武士の牛耳る政権とはいえ、平氏政権の場合はまだ、事がおだやかであった。清盛は露骨に専権の掌握につとめたが、それは決して王朝体制を否定するものではなかった。そのことは、清盛が娘徳子《とくし》（建礼門院）を入内《じゅだい》させて天皇の外祖父の座を得ることに狂奔した一事からも明らかであり、清盛の究極の狙いは平氏栄華の磐石の基盤を王朝体制内部に築くことであった。

そんな清盛の野望をくじき、乱世の様相を一挙に激化させる引き金となる事件が、治承《じしょう》四年（一一八〇）五月に勃発した。以仁王《もちひと》が発した平氏追討の令旨《りょうじ》を奉じて、源頼政《よりまさ》が打倒平家の兵を挙げたのである。もっとも、頼政自身は武運つたなく、平氏の大軍にたちまちたたきふせられたが、この一戦を契機に源頼朝《よりとも》や木曾義仲《よしなか》ら各地の源氏の挙兵が相つぎ、いわゆる源平争乱期の幕が切って落とされる。

平安朝四百年の平和のあと、わが国がはじめて体験した内乱の時代であり、兵乱は奥州藤原氏の滅亡まで含めると断続的におよそ十年間も続いた。しかも、最後の勝利者となった源頼朝が東国に樹立した鎌倉幕府は、明らかに平氏政権と違い、王朝体制と対立するものであった。のみならず、実質的な権勢は鎌倉幕府のほうが王朝を凌駕したから、内乱は終熄《しゅうそく》したものの、そのような貴族と武士の力関係の逆転という未曾有の価値顚倒によって、乱世の質的深化はいっそう促進されたといっていいかもしれない。

あとで見るように、こうした現実世界の乱世はまた、親鸞が出家するにいたった一つの有力な機縁ともなったようである。

しかし、親鸞の宗教者としての歩みを考えるとき、もっと重要な意味をもつのは、当時の精神界を席捲した〝もう一つの乱世〟であろう。すなわち、既存の価値観を容赦なく痛撃する末法《まっぽう》思想によってひきおこされた、〝末法の闇〟である。

末法思想とは、インドに生じた正法《しょうぼう》尽滅の危機意識を母胎とし、中国において盛んになった思想であり、いってみれば釈迦の教えがあまりにも容易に踏みにじられる人間界への苦い省察がこめられた、仏家の無慚《むざん》な智慧といってよい。わが国にもたらされたのは平安初期といわれるが、この思想の眼目は、釈迦の入滅《にゅうめつ》後、年代がたつにつれて正しい教法が衰微するというところにあり、衰微の段階は正法・像法《ぞうぼう》・末法の三時に分かたれるとされた。正法時《しょうぼうじ》は仏法が正しく行なわれる時期、像法時は信仰が形式的になる時期、そして最後の末法時は仏法がまったくすたれてこの世に戦乱や悪疫がはびこり、人々がいくら仏教信仰に励んでも絶対救われることがなく、ついにはこの世まで滅亡してしまう時期、と規定されている。

流入当初、末法思想はあまり注目されなかったが、最澄《さいちょう》の著と信じられた『末法燈明記《まつぽうとうみようき》』などで日本における末法の初年が永承七年（一〇五二）と示された結果、その年が迫るにつれてにわかに恐怖的内容が現実味をおび、人々の心を騒がせたのであった。折しも永承七年は、前九年《ぜんくねん》の役《えき》が二年目を迎え、関白藤原頼通《よりみち》が父道長《みちなが》の宇治の別荘を仏寺にあらためて平等院と号した当年である。

当時およびそれ以降に著わされた日記や物語類を読むと、そこにはしばしば悲嘆の思いも深く、「末法」の語が記されているし、何か悪いことがおこると、それはすべて末法到来のせいだと受けとめられがちであって、末法思想が急速に社会的パニックを形成していったようすが手にとるようにうかがえる。

このように末法思想が深甚の怖れをもって迎えられたのは、時人の精神のよりどころである仏法が衰滅してこの世が地獄さながらになるという終末観的予言であったことと同時に、死後の世界の認識とも深くかかわっていた。

仏教の死後観はふつう六道輪廻《りくどうりんね》で示される。六道とは、地獄・餓鬼《がき》・畜生・修羅《しゅら》・人間・天上《てんじょう》の六つの迷界のことで、これらの迷界にはそれぞれ特有の苦が満ちている。そして、この六道輪廻の苦患《くげん》からぬけ出し、往生をとげるためには、ただ一途に仏法に縋《すが》るほかにない——というのが仏教の立場である。それなのに、唯一の頼りの仏法までが衰滅してしまうのだから、末法時に生きる人々はいくら修行をかさねても、永劫に救われないことになる。このように、死後の救済の道まで冷やかに閉ざす末法思想の徹底性が、よりいっそう人々の心を怯えさせ、苦しませたのであった。そのため、せめて末法の闇が深まらないように一日も早く現世を厭《いと》い離れ、彼岸《ひがん》の救済にあずかろうと思いつめて、自殺という非常手段に訴える人々も少数ながらあらわれた。

したがって末法の克服は、時人が希求する最大の関心事として急浮上することになり、それはまた自覚的な求法の道を歩みはじめたのちの親鸞が真正面からとりくまなくてはならない課題ともなった。

末法時に生まれた私たちは、ただなすすべもなく無力に頭《こうべ》をたれ、絶望の淵にたたずむほかにないというのか。いや、そうであっていいはずがない。広大無辺な慈悲を説く仏が、この哀れきわまる私たちをそのままに放置しておくとは、とうてい考えられない。きっとどこかに、救いの手だてを講じてくれてあるはずだ――親鸞はひたすら思念をこらし、やがてその末に、浄土信仰に惹きつけられていく。

浄土というのは、仏教の説く理想の仏国土のことで、前述の六道輪廻から離脱できた人々の魂が赴くところとされている。浄土に赴くことを往生（往《い》って生きる意）といい、往生をとげた人々はその浄土において、現世の苦悩から解き放たれ、想像の及ぶかぎりの福楽を享受できる、と仏教は唱えるのである。

ただし、浄土は一つだけではない。大乗仏教の興隆につれて数多く観念化された如来、菩薩は、それぞれに独自の浄土を賦与されており、わが国では早い時期から阿弥陀《あみだ》如来の極楽、弥勒《みろく》菩薩の兜率天《とそつてん》、帝釈天《たいしやくてん》の忉利天《とうりてん》、観音菩薩の補陀落山《ふだらくせん》などの浄土が人気を集めた。聖徳太子の妃 橘 大郎女《たちばなのおおいらつめ》が采女《うねめ》たちに織らせたという「天寿国曼荼羅繡帳《てんじゆこくまんだらしゆうちよう》」の天寿国も、やはり浄土の一つである。

だが、末法思想が広まるにつれて、これら各種の浄土に対する信仰は、しだいに一つの浄土へと集中するようになった。それは、阿弥陀如来の浄土・極楽であり、平安時代も後期に入ると、浄土信仰すなわち極楽信仰というほど高まりを示す。親鸞が惹きつけられた浄土信仰も、むろんのことにその極楽信仰であった。

では、数多い浄土のうち、なぜ極楽浄土だけがそんなにも人気を集めたのかというと、それは、この浄土の教主阿弥陀如来の救いの性格と深く関わっていた。

つまり――前述のように、末法時は仏法そのものが衰滅してしまうから、人々はいくら信仰に励んでも自力で往生することはできない。かなたに浄土があり、そこにありがたい仏が坐《おわ》していることはわかっても、現世と浄土をつなぐ道はプッツリ断ち切られてしまったわけである。仏たちも、往生してきた人々に対して慈悲をたれるばかりで、現世にまで救いの手をさしのばしてはいない。

ところが、ひとり阿弥陀如来だけは違った。阿弥陀如来はその本願《ほんがん》（衆生救済のため自らに課した誓願）のなかで、いかなる末世濁世《じょくせ》であっても、男女貴賤を問わず、「南無阿弥陀仏」と念仏さえ称《とな》えれば、自分の方から現世にやってきてその人を極楽へ迎え入れる（引摂《いんじょう》）と、はっきり言明しているのだ。この救いの積極性、寛容性は他の仏に見られないものであり、現世と浄土の断絶に苦しむ末法時の人々にとってこれほど頼もしい教えはまたとなかった。そして、その点にこそ、極楽信仰が浄土信仰の名を独占するにいたった主要な原因があったわけである。

このような阿弥陀如来の本願にいち早く着目し、浄土信仰流行のきっかけを作ったのは、親鸞に先行すること二百年あまり前の天台宗の学僧恵心僧都源信《えしんそうずげんしん》であった。

源信は、その主著『往生要集《おうじょうようしゅう》』において、以下のように主張する。

今私たちが生きている人間界は、六道の一つである。そして人はだれも、自分が人間に生まれたことをあたりまえと思っているが、それはとんでもない心得違いだ。六道輪廻の観点からすると、人間に生まれたのはたいへんな幸運とすべきであり、しかも「苦海を離れて浄土に往生すべき」チャンスは、人間界に生をうけた現在を措《お》いてない。だから、今発心しなければ、六道輪廻の苦患《くげん》をまぬかれて浄土往生を期すことはついに不可能となるであろう。

では、発心するにしても、具体的にどうしたらいいのか。ここから源信は浄土信仰の勧めにとりかかる。

「末法万年には、余経は悉《ことごと》く滅し、弥陀の一経のみ、物（衆生）を利すること偏《ひとへ》に増さん」——仏法自体が衰滅する末法の世では、これまでのように難行苦行につとめたところで、仏の救いにあずかることは望みがたい。それに対し、阿弥陀如来は念仏さえ唱えれば浄土に救いとってくれると申されており、その本願を推しはかれば、浄土信仰こそ末法時に最適唯一の教えであること、明白である。そのうえ、ありがたいことに、信仰の実践として念仏を唱えることは、だれもがいつでもどこでも容易にできることではないか——。

源信の以上の主張は、浄土信仰の特徴とされる易行性《いぎょう》と救いの平等性を的確に表現している。とりわけ、末法時には難しい哲学的思弁や骨身を削る修行を必須の条件とする聖道門《しょうどうもん》より、念仏するだけで十分だとする浄土門の易行のほうがまさっているということを説得力豊かに啓示したことは、末法の闇に立ちすくむ凡夫たちにとって大きな光明となった。

しかしながら、源信自身はそう啓示してみせたものの、なお念仏に絶対の信を置くことができず、生前に『法華経《ほけきょう》』八千巻、『阿弥陀経』一万巻、その他の大乗経典五万五千余巻を読誦《どくじゅ》し、さらに種々の真言《しんごん》を唱えたというふうに、実践面では難行と易行の間を揺れ動いた。そんな源信の不徹底を乗り超え、浄土信仰に新しい地平を開いたのは、のちに親鸞が師事することになる法然《ほうねん》であった。

法然は、智慧第一と称されたほどの秀才だったが、広く諸宗について学んでいくうちに、どれもこれもあまりに難しいことに疑問を抱くようになった。そこで法然の関心は、仏法の力はもとより人間の能力も低下する一方だという末法時にふさわしく、もっと易しくてだれにでも行なえる教えは何かという方向に向かい、『往生要集』に親しむことによって、浄土信仰の備える易行性と平等性に眼を見開かれていった。そして法然は、自力修行を頼みにするよりも、阿弥陀如来の本願に秘められた人智の及ばぬ不可思議な摂理をひたすら信じること（他力本願）のほうにこそ末法時の信仰の本質があるとの確信に到達し、承安五年（一一七五）余行《よぎょう》と袂を分かって浄土門一途に帰依するにいたった。

親鸞が呱々《ここ》の声をあげたのは、こうして法然がいわゆる専修念仏《せんじゅねんぶつ》の法門を開いた二年前の、承安三年のことである。

清僧親鸞

京都市の南郊、伏見区の日野《ひの》に法界寺《ほうかいじ》という真言宗の寺院がある。本尊は薬師如来（重文）で、俗に「日野の薬師」と呼ばれて授乳祈願の信仰を集めているが、境内の見どころは何といっても阿弥陀堂および阿弥陀如来坐像であろう。平等院鳳凰堂、同本尊阿弥陀如来と並んで藤原時代の浄土教美術の代表とされ、ともに国宝の指定を受けている。この法界寺は、永承六年（一〇五一）、つまり末法初年の一年前、日野資業《ひのすけなり》が山荘をあらためて薬師堂を営んだことにはじまると伝え、以来日野氏の氏寺として一族門葉の結合の中心となってきた。日野氏は藤原氏の支流の中級貴族で、儒学と歌道をもって朝廷に仕えた家柄である。

親鸞はその日野氏の出身で、父は日野有範《ありのり》といった。日野氏の系図的研究によれば、有範は資業《すけなり》の五代の子孫にあたり、皇太后宮大進《だいしん》の職を占めていたという。親鸞は有範がもうけた五人の男の子のうちの一人で、『尊卑分脈《そんぴぶんみゃく》』などには範宴《はんえん》という俗称で記されている。現在、法界寺のすぐ東に日野誕生院という建物があり、そこが親鸞の誕生地との説明がなされているが、それは伝説にもとづくものであって、親鸞がどこで生まれたかは不明である。親鸞の生母もまた不詳であり、その幼時に関しては明らかでないことが多い。

さて、親鸞は数えの九歳になった養和元年（一一八一）の春、早くも俗世間に背を向けて剃髪出家することになる。養和元年という年は、全国的な規模での大凶作、大飢饉がわが国を見舞い、史上有数の被害をもたらしたことで知られる。この大飢饉は二年にわたって続き、地方のみならず京都をも直撃した。

その大飢饉を京都にいて体験した者に、『方丈記《ほうじょうき》』の著書鴨 長明《かものちょうめい》がいる。鴨長明は親鸞より二十歳ほど年長で、のち法界寺にほど近い日野の外山《とやま》に隠棲して『方丈記』を著わすのだが、養和の大飢饉の惨状を『方丈記』のなかに生々しく書きとめている。それによ

ると、

——いま歩いていたかと見えた人も、次の瞬間には倒れて死ぬというありさまで、京中に死者が充満し、河原などは水を求めて集まった者たちの死体が山をなして、通行することもままならないほどだった。仁和寺《にんなじ》の隆暁《りゅうぎょう》法印という僧が、放置された死者を成仏させるため、額《ひたい》に「阿」の字を書いてまわったところ、わずか二カ月の間、それも左京の町中だけで路傍の死体は実に四万二千三百余の多きにのぼった——

という。まさに、この世の生き地獄といってよい。この大飢饉のはじまる前年には、源頼朝らが決起して国内に戦雲が渦まいていたから、時勢はいよいよ末法思想の予言どおり、混迷の度を深めつつあったわけである。

そのさなかに出家した親鸞が師と仰いだのは、青蓮院門跡《しょうれんいんもんぜき》の慈円（慈鎮）であった。慈円は藤原摂関家の嫡流の出で、関白九条兼実《くじょうかねざね》の同腹の弟にあたる。著名な史論書『愚管抄』を著わしたことは、冒頭にふれた。慈円はまた生涯に四度も天台座主《ざす》を歴任しており、当時としてはきわめつきの名門僧であった。単に名門僧であるばかりでなく、若くして千日入堂の荒行をなしとげるなど、修行歴においても慈円の名声は赫々たるものがあった。したがって、慈円の弟子となるのはなかなか難しかったのであるが、親鸞がすんなり入門を認められたのは、中流ながらも同じ貴族出身ということが考慮されたのであろう。親鸞の曾孫覚如《かくにょ》筆の『親鸞伝絵《でんね》』（『御伝抄《ごでんしょう》』）によると、慈円と接触して入門のことをとりはからったのは、親鸞の叔父で後白河上皇の近臣日野範綱《のりつな》だったという。

だが、それにしても親鸞はなぜ、九歳という幼さで出世間の道を歩むことになったのであろう。俗人のまま成長し、いずれ宮仕えをすれば、王朝内部においてそこそこの栄達をとげるのも、決して望みのないことではなかったのである。

そこで注目されるのは、親鸞出家の前年、平氏打倒を志した以仁王《もちひと》が、源頼政とともに挙兵し、あえなく敗死したことだ。親鸞のもう一人の叔父日野宗業《むねなり》は、その以仁王の学問の師であった。それに、親鸞の祖母は源氏の一族だったという所伝もあり、日野氏はもともと平氏よりも源氏と親しかったらしい。そのため、以仁王、源頼政が反平氏の企てに失敗した結果、日野氏も一時的に零落を余儀なくされ、親鸞を仏門に託すことになったのではなかったかと考えられるのである。そういえば、親鸞の入門を快く許した慈円も、その実家九条家とともに平氏の専横を唾棄し、ひそかに平氏政権の転覆を願う立場にあった。いずれにしても、九歳という年齢からすれば、親鸞が自ら発心したという可能性は乏しく、親族ことに父有範の意志が働いていたとみなすほうが穏当であろう。

ともあれ、慈円のもとで剃髪出家した親鸞は、その後、当時における仏教修学のメッカともいうべき比叡山延暦寺《ひえいざんえんりゃくじ》に入り、およそ二十年の歳月を送った。その間の動静ももう一つ不鮮明だが、近年の研究によると、おそらく長じてからであろうが、常行三昧堂《じょうぎょうさんまいどう》の堂僧をつとめていたことが明らかにされている。

常行三昧堂は、承和十四年（八四七）、唐から帰朝した慈覚《じかく》大師円仁《えんにん》が開創したもので、そこの堂僧は不断念仏《ふだんねんぶつ》を行なうのがつとめであった。不断念仏とは、三カ日ないし七カ日の間常行三昧堂の道場にこもり、ひたすら念仏を唱えながら阿弥陀如来のまわりをめぐり歩く行《ぎょう》で、これを修すると正しい智慧が生じて真理を悟ることのできる境地に近づくことが可能になるという。

とすると、親鸞は比叡山において、早くも浄土信仰ときわめて近い環境にあったわけだ。念仏といい、阿弥陀如来といい、それらが浄土信仰の核をなしていたことは、前述のとおりである。その上、親鸞は主著『教行信証《きょうぎょうしんしょう》』のなかで、堂僧として過ごしている間に天親《てんじん》以下の中国浄土教の宗師の著述を読み、その教えにふれて聖道門から浄土門へと導かれ、『阿弥陀経』（浄土信仰の根本教典の一つ）の説く難思《なんし》往生の心を発するにいたった、と述べている。そうであるなら、親鸞が浄土信仰に傾斜した決定的な機縁は、すでに比叡山時代に萌《きざ》していたといわなくてはならない。

しかし、この時期の親鸞の信仰は、まだずいぶん観念的なものであった。比叡山の浄土信仰はこのころなお源信の思想の支配下にあり、源信は日常的な持戒堅固を重視した。親鸞もまた源信の思想に忠実であり、堂僧としての明け暮れは持戒堅固な清僧としてつづられていった。

本願に帰す

建仁元年（一二〇一）の春二月、親鸞の師慈円が二度目の天台座主《ざす》の座についた。朝廷ではここ数年、九条家のライバル源通親《みちちか》が強権をふるっていたが、このころようやく成年に達した後鳥羽上皇が強力な指導力を発揮しはじめ、その支援によって復任を果たしたのである。

だが、ちょうどそれと前後して、親鸞の姿が比叡山から消え去った。慈円に暇乞いをしたのか、それともだれにも黙してひそかに下山したのか、いずれにせよ親鸞の姿は次の日、洛中にあらわれて六角堂に吸いこまれていった。時に親鸞は、数えの二十九歳である。六角堂は正式の寺名を頂法寺《ちょうほうじ》といい、寺伝によると、この地を訪れた聖徳太子が如意輪観音を安置して六角の小堂を建立したのがそのおこりという。寺伝の当否はともかく、京都最古の寺院の一つであることはまちがいなく、嵯峨天皇から勅願所とされるなど、往時は幅広い信仰を集めていた。

親鸞はその六角堂において、百日間の参籠《さんろう》を行うことになる。それはすでに比叡山を下りるときから思い決めたことであって、親鸞は下山の当日から堂内にこもると、ときに本尊の救世観音《くせかんのん》を仰ぎ見、多くは瞑目したままひたむきに祈り続けた。

では、親鸞はいったい、何を求めて百日間の参籠を実行したのであろう。いや、それよりもなぜ親鸞は、二十年間も慣れ親しんだ比叡山から下山に踏み切ったのか。

その原因としてまず考えられるのは、俗世と変わりのない状況におちいっていた比叡山に対する反撥であろう。比叡山のみならず寺院一般の世俗化現象は、平安中・後期にかけて加速的に進み、十世紀中葉に天台座主をつとめた元三大師良源《りょうげん》でさえ、早くも批判的意味をこめて聖域比叡山を俗世と観じ、天台座主となることを現世の栄進とみなしていたほどである。いわば寺院もまた俗界と同じく、救済されなければならない精神状況下にあったわけで、親鸞のように純粋に求法《ぐほう》を志す僧にとって、そのありようはまことに居心地の悪いものであった。

したがって、その中に身を置いてなお真摯《しんし》に生きようとすると、ある日ふと、真の仏法とは何か、仏教者としてこのままでいいのか、といった疑念が湧いてくるのを避けることはできない。現に「遁世聖《とんせいひじり》」たちがそうであった。親鸞よりも二百年ほど先行してあらわれた彼らは、その疑問につきあたると、なおいっそうの求道に徹しようとして、未練気もなく所属の宗団や寺院を離脱し、静謐《せいひつ》な環境を求めて山中などにひき移っていった。

親鸞も当然、そのような疑念を抱き、彼らと同様の衝動をおぼえていたことであろう。だが、親鸞の場合、下山を決行する直接の動機となったのは、もっと別のところにあり、親鸞自身の表現をかりて言うと、それは当時の彼が「愛欲の広海《こうかい》に沈没《ちんもつ》」していたからだったようである。

つまり――前述のように、親鸞は常行三昧堂の堂僧として、持戒堅固、禁欲第一の日々を送っていた。ところが、堂僧は貴族の邸などに招かれて不断念仏を修することが多かったので、いきおい俗世との接触も多くなり、その分、異性をまぢかに見る機会にもたびたびめぐりあった。

すると、どういうことがおこるか。結果はいうまでもあるまい。異性と隔離された環境で禁欲生活を強要されているだけに、おのずから心があやしく騒ぎたったはずだ。まして親鸞は、まだ異性を意識するにいたらない年齢で出世間の道に入り、先輩の悪僧連にいろいろと女色の話を吹きこまれながら惑い多き青年時代を迎えたところなのである。そんな、いってみれば異性に対して無菌箱の中で育ち、想像だけを逞しくしていた青年が、はじめて女というものを具体的存在として知ったときの衝撃度は、われわれ現代人の予測をこえる巨大なものがあったに違いない。

それに、西本願寺所蔵の親鸞の肖像画「鏡御影《かがみのみえい》」を見ると、親鸞はやや短軀ながらがっしりした体格で、風貌も精悍だ。いかにも生命力にあふれており、九十歳まで長生きしたことを考えあわせると、どうみてもひ弱な体質だったとは思われない。とすれば、男ならだれでも体験する青春期の性的憂悶が、親鸞において人一倍激しかっただろうという想像が導き出される。

事実、そのとおりであったに違いない。親鸞は異性と近接する機会を得るごとに、いよいよ「愛欲の広海」に漂い出した。そして、いったん愛欲の思いにめざめてしまってからは、それは人間の本能に根ざすものであるだけに、どれほど以前の修行三昧の清僧の生活に戻ろうとつとめてみても、破戒への誘惑がつのってくるばかりであった。そこで、親鸞はこの問題をあいまいなまま放置しようとはせず、今後の宗教者としての生き方を確認する上でも、破戒へと傾斜して揺れ動く自分の心を真正面から問いなおしてみようと考えたのであった……。

このように、愛欲の惑いをもって、親鸞の比叡山下山および六角堂参籠の直接動機とみなすのは、決して根拠のないことではない。というのも、親鸞の妻恵信尼《えしんに》の書状によると、親鸞は六角堂参籠九十五日目にして聖徳太子から一篇の偈《げ》を夢告《むこく》され、翻然と迷いから醒めるのだが、その偈の内容が、いかにも当時の親鸞の悩みのありようを髣髴《ほうふつ》させるからである。この聖徳太子夢告の偈については、かつて「廟窟偈《びょうくつげ》」とする説が多かったが、現在は次の「行者宿報設女犯《ぎょうじゃしゅくほうせちにょぼん》」の偈とみなす説が有力である。

行者よ宿報に設《たと》い女犯せんに
われ玉女《ぎょくにょ》の身と成って犯されん
一生の間よく荘厳《しょうごん》し
臨終に引導《いんどう》して極楽に生まれしめん

ひびきが美しく、優しさの満ちた偈である。大意をとれば、以下のような意味になるであろう。

行者（親鸞）よ、もしそなたが前世の善悪業《ごう》の報いによって女犯に踏み切ろうとするのなら、わたしは玉のような美しい女と化してそなたに犯されよう（妻となろう）。そして、一生涯の間そなたをおごそかに飾り、臨終に際してはわたし自らが導いて極楽浄土に往生させてあげよう――。

夢のなかにおいて、実際にこの偈を親鸞に授けたのは、六角堂の本尊救世《くせ》観音であった。したがって、親鸞は救世観音から女犯を認められ、もし妻帯するならば救世観音自身がその妻になるという誓約を得たわけである。六角堂の救世観音は、聖徳太子の化身《けしん》であると同時に、太子の母および妃の化身とも信じられていたから「玉女の身と成る」という表現もとりたてて不自然ではない。

以上見たように、親鸞がこの「行者宿報設女犯」の偈によって迷いから醒めたとするならば、それを裏返すと、当時の親鸞の悩みがもっぱら、「愛欲の広海」に集中していたことの有力な証左とすることができるであろう。いいかえれば、人間の本然に根ざす性欲を禁じた女犯戒を破ることが、はたして真実の自己を実現する道の妨げとなるのか――それが親鸞の直面していた悩みだったのであり、この悩みは右の偈の夢告を得て、一片の虚妄と化したのである。

こうして迷いを去った親鸞は、夜が明けるのを待って六角堂を辞し、足を東に向けたものの、比叡山には戻らず、東山山麓にある法然の吉水《よしみず》禅房に赴いた。

当時の法然は、念仏門（浄土門）の聖《ひじり》としてその名が洛中洛外に高く、前関白九条兼実のような名流貴族の尊信もかちえていた。常行三昧堂の堂僧として浄土門に親しんでいた親鸞ももちろん、早くから法然の盛名を知っていたに違いない。そういえば、親鸞が十四歳の文治二年（一一八六）、天台の顕真《けんしん》から宗論をしかけられた法然が、比叡山麓の大原勝林院《しょうりんいん》において堂々の論陣を張り、諸宗の碩学《せきがく》を相手に浄土門の正しさを説き明かすという、劇的な一幕もあった。親鸞の記憶には、そのとき受けた印象も鮮やかに刻みつけられていたに違いない。

だから親鸞は比叡山下山後、いずれは法然の門をたたくつもりであったろうが、夢告を得てただちに吉水禅房に赴いたというのは、法然もまた妻帯を認めていたことと無縁ではなかったものと思われる。

法然自身はついに一度も女性を近づけることなく、清僧の立場を堅持したが、その妻帯観はまことに融通無碍《むげ》である。

「聖であって念仏できないのであれば、妻帯して念仏せよ。妻帯したために念仏ができないというのなら、聖になって申せ」

これが女犯戒に対する法然の基本的な見解であり、信仰の前に妻帯云々は無関係だとするその考え方は、夢告により女犯戒をめぐる迷いを克服したばかりの親鸞の心にぴったり共鳴するものだった。しかし、親鸞は吉水禅房で法然に面謁をとげたものの、その日すぐ入門を申し出たのではない。恵信尼の書状には、次のように記されている。

「ほうねん上人にあいまいらせて、又六かくだうに百日こもらせ給て候けるやうに、又百か日ふるにもてるにもいかなるだい事にもまいりてありしに……」

親鸞は法然に面謁したのち、さきの六角堂参籠の場合と同様百日ほどの間、雨降りの日もかんかん照りの日も、またどのような大事がおきても、毎日毎日吉水禅房に通いつめて法然の教えに耳を傾けた、というのである。その間、親鸞は洛東岡崎のあたりに草庵をむすび、そこに止住していたという。

親鸞にとっては、法然に帰依《きえ》するか否かは、信仰の方向を決定する一大重要事であった。いや、信仰ばかりでなく、今後の生き方そのものが、この一瞬に関わってくるのである。それだけに、親鸞がなかなか迷いの雲をぬぐいきれず、法然の革新的な教義を受領するまでに多くの時日を要したのは、無理からぬところであろう。

だが、いったん受領して法然に師事することに決したあとの親鸞の心情は、たとえようもなくさわやかに没我的なものであった。そのことについて、『歎異抄《たんにしょう》』にはこうある。

「たとひ法然聖人にすかされまひらせて、念仏して地獄におちたりとも、さらに後悔すべからずさふらう」

自分は今、師法然の教えに真理を感じ、帰依することを決した。であるからには、もし万が一、師法然に欺かれ、結果的に地獄におちるようなことになったとしても、いっさい後悔するつもりはない。——きっぱりとそう断言しているのである。何という潔く徹底した信仰表白であろう。

一方の法然は、前述のように承安五年（一一七五）浄土門一途に帰して専修《せんじゅ》念仏を唱えたが、そのとき法然をしてそう決断させたのは、「仏の本願は一向に専ら弥陀の名号《みょうごう》を念ずる（念仏）ことにある」と記された唐僧善導《ぜんどう》の『観経疏《かんぎょうしょ》』だったといわれる。観経とは浄土三部経の一つ『観無量寿経《かんむりょうじゅきょう》』をさし、疏はそれに対した註釈文、つまり善導の私注である。

とすると、法然は経典ではなく、ある僧の註釈文をよりどころにして自己の信仰を決定し、世に説き出したわけだ。これは、少なくともわが国の仏教史上、例のない破天荒な行為であった。なぜなら、仏教の常識では経典が信仰の原点であり、既存の諸宗もことごとくその原則に従っていたからである。

法然がその信仰内容を明らかにした主著は、『選択本願念仏集《せんちゃくほんがんねんぶつしゅう》』という。選択——仏教の常識から逸脱した法然の帰信は、まさにその選択であった。救済の成否を末法時に賭した、いわば捨身の選択であった……。

かえりみると、親鸞が法然に師事することを決した過程も、そのようなある意味で論理を超えた直観的な選択だった、ということができよう。ここでもう一度『歎異抄』をひくと、次の一文が眼につく。

「親鸞におきては、たゞ念仏して弥陀にたすけられまひらすべしと、よきひとのおほせをかふりて信ずるほかに、別の子細なきなり。念仏はまことに浄土にむまるゝたねにてやはんべらん。また地獄におつべき業《ごう》にてやはんべるらん。惣じてもて存知《ぞんち》せざるなり」（傍点筆者——以下同じ）

念仏することが浄土往生を保証してくれるのか、それとも逆に堕地獄につながるのか、それは自分にもわからない。自分はただ、よきひと（法然）が、阿弥陀如来の本願に救いとられて往生をとげるには、念仏することが肝心だ、と説かれたのを愚直に信じるばかりであって、ほかに特別な子細などありはしない——。

そして、『歎異抄』では、このあとに続いて、前掲の「たとひ法然聖人にすかされまひらせて……」の一文が出てくるのである。両文を重ねあわせてその文脈を推しはかれば、親鸞の帰信もまた、まさに直観的選択以外の何物でもなかったことがいよいよ明らかになろう。しかし、考えてみれば、宗教とはもともと、生身《なまみ》の人間が確認することのかなわぬ理念に満ちている。ことに、死後の救済、浄土往生というのは、身も蓋もない言い方をすると、死んでみなければわからないことがらであり、論理的につきつめようとすれば、かえって袋小路に行きあたるのがオチである。

だからこそ、たとえまちがっていてもかまいはしないという覚悟のもとに、全身全霊を投じて信に徹するという操作が欠かせないことになってくる。その意味で、法然や親鸞のような直観的選択と没我的な帰信は、少なくとも浄土往生を問題にするかぎり、信仰の本質に肉薄するもっとも有効な手だてだった、というべきかもしれない。

ともあれ、親鸞は法然の教えに魂の揺さぶられるような共感をおぼえ、雀躍してその門下につらなった。そのことを、親鸞は『教行信証』の後序に、

「建仁辛酉《けんにんしんゆう》の暦《れき》、雑行《ぞうぎょう》を棄てて、本願に帰す」

と、感慨深そうに記している。建仁辛酉の暦とは、いうまでもなく建仁元年（一二〇一）

のこと。それまで浄土門に関心を抱きながら、なお聖道門にもとらわれていた親鸞は、ここに新たな、そして生涯を決する求法の第一歩を踏み出したわけである。

伴侶恵信尼

さて、それでは浄土門に帰したのちの親鸞は、比叡山下山の直接動機と推定される「愛欲の広海」という問題にどう対処したであろうか。結論を先に言ってしまえば、親鸞は僧でありながら敢然と妻帯に踏み切るのだが、その話に立ち入る前に、ひとまず当時の仏教界と女犯戒《にょぼんかい》の関係について見ておくことにしよう。

今でも上座部《じょうざぶ》仏教（小乗仏教）の世界ではその戒律が厳然として生きているように、もともと仏教は僧侶の性行為をいっさい認めなかった。仏教のいう正しい悟りを得るには、もろもろの欲心や執着を去って安心立命《あんしんりつめい》の境地に到達しなければならず、性欲はその妨げをなす最大の障害とみなされていたからである。したがって、戒律が厳格に作動していた時代には、女犯戒を破った僧侶は弁解の余地なく、所属の教団から放逐されることになっていた。

だが、あれがほしい、これを見たいという欲心はおさえることができても、性欲は人間自然の生理であるだけに根底から断ち切ることはきわめて難しい。僧という僧はまず例外なくこの試練に直面せざるをえず、たとえば生涯を童貞のまま過ごした明恵《みようえ》のような高僧も、しばしば女犯の衝動にかられたという。

そのため、わが国ではつとに九世紀ごろから、僧侶がひそかに女性をかこう風潮がおこり、その傾向は時代が下るにつれて広まっていった。ちなみに鎌倉中期成立の説話集『古今著聞集《こんちよもんじゆう》』によれば、十二世紀後半の段階で、「隠すは上人、せぬは仏」という諷刺が一般化していたという。隠すことはむろん女犯のことであり、上人と呼ばれるほどの高僧でもおしなべて梵妻《ぼんさい》を隠し置いているというのである。そして、十三世紀前半に入ると、もはや上人も隠さなくなり、同後半には僧侶の妻帯があたりまえのようになるという経過をたどる。

親鸞が青年期を迎えたのは、「隠す上人」から「隠さぬ上人」に移行する、ちょうど中間の時点であった。つまり、女犯戒の戒律がなかば強制力を失い、僧侶の妻帯がそろそろ必要悪として社会的に認知されつつあった時期に相当し、法然の説く専修《せんじゆ》念仏の教えも、そうした傾向をうながす一方の力となった。

そのような時代状況だったにもかかわらず、親鸞が「愛欲の広海」を前にして激しく懊悩したのは、前述のように女犯の問題を自身の信仰のあり方と結びつけ、真正面から納得のいく解答をみつけようと欲したからである。もしあのとき、聖徳太子の偈《げ》の夢告という霊的体験によって得心することがなかったなら、おそらく親鸞は必死の勇をふるって女犯への思いを断ち切ったことであろう。僧の妻帯が社会的通念になりつつあったとはいえ、信仰上の検証も内省も怠って安易にそうした通念を受け入れることは、親鸞のよくなしうるところではなかったのである。

だから、得心にいたってのちの親鸞は、自身の結婚も含め、僧侶の妻帯ということに対して強い自信を抱くことができた。たとえば、親鸞は『教行信証』のなかで、大意次のようなことを言う。

「末法の世では、僧侶も妻帯し、子供をもうける。世の人はこれに対し、正法時の聖者舎利弗《しゃりほつ》、大目蓮《だいもくれん》のように遇すべきである」

一読明らかなように、これは妻帯した僧侶を前向きに評価し、崇《あが》めるべきだという主張である。この認識は、旧来の仏教的常識に対する大胆きわまりない反逆とすることができるであろう。隠す、隠さぬというのは要するに「できるなら秘密にしておきたい」という低次元でうしろめたさのまつわりついた発想であるが、親鸞の場合はそこをスッとぬけ出し、僧侶の妻帯に積極的な価値を与えようとしているのである。その意味で、親鸞をさして「公然と妻帯した僧の第一号」とする評は、親鸞の思想の一端に肉薄する至当な見解といわなくてはなるまい。

ところで、その妻帯であるが、いつ親鸞は妻帯したのか、時期がはっきりせず、また妻の人数についても一人説、二人説、三人説が提示されている。もっとも、妻の人数に関していえば、親鸞の妻子関係を伝える系図に従うと、二人説がいちばん妥当のようである。その一人はいうまでもなく生涯親鸞と連れ添った恵信尼《えしんに》であり、もう一人は系図に「月輪《つきのわ》関白女《かんぱくのむすめ》　号善変《ぜんぺん》」と記された女性である。

月輪関白というのは前にもふれた関白九条兼実のことであり、巷間に流布した伝説によると、その娘「善変」は通称を玉日姫《たまひひめ》といい、十八歳の承元元年（一二〇七）、法然の勧めによって三十五歳の親鸞に嫁したという。しかし、玉日姫については具体的な所伝が皆無といってよく、一人説が提示されていることからも察せられるように、〝幻の妻〟というほかにない。せいぜい推定されるのは、かりに親鸞との結婚が事実であるなら、親鸞の最初の妻であったであろうということぐらいである。

一方の恵信尼は『大谷一流系図』によると、兵部《ひょうぶ》大輔《たゆう》三善《みよし》為教《ためのり》の娘となっている。この為教は、藤原定家《ていか》の日記『玉葉《ぎょくよう》』治承二年（一一七八）正月二十七日条に出てくる前越《えち》後介《ごのすけ》三善為則《ためのり》と同一人物と考えられる。そうすると、恵信尼の父は兵部大輔、越後介を歴任した下級貴族ということになり、家柄の点でも日野氏出身の親鸞とほどよくつり合いがとれている。

ただし、恵信尼の存在が親鸞の直面した「愛欲の広海」と関わりがあったのか、あるいはまた恵信尼と親鸞の結婚はいつ行なわれたのか、ということは判然としない。次節で述べるように、承元元年（一二〇七）、親鸞は越後の国府に流罪とされるが、結婚の地についても流罪以前の京都、流罪後の越後というふうに対立する二説があって不詳である。

しかし、国家の罪人が妻をともなって配所に赴くことができるものなのか、そしてまたその配所が妻の実家の所領のすぐ近く（三善氏は越後の国府付近に領地をもっていたようだ）だったというような偶然がありうるものか——そのような客観的条件を斟酌《しんしゃく》すると、両者が結ばれたのは越後の地においてのことと受けとめるほうがより自然のようである。

ともあれ、親鸞が恵信尼と結婚したことだけはまぎれもない史実であり、恵信尼は最晩年近くまで常に親鸞のかたわらにあって夫のためにつくした。恵信尼の書状を読むと、彼女はナイーブな感性とつつましい心の持ち主だったようすがうかがわれる。そのような伴侶を得たことは、信仰の先達として茨の道を歩まざるをえなかった親鸞にとって、何よりの心のささえとなったことであろう。

なお、親鸞の名は、彼が生きて活躍した時代の官の記録や公卿の日記などにまったくあらわれてこない。そのため、明治、大正期の近代歴史学界では、親鸞が実在の人物であるのかどうかを疑問視する声がかまびすしかった。

そうした疑念を一掃し、親鸞の実在を劇的に証明したのは、大正十年（一九二一）、西本願寺の宝庫から発見された恵信尼の自筆書状であった。つまり恵信尼は、生前、親鸞を助けたばかりでなく、死後においても親鸞復権に寄与するという、実に思いがけない重要な役割を果たしたわけである。

承元の法難

親鸞が吉水禅房に赴いた当時、法然は齢《よわい》六十九を数え、その身辺には、法蓮房信空《ほうれんぼうしんくう》や安楽房遵西《あんらくぼうじゅんさい》らの公家出身から、熊谷直実《くまがいなおざね》、大胡実秀《おおごじつひで》といった関東武士、それに庶民出身の禅勝房《ぜんしょうぼう》ら、多くの信徒が集まっていた。法然が念仏門に帰して専修念仏を唱えて以来、すでに二十六年の年月が経過し、その教団が最盛期を迎えつつあった時期である。

吉水禅房に百日間通って法然の教えに耳をかたむけ、みずからも信徒の一員となった親鸞は、妻帯するまでの数年間、法然の身近に奉仕しながら、師の境地に達するべく、日夜真剣に修行や思索につとめた。法然は前述のように唐の善導の註釈文により自己の宗教を決定し、何ごとにつけても善導の考えを重んじたので、親鸞の努力は当初何にもまして善導の論釈を精読し、その真意を体得することに傾けられた。だが、やがて親鸞の関心は唐代よりずっと新しい宋代の中国浄土教の研究に向かい、輸入されたばかりの『楽邦文類《らくほうもんるい》』などに親しむようになった。『楽邦文類』は、楽邦＝極楽浄土に関する経典の要文を集めた書のことで、智慧第一と謳われた博学の法然もこの書はまだ読んでいなかったと伝えられる。

親鸞はこのような精進によって、法然門下にいち早く頭角をあらわし、その存在は法然にも嘱目されるようになった。そのころのできごととして、『親鸞伝絵』はこんなエピソードを伝えている。

ある日のこと、例のように主だった門弟たちが法然の前に集まり、いろいろと法談をしていた。その席上のことである。

「信心においては、聖人《しょうにん》（法然）の御信心と私の信心といささかも変わるところがなく、ただ一つと存じています」

そう親鸞が日ごろの所懐をもらしたところ、先輩長老の門弟たちは、口をそろえて親鸞の発言をとがめた。

「おそれ多いことを申すものではない。聖人の御信心とそなたの信心がひとしいなどということがあってなるものか」

だが、親鸞はたじろがず、胸を張ってこう答えた。

「なるほど、深智博覧において聖人と同じなどと申せば、これは大なる思いあがり、増上慢の極みと申せましょう。しかしながら、往生の信心は、聖人お教えのように、自力ではありませぬ。阿弥陀如来の本願に秘められた他力のはからいにより授けられた信心でございます。そうであれば、聖人の御信心も私の信心もともに他力のはからいに出《いず》るもの、どこに違いがありましょう」

すると、それまで黙って彼らの問答を聞いていた法然がおもむろに口を開き、親鸞の所論に軍配をあげた。

「善信房《ぜんしんぼう》（当時の親鸞の名）の申すとおりじゃ。人により信心に違いがあるというのは、自力の信心の場合のことである。自力の信心であれば、各人それぞれの能力にもとづいたものであるから、おのずと違いも生じてこよう。わが門の他力の信心は、そうではない。他力の信心は善悪の凡夫ともに仏の方《かた》より賜わった信心なのだから、法然が信心も善信房が信心もさらに変わることなく、ただ一つである。このことはわが門において肝要のことであり、おのおの方もよくよく心得ておかれるべきである」――。

右のエピソードにいう他力とは、巷間よく誤解されがちだが、むろん他人をあてにして自己の努力を放棄するというような意味ではない。念仏門における他力とは、阿弥陀如来の本願に秘められた諸人救済の霊妙な摂理のことをさし、その摂理を一途に信じて念仏を唱えることのほうが、聖道門のような自力をたのむ修行よりまさるとするのである。そして、本願他力の信仰をつきつめた法然は、すでにして人々が念仏する気になるのも、阿弥陀如来の本願のありがたい「はからい」にほかならないと考えた。すなわち、「仏の方より賜わった信心」である。

したがって、右のエピソードに注目するかぎり、法然の宗教の深奥を門弟中もっともよく理解していたのは、親鸞ということになる。同じ話が『歎異抄』にも収められているので、少なくとも以上のような会話が吉水禅房において子弟間にかわされたことは、事実だったと認めてよいであろう。

その結果、親鸞の進境ぶりはますます法然の評価するところとなり、元久二年（一二〇五）、親鸞は『選択《せんちゃく》本願念仏集』の書写を許された。

『選択本願念仏集』は、建久九年（一一九八）、法然が前関白九条兼実の懇望により、専修念仏の教義を全十六章段に分けて体系的に撰述した書である。法然は前年来、病を得て体調が思わしくなかったため、死を覚悟し、死後の専修念仏弘通《ぐづう》を思ってその撰述に精魂をそそいだといわれる。

それだけにこの書は、法然の革新的な宗教思想が大胆に展開されており、法然は病癒えてのち、世間から誤解されることを恐れてそのとり扱いに細心の注意を払うようになった。事実、法然は自分が生きている間は「秘して他見に及ぶべからず」と自戒し、またこの書の末尾に、「一たび高覧を経たるの後、壁底に埋《うず》め、窓前に遺《わす》る莫《なか》れ」と記している。この書を読む機会をもった人は、読み終えたなら壁のなかに塗りこめるなどして、決して余人の眼に触れさせるな、というのである。

だから、『選択本願念仏集』の書写を許されたのは、法然門下のなかでもごくわずかしかいなかった。おそらく、五～六人ではなかったかといわれ、その顔ぶれをみると、ほとんどが門下の長老クラスである。そこへ、ずっと新参の弟子親鸞も、書写許可の同列に加えられたわけだ。親鸞が狂喜したことは、『教行信証』に記された次の一文に如実にあらわれている。

「これ専念正業《せんねんしょうごう》の徳なり、これ決定《けちじょう》往生の徴《ち》なり、よりて悲喜の涙を抑へて由来の縁《えん》を註《しる》す」

念仏行者の身にとって書写を許されたことほど大きな幸せはなく、これによって往生極楽はもうまちがいないと感じられたことだった——というのである。

しかしながら、すでにこのとき、法然とその一門は弾圧の嵐にまきこまれつつあり、親鸞もその埒外《らちがい》に安閑と身を処することができなくなっていた。

法然の専修念仏を非難する声は当初から既成宗派のあいだに根強かったが、その教えが広く上下の尊信を集め、教団として急激に成長しはじめると、非難の声は念仏宗停止《ちょうじ》の合唱となってヒステリックに高まっていった。このような形勢のなかで、先頭を切って専修念仏の圧迫に乗り出したのは比叡山延暦寺である。

親鸞が『選択集』書写を許された前年の元久元年（一二〇四）十一月、延暦寺のそうした動きは表面化し、一山の衆徒が専修念仏の禁止を天台座主に要求した。が、もとより法然の側は、既成宗派とことを構える気は毛頭ない。そこで法然は、天台座主に対して起請文を送り、専修念仏の立場を釈明するとともに、門下に対しても天台、真言など他宗の教説をむやみに批判していたずらな対立をひきおこさないよう、七カ条の起請文を示して厳重にいましめた。これがいわゆる『七箇条起請文《しちかじょうきしょうもん》』であり、法然の訓戒に従って起請文に連署した門下は約百九十人、親鸞も綽空《しゃくくう》という当時の名ですすんで署名した。

このように法然の側が下手に出て誠意を示したことにより、ひとまず比叡山延暦寺の迫害はおさまった。しかし専修念仏と既成宗派とは所詮水と油のようなものであり、教義的に相容れなかったから、既成宗派による専修念仏攻撃はその後もあとをたたなかった。

そして迎えた元久二年（一二〇五）十月、今度は南都興福寺《こうふくじ》が八宗同心と称して、九カ条から成る奏状を朝廷に提出し、専修念仏の禁止を強く訴えた。この奏状は、当時戒律の復興につとめていた笠置寺《かさぎでら》の解脱房貞慶《げだつぼうじょうけい》が起草したものだけに、戒律無用を説く専修念仏の偏執を具体的かつ詳細に指摘しており、念仏門を批判する聖道門の立場が象徴的に示されたものだった。

この奏状を受けた朝廷では摂政九条良経《よしつね》らがどう対処すべきか、鳩首《きゅうしゅ》協議をかさねた。とはいえ、九条良経は前述の関白兼実の子であり、もとより専修念仏に対する理解は深い。それに、朝廷の最高実力者後鳥羽上皇も、末法の教えとして専修念仏に一理があることは認めていた。そのため、朝廷の空気は専修念仏を禁止するには及ばずとの方向に傾き、法然と一門は愁眉を開きかけた。

ところが、そんなやさき、思いもかけない事件がまきおこり、専修念仏は一転、窮地に立たされることになった。建永元年（一二〇六）の暮れのことである。法然の高弟安楽と住蓮《じゅうれん》が、京都鹿《しし》ガ谷《たに》の草庵に別時《べつじ》念仏の集いを催した。二人はそろって美男のうえ美声の持ち主だったので、信徒の間に人気が高く、とりわけ女性の信徒を惹きつけていた。

その日の別時念仏の集いも例のごとく盛況で、参会者のなかには後鳥羽上皇に寵愛されている伊賀局《いがのつぼね》をはじめ数人の院の女官の姿も見かけられた。後鳥羽上皇はちょうどその時期、熊野参詣に出かけて留守だったので、彼女らも気軽に鹿ガ谷までやってきたのである。やがて、称名念仏の合唱が狭い草庵から流れ出し、夜はしだいにふけてゆく。念仏は暁までとだえることがなく、結局伊賀局らも鹿ガ谷の草庵に一夜を明かした。

だが、数日すると、この敬虔な信者の集まりが、いつの間にか大スキャンダルに化けていた。伊賀局らが法会を隠れ蓑にして、安楽、住蓮らと密通をはたらいたという噂が、パッと広まったのである。

熊野参詣から戻ってそのことを聞き知った後鳥羽上皇は、当然のように激怒した。それまで、既成諸宗の要請を退けるなど、専修念仏に対して好意的な態度をとってきただけに、裏切られたという思いも強かったのであろう。かくて後鳥羽上皇は、密通の有無も十分に確かめないまま、翌承元元年（一二〇七）二月、専修念仏に鉄槌を下すことを決断する。

そのようすをもれ聞いた九条兼実ら法然に帰依する貴族は、専修念仏救済のために種々奔走した。だが、上皇の意志は固く、やがて公表された処分案は、上皇の怒りの深さを思わせるようにきわめて厳しかった。

安楽と住蓮は死罪、師の法然は土佐へ流罪――というのである。専修念仏が全面的に禁じられたのも、ことわるまでもあるまい。このほか、高弟が何人か流罪に処され、むろんのことに親鸞もそのなかに含まれていた。一説によると、このとき親鸞は妻帯をとがめられ、はじめは死罪に行なわれるところだったが、一族の親経《ちかつね》が救解《きゆうかい》につとめた結果、罪一等を減じられて流罪処分におちついたのだ、という。

親鸞は流罪の言い渡しを受けてまもなく、律令の定めによって還俗《げんぞく》し、藤井善信《よしざね》という俗名をつけられて、配所の越後国府に旅立った。師の法然に別れの挨拶をし、トボトボと配所への道を歩むその姿は、一見従順で弱々しい。だが、その心中には、今回の朝廷の処断に対する憤懣やるかたない思いが渦巻いていた。親鸞のこの憤懣は終生とけることがなく、のちに『教行信証』を著わしたとき、本文において「出家人の法は、国王に向かって祈拝せず」と明記したばかりか、「後序」にも次のような激して気魄に満ちた言辞を書きつらねている。

「主上《しゅじょう》（後鳥羽上皇）、臣下《じんげ》、法に背《そむ》き義に違《い》し、忿《いかり》をなし怨《うらみ》を結ぶ。これに因《よ》りて、真宗興隆の太祖源空《げんくう》法師（法然）ならびに門徒数輩、罪科を考へず、みだりがわしく死罪に坐《つみ》す。あるひは僧儀を改め、姓名《しょうみょう》を賜ふて遠流《おんる》に処す」

「法に背き義に違し、忿をなし怨を結ぶ」――親鸞にとって、今回の後鳥羽上皇の弾圧は、一時の怒りに逆上してものごとの本質を見誤った、理不尽きわまる横暴としか考えられなかったのである。そして、このいわゆる「承元《じょうげん》の法難」は、権力の身勝手さを親鸞に痛感させ、その宗風をきわだって在野性の強い方向へ向かわせる契機にもなった。

越後の春秋

越後の国府というと、ふつうすぐ頭に浮かぶのは直江律（現、上越市内）であり、親鸞が流されたのもその直江律の地だと、長いこと信じられてきた。

国府には国分寺がつきものだが、現に直江律には五智《ごち》国分寺がある。五智国分寺はまた、親鸞謫居《たくきょ》跡の最有力地とされてきたので、それにちなみ、親鸞が自分の姿を映して像を刻んだという鏡ガ池、硯の水や炊飯に使用したという養爺《ようや》清水などの遺跡が、同寺の周辺に伝えられている。

しかし、近年の研究によると、直江津に越後の国府が置かれたのは中世に入ってからのことで、それ以前の国府の所在地は別の場所ではなかったかという説が有力になりつつある。これまで、直江津国府説の論拠とされてきた五智国分寺も、実をいうと永禄五年（一五六二）上杉謙信が再建したもので、創建当初から現在地にあったというのではない。

それなら、古代の越後の国府、親鸞が流された故地はどのあたりに相当するのかというと、最もその可能性が高いとみられているのは、直江津より十数キロ内陸部に入った中頸《なかくび》城《き》郡板倉町の一帯である。

板倉町の一帯には、国分寺、国賀《こくが》、国川《こくがわ》など、国府に由縁すると思われる地名が散在している。また、直江津付近には認められない古代条里制の遺址が分布し、大量の土師器《はじき》が出土するなど、開発の歴史も古い。さらに、『延喜式《えんぎしき》』記載の善光寺街道の駅名を見ても、越後の国府は距離的な関係上板倉町の辺とみなすほうが妥当性に富む、というふうに、板倉町国府説にはいろいろと有利な条件が多いのである。

板倉町はまた、恵信尼《えしんに》の実家三善《みよし》氏の所領のあったところでもあったようだ。恵信尼は晩年、親鸞と別れて越後に赴き、所領の経営に腐心するが、その折京都に送った書状のなかに、今住んでいるのは、「とひたのまき」だと記している。その「とひた」は、板倉町長塚の字《あざ》飛田のことだとする説が有力である。町内の山寺薬師の本尊薬師如来の胎内に、三善氏の後裔とみられる三善讃阿《さんあ》の墨書銘が残ることも、この地方に三善氏の所領があったことの傍証とされる。

それともう一つ、板倉町米増《よねます》に、恵信尼の墓といわれる石造の五輪塔が現存するのも、見すごしてはならないであろう。恵信尼は越後から発信した書状の一通に、「卒塔婆《そとば》を建てようと思い、高さ七尺の五重石塔を頼んでおいたところ、近ごろ仕上がってこちらへ運んでくれるというので、どうにかして生きているうちに建立を実現したい」というようなことを述べている。その五重石塔と現在の五輪塔が同一のものかどうかは明らかでないが、ともかくも以上のことから、三善氏および恵信尼と板倉町一帯との地縁はきわめて濃厚だということは認めてよいように思われる。そこからさらに踏みこんで、三善氏は京都の下級貴族ではなく、在庁官人として国府に仕えた越後の豪族ではなかったかという所論も行なわれている。

そしてまた、古代の越後国府が板倉町にあり、三善氏の所領もその近辺にあったとすると、親鸞と恵信尼が結ばれた経緯に関しても、京都結婚説よりは越後結婚説のほうが、ずっと蓋然性が高いということになってくる。つまり――法然の専修《せんじゅ》念仏の教えは、当時すでに越後方面にもかなり広がりをみせていた。その教えに触れていた恵信尼が、法然門下の高弟がすぐ近くの国府に流されてきたと知って、法話を聞きに出かけたという場面は、十分考えられよう。そして、その結果、二人の間に愛情が芽生え、ついには結婚にまで進展したのではなかったか――。

それはさて、このような推測を別にすると、越後における親鸞の流罪生活の具体的なありさまは、ほとんど不明というにひとしい。明らかなことといえば、恵信尼が親鸞と同居し、系図では三男とされている信蓮房《しんれんぼう》（明信《みょうしん》）が建暦《けんりゃく》元年（一二一一）三月に生まれたということぐらいである。この二つの事実は、晩年の恵信尼の書状に記されている。

律令の規定によると、流人は最初の一年、一日につき米一升と塩一勺を支給されるが、翌年からは与えられた種子を自身で蒔いて耕作し、その収穫時以降は官給が停止されることになっていた。親鸞も当然その規定のもとに生活し、二年目からは慣れない鍬をふるって畑仕事に従ったことであろう。

親鸞から遅れること六十年余、鎌倉幕府によって佐渡に流された日蓮《にちれん》は、地頭本間氏の悪意などのため、餓鬼道と寒地獄の二つを生きながらにして味わうほどのすさまじい謫居《たくきょ》生活に呻吟《しんぎん》しなければならなかった。それにくらべれば、親鸞の日常は、恵信尼の実家からなにがしかの援助もあったことだろうし、まだしも恵まれていただろうとは想像できる。流人である以上やむをえないが、伝道活動は極力ひかえていたようである。

この時期の親鸞の課題は、外に向かって動くことよりも、自身の内面的省察と宗教的悟入を深めることのほうにあったとみるべきであり、その意味で注目されるのは、『教行信証』につづられた次の一文だ。

「しかればすでに僧にあらず俗にあらず、この故に禿《とく》の字を以て姓《しょう》とす」

これは、前掲の「主上、臣下、法に背き……」のあとに続く一文で、「しかれば」というのは還俗《げんぞく》のうえ流罪に処された境涯をさす。同様の趣旨のことは『歎異抄』の末尾にも記されており、そこにはこうある。

「親鸞、僧儀を改めて俗名を賜ふ。よつて、僧にあらず俗にあらず。しかる間、禿の字を以て姓となして、奏聞を経られ了《おわ》んぬ。（略）流罪以後、愚禿親鸞と書かしめたまふなり」

以上、要するに、親鸞は「承元の法難」に遭遇してのち、僧でもなく俗でもない非僧非俗の生活を実践し、その表象として「愚禿《ぐとく》」を自称するようになった、と言っているのである。「愚禿」の愚とは、字義どおり愚かなる凡夫という意味であり、禿とは肉食妻帯をこととする、名前だけの僧のことをいう。

かつて親鸞は「愛欲の広海」に直面し、六角堂に参籠することによって、「僧と妻帯」という問題を克服した。単に僧の妻帯を是としたばかりでなく、妻帯すること自体に積極的な意義を与えようとした。「禿の字を以て姓とす」というのは、その意識が還俗、流罪に処されたことを通し、いよいよ血肉化したという認識の表現であろう。

では、禿の上にさらに愚をかさね「愚禿」と自称したのは、何を意味するのだろうか。

いったいに親鸞は、自身をも含めた末法下の人々のことを、しばしば「煩悩具足《ぼんのうぐそく》の凡夫」、「罪業深重《ざいごうじんじゅう》の凡夫」というふうに呼んでいる。「愚禿」の愚は、そのような凡夫のことにほかならず、したがって「愚」とか「凡夫」とかというとき、そこには親鸞の宗教の重要な一特質が鋳込まれていると考えなければならない。

煩悩具足あるいは罪業深重という概念は、念仏門と敵対する聖道《しょうどう》門の立場からすれば、仏道の妨げをなす大きな障害として、極力排除しなければならないものであった。その否定概念を親鸞があえて自分に冠したのは、もとより謙遜でもなければ、露悪的な卑下でもない。逆である。そのような障害をいっぱいに背負った凡夫、聖道門の説く自力修行の能力もないまま心弱く生きているともがらこそ、実は阿弥陀如来の救いにもっとも近いところに位置しているというのが、本願他力の信仰にめざめて以来の親鸞の受けとめ方だったのだ。

『歎異抄』にとどめられた親鸞の言葉のうち、もっとも人口に膾炙《かいしゃ》しているのは、「善人なをもて往生をとぐ、いはんや悪人をや」のくだりであろう。いうところの「悪人正機《しょうき》説」であり、正機とは仏が救済しようとする第一の対象のことをいう。当時、この教えを曲解し、わざと悪業をはたらいて念仏門に迷惑をかける者も少なくなかったが、この「悪人正機説」も、いま見た凡夫観と同じ文脈のものといってよい。悪人正機に関する親鸞の説明を聞いてみよう。

「世のひとつねにいはく、悪人なを往生す、いかにいはんや善人をやと。この条、一《いっ》旦《たん》そのいはれあるににたれども、本願他力の意趣《いしゅ》にそむけり。そのゆへは、自力作善《じりきさぜん》のひと（善人）は、ひとへに他力をたのむこゝろか（欠）けたるあひだ、弥陀の本願にあらず。しかれども、自力のこゝろをひるがへして、他力をたのみたてまつれば、真実報土《しんじつほうど》の往生をとぐるなり。煩悩具足のわれらは、いづれの行《ぎょう》にても生死《しょうじ》をはなる丶ことあるべからざるを（弥陀が）あはれみたまひて、願をおこしたまふ本意《ほんい》、悪人成仏《じょうぶつ》のためなれば、他力をたのみたてまつる悪人、もとも往生の正因《しょういん》なり。よて善人だにこそ往生すれ、まして悪人はと、おほせさふらひき」

つまり親鸞がここにいう善人とは、常日ごろから善業をかさね、自力での往生が可能だと信じて、本願他力を軽視する人々のことである。それに対し悪人とは、末法時に生まれたがゆえの宿業によって不可避的に悪人であることを自覚し、自身の内部に巣くう悪をみつめて生きながら、一筋に阿弥陀如来の本願に帰依する人々のことをさしているわけだ。

要するに、親鸞の認識からすると、悪人は凡夫の別の表現に異ならず、だからこそ親鸞は、一見、世の常識とまっこうから抵触するような「悪人正機説」を唱えたのであった。いいかえれば、親鸞は人間の本質を煩悩具足、罪業深重の凡夫と見きわめたということであり、それによって親鸞の宗教は、人間存在の根本を照射する哲学的な深みもおびることになった。

話をもとに戻すと、親鸞が禿の上に愚をかさねて「愚禿」と自称したのは、そういった信仰上の進境がその内面においてはっきり自覚されたことのあらわれと解することができるであろう。そして、その観点からすると、流罪という理不尽な迫害は、かえって親鸞に独自の宗教的土壌を肥沃化するというメリットをもたらしたわけである。いうならば、宗教者親鸞は越後流罪を体験することによって、さらに一段の成長をとげたのであった。

越後から関東へ

親鸞の越後滞在は足かけ八年に及んだが、そのうち流人として不自由な生活を強いられたのは、五年目の建暦元年（一二一一）十一月までである。この月十七日、法然が勅免を受けて京都還住を認められ、親鸞に対しても同じ日、赦免状が発行されたのだ。

その赦免状が親鸞のもとに届けられたとき、越後はすでに厳冬の季節を迎え、大雪にとざされていた。赦免状を手にした親鸞の心は、おさえようもなく京都へ、そして旧師法然との再会に向けてうずいたが、この大雪では旅立ちなど思いもよらない。親鸞ははやる心をおさえながら、じっと雪解けを待った。

だが、年が明けてまもなく、親鸞は法然の訃報《ふほう》を耳にしなければならなかった。法然は京都還住を許されるとすぐ摂津勝尾寺《せっつかちおでら》から東山大谷の禅房に老いの身を移したが、翌建暦二年（一二一二）正月早々病を発し、二十日あまりのちに八十歳の生涯を閉じたのである。

法然の死は親鸞をいたく落胆させ、それと同時に親鸞の心からスッと京都恋しさがぬけ落ちた。親鸞にとって、京都は法然と再会できると思えばこそ蠱惑《こわく》的なところであった。法然にふたたび謁し、流罪生活中に得た新たな信仰のあれこれを法然に聞いてもらうのが、親鸞の夢であった。その夢がかなわなくなった今、親鸞には急いで京都に戻らなければならない必然性もなくなってしまった。それに、法然や親鸞の罪は赦《ゆる》されたとはいえ、念仏弾圧の嵐は依然、京都内外に吹きつのっていた。

そこで、親鸞は辺地の田夫野人に念仏を勧めることを念願とした法然の遺志を継ぎ、しばらく越後に腰を落ちつけて、布教活動を展開することを決意する。越後地方は、前述のように専修《せんじゅ》念仏がかなり伝播《でんぱ》してその下地が形成されていたから、親鸞の布教はある程度の成果をあげたようである。しかし、親鸞の活動が目立ってくると、時を経ずしてあからさまに圧力をかけ、親鸞を排斥しようとする勢力があらわれた。いうまでもなく、越後国内に根を張った既成宗派の末寺やその信徒たちである。

そのためか、親鸞は建保《けんぽう》二年（一二一四）、住みなれた越後をあとにし、関東は常陸《ひたちの》国をめざして旅の途についた。時に親鸞は四十二歳。恵信尼はもちろん同行し、三人ほどにふえていた子供たちもともなった、一家あげての移住である。

　この旅立ちが布教の新天地を求めてのことであるのは容易に想像されるが、ではどうして関東の常陸国を選んだのかというと、判然としない。恵信尼の実家三善氏の所領が常陸国内にも存在し、それを頼っての移住ではなかったかとの所説も行なわれているが、あるいはそういう機縁もあったのかもしれない。

　ともあれ、親鸞一家は、越後の信徒や念仏者の見送りを受けて善光寺街道を南下し、信濃《しな》・上野《こうずけ》・武蔵《むさし》・下総《しもうさ》の国々を経て常陸国に向かうことになった。この年は、前年の大地震に続き、日照りのため国内は飢饉に見舞われていたから、幼子を連れての旅は苦難の連続だったことであろう。

　その途中、親鸞と一家は上野国邑楽《おおら》郡の佐貫庄《さぬきの》にしばらく滞在した。恵信尼の書状によれば、その折親鸞は、「三ぶきやうげにくしく千ぶよまん」と思い立って読みはじめたが、「四五日ばかりありて、思かへしてよませ給はで、ひたち（常陸）へはおはしまし」た、という。

　「三ぶきやう」とは、念仏門の根本経典『無量寿経《むりようじゆきよう》』二巻、『観無量寿経』一巻、『阿弥陀経』一巻の、いわゆる浄土三部経のこと。親鸞はその浄土三部経を千度くり返して読もうとし、実際に読みはじめたが、四〜五日たって突然その営みをうち切り、あとは二度とそのようなことをせず常陸へと道を急いだ、というのである。

このエピソードは、親鸞が真の他力の念仏者としての覚醒を得たという点で、重要な意味をもっている。

親鸞が三部経の千回読誦《どくじゅ》を思いたったのは、読誦の功徳によって衆生を利益《りやく》するためであった。一般には、そう説明されている。だが、それともう一つ、親鸞の胸底をたたいてみれば、まったく未知の関東での布教に対する不安を禁じえず、その不安を読誦によって癒やそうとする思いもはたらいていたことであろう。

だが、親鸞は読み進むうちに、はたと気づくところがあった。

「みやうがう（名号）のほかにはなにごとのふそくにて、かならずきやう（経）をよまんとするや」

自分は師法然の教えを受けて以来、他力本願に帰依し、名号を唱える（念仏）ことが唯一至善の信仰の道だと受領して生きてきたではないか。それなのに、今さら何ゆえに念仏を不足として、三部経千回読誦の功徳を求める必要があるというのか。それに第一、経を読むというのは、師法然がおおせられた念仏者にとってのよけいな行《ぎょう》、助業《じょごう》ではないか。

要するに、千回読誦のような自力に心をとらわれたのは、自分の信の不徹底のなせるわざにほかならない——ひらめくようにその自覚に到達したことによって、親鸞は千回読誦の営みを即座に投棄したのであった。その意味で、真正の他力の念仏者親鸞が誕生したのは、この瞬間だったといっていいかもしれない。

こうしてまた高次の段階に昇った親鸞は、心の奥底から湧き出る歓びと勇気の手ごたえを確かめながら佐貫庄を出立した。

最終目的地の常陸国において、親鸞一家が居を構えたのは、笠間《かさま》郡稲田《いなだ》郷であった。稲田の地は現在笠間市に属し、親鸞一家の住んだ草庵は西念寺《さいねんじ》の付近にあったといわれる。

親鸞は、この稲田の草庵に落ち着くと、おもむろに布教に着手するかたわら、主著『教行信証』の執筆にとりかかった。布教のようすについては後述するとして、ここではまず『教行信証』について簡単に見ておくことにしよう。

『教行信証』は、正しくは『顕浄土《けんじょうど》真実教行証文類《しんじちきょうぎょうしょうもんるい》』といい、その題名のとおり、さまざまな経典、論釈から証拠となる要文を引用し、浄土信仰＝念仏門の正しさを説き明かそうとした著述である。構成は、教巻《きょうのまき》・行巻《ぎょうのまき》・信巻《しんのまき》・証巻《しょうのまき》・真仏土巻《しんぶつどのまき》・化身土巻《けしんどのまき》の六巻仕立てとなっており、これに短い序・別序・後序がつけられている。その内容は複雑多岐にわたり、とうてい要約して紹介することは不可能だが、ともかくも親鸞の宗教の本質が多面的な角度から綿密に語られており、親鸞の代表作であることは論をまたない。

だが、それほど重要な著述であるにもかかわらず、案外基本的な部分ではっきりしないことが、『教行信証』にはいくつかある。

たとえば——親鸞がその執筆にとりかかったのは何歳のときなのか、『教行信証』の初稿本が成立した正確な時期はいつなのか、執筆に必要な諸経典、諸論釈の要文を親鸞はどこでどのように入手したのか、あるいはまた、念仏することだけが肝要との確信に立った親鸞をして、このような大著の執筆にかりたてた動機は何だったのか——等々。これらの疑問に関しては、それぞれにまたいくつかの解釈がなされているのが現状である。

いずれにせよ、これほどの大著をまとめるには、気の遠くなるような労力と膨大な時間を必要としたであろうことだけはまちがいない。そしてそのとき、親鸞のかたわらにあって、陰ながら大著成立の手助けをした恵信尼の内助の功も、見落としてはならないであろう。

時期は明確でないものの、『教行信証』の初稿本は常陸時代に成ったという点で、諸説はほぼ一致している。その常陸時代、親鸞の子女は六人にもふえ、彼らの養育だけでもたいへんだったはずだ。そこへ布教という要務がかさなれば、『教行信証』の執筆などなかば不可能事といってよい。その不可能を可能とした陰の推進力として、恵信尼が果たした役割はすこぶる大きいものがあったと思われる。

また恵信尼の書状を引用すると、越後から常陸への苦しい旅の途中、一家が常陸幸井郷《さかい》のあたりに泊まった夜、恵信尼は親鸞が観音菩薩の化身としてあらわれる夢を見た。それ以来、恵信尼は真実、親鸞を観音菩薩の生まれかわりと信じ、ともに暮らすことに霊的な歓びを禁じえなかったという。一方親鸞は、京都六角堂における「行者宿報設女犯《ぎようじやしゆくほうせちによぼん》」の夢告によって、はじめから恵信尼を「われ玉女の身となって犯されん」と語った救世《くせ》観音の化身とみなしていた。

これをもって、二人がお互いを観音の化身と信じ、日々法悦の生活を送ったとするのはいささか神秘化がすぎるとしても、二人の間に結ばれた信愛の情が、世間一般の夫婦よりずっと濃密だったろうことは疑うことができない。少なくとも親鸞の側に立つかぎり、聡明で慎み深く、柔和なうちに家政の切り盛りは遺漏がなく、そのうえ自身の信仰のこよなき理解者であった恵信尼は、これ以上望むことのできない最高の妻だったはずである。親鸞は『教行信証』の筆を進めながら、恵信尼という好伴侶を得たことの幸せをたびたびかみしめていたことであろう。

関東布教の成果

親鸞がはじめて本格的な念仏勧化《かんげ》の営みをくり広げた関東地方は、仏教信仰の観点からすると、比較的後進地帯だったといってよい。幕府御家人など関東武士のなかで法然に帰《き》依《え》した人々がかなりおり、彼らの所領の周辺では専修《せんじゅ》念仏の教えも行なわれていたが、それは局所的現象であり、むしろ山伏や修験者などの祈禱に現世利益や来世の幸福を願う人々が過半を占めていた。

そこへ親鸞は、「愚禿《ぐとく》」を称し、妻子をともなって姿をあらわしたのである。僧といえば生涯不犯の独身者であって当然、かりに女犯をしていても隠そうとするものだという常識に支配されていた関東の人々にとって、それはまことに異様な光景であったに違いない。だから当初、親鸞の布教は奇異の眼をもって迎えられ、なかなか受け入れられなかった。ついで、どうにか耳を傾ける人々があらわれるようになると、今度は村々に信者を擁する山伏、修験の徒の妨害と相対しなければならなかった。

『親鸞伝絵』に、次のような話が記されている。

常陸国の山伏に明法房弁円《みょうほうぼうべんえん》という者がいた。弁円は、親鸞の布教に激しい敵意を燃やし、板敷山というところに待ち伏せて、親鸞を殺そうとはかった。ところが、たびたびその機会はあったのに、そのつど支障が生じ、どうしても親鸞を闇討ちにすることができない。かくてはならじと、弁円はある日、意を決して親鸞の草庵に押しかけた。親鸞が出てきたなら、有無をいわさず斬り殺してしまおうとの算段である。

だが、どうしたことか、親鸞と視線を合わせたとたん、弁円の敵意はたちまち萎《な》えてしまった。それればかりではない。ひたすら親鸞を慕わしく思う尊敬《そんぎょう》の念が萌《きざ》し、そんなお人の生命を狙ったあさましさに後悔の涙を禁じることができなかった。やがて感きわまった弁円は、手にした弓の弦《つる》を切り、刀杖を地に投げ捨て、柿の衣を改めて、われ知らず膝をついて親鸞に入門を願い出たことであった——。

弁円はのちに親鸞の高弟に列した実在の人物である。後年、弁円の死にふれて、「明法《みょうほう》御房の往生のこと、をどろきまふすべきにはあらねども、かへすぐうれしくさふらふ」と述懐した親鸞の書状も残されている。

弁円入門をめぐる右の挿話は、高僧伝特有の大仰な構成となっているが、関東における親鸞と山伏、修験の徒との戦いを象徴的に語ったものだといわれる。実際、山伏、修験の徒の勢力は侮りがたいものがあり、親鸞はたびたび生命の危険にさらされながら、彼らとの宗論に臨まなければならなかったようだ。

しかし、結局弁円が屈伏したことからも察せられるように、親鸞はおおむね彼らを帰信させることに成功した。それにともない、親鸞の教えを奉ずる人々も徐々に増加し、親鸞の教化《きょうげ》は常陸から下総《しもうさ》、下野《しもつけ》の方面まで広がっていった。

その際、親鸞が妻子をともなう「愚禿」であることが、かえって有利に働いたものとみられる。親鸞が教化の対象とした人々はいずれも家庭を営み、俗の生活を送っていた。彼らには、聖道門《しょうどう》が理想とするような出家生活は望むべくもない。だから、行ないすました清僧がいくらありがたい教えを説いても、それは彼らの生活実感からほど遠いものにならざるをえなかった。

だが、親鸞は違った。親鸞は、在家のまま俗の生活を送っていても、他力本願の信仰に帰すれば必ず救われると、力強く在家主義を鼓吹した。すでに人間の本質を煩悩具足、罪《ざい》業深重《ごうじんじゅう》の凡夫と見きわめた親鸞の立場からすれば、僧侶と衆生、聖と俗の区別などありえず、在家往生は自明の理であった。しかも、親鸞その人が、率先その信仰を実践して、非僧非俗のあり方をつらぬいている。俗の生活から離れることができないまま救いを希求していた人々にとって、これほど説得力に富み、魅力に満ちた教えは、他になかったことであろう。

さて、こうした教化活動の結果、親鸞に師事し、自身も布教の一翼を担おうとする篤信の人々があらわれるようになった。彼らの正確な人数はわからないが、主な門弟の名を記載した『親鸞聖人門侶交名牒《もんりよきようみようちよう》』などから推定すると、七十名をこえていたのではないかといわれる。

彼らの多くは「面授口訣《めんじゆくけつ》」といって、親鸞に親しく面接してその口から教えを受けたのち、各地に道場を開いて多数の信者を集めた。ただし道場といっても特別に伽藍風の建物を設けるというのではなく、自分の私宅をそのまま転用するのがふつうであり、道場主もことあらためて出家するということはなかったらしい。つまり在家主義であり、このような形で各地に開設された道場は末広がりに門徒をふやしていき、親鸞在世中に門徒の総数は万をこえるほどになった。門徒の地域的な集団としては、利根川東岸の横曾根《よこそね》門徒、鹿島《かしま》神宮周辺の鹿島門徒、それに下野高田《しもつけたかだ》村の専修寺《せんじゆじ》を中心とする専修寺門徒らがある。

このように、各地の道場は親鸞の教えを伝播《でんぱ》するのに少なからぬ貢献をしたけれども、その勢いの赴くところ、しだいに行きすぎが生じ、道場による弊害が表面化するようになった。その一つは、自分の経営する道場の発展を願ってのこととはいえ、道場主たちが門徒の奪いあいをはじめたことである。続いて道場主たちは、施入物の多少によって往生の位が変わってくるということを説いて、門徒からの搾取策を前面に押し出し、さらには門徒を弟子扱いして、既成宗派の寺院のようなあり方を志向するようになったのだ。

もちろん、すべての道場主が同一歩調をとったというわけではないが、これらの行きすぎは明白に親鸞の考えと乖離《かいり》するものであった。ことに、門徒を搾取し、弟子扱いすることは、親鸞にとってとうてい見すごしにできないことであった。

親鸞は『歎異抄』のなかで、きっぱりと断言している。

「親鸞は弟子一人ももたずさふらう」

続いて親鸞は、その理由をこう説明する。

「わがはからひにて、ひとに念仏をまふさせさふらはゞこそ、弟子にてもさふらはめ、弥陀の御もよほしにあづかて念仏まふしさふらうひとを、わが弟子とまふすこと、きはめたる荒涼《こうりよう》のことなり」

自分のはからいによって他人が念仏するようになったのであれば、その人を弟子ということもできよう。しかし、人々が念仏するのは、自分が教えたからではなく、阿弥陀如来の霊妙な催しによるものである。阿弥陀如来のおかげで念仏している人々を、どうして自分の弟子ということが許されようか——。

親鸞のこの言葉の根底には、自分自身も阿弥陀如来の本願にすがる凡夫の一人にすぎないという、吉水入門以来つきつめてきた自覚が横たわっている。が、それにしても、万をこえる門徒の頂点に立つ人物として、これはなかなか断言できることではないであろう。親鸞はしかし、そういうことを衒《てら》いもなくサラリと言ってのけ、現実にも自分に師事する人々を決して弟子とは呼ばなかった。かわりに同朋《どうぼう》、同行《どうぎょう》と称して、信仰の前には万人が平等だという態度を終生保ち続けた。

したがって、親鸞は布教にはつとめたものの、一宗の開宗や教団を組織するというようなことはまったく考えなかった。その理想としたのは伽藍仏教との訣別であり、本願他力の信仰を得た人々が報恩の行として念仏にいそしみ、たがいに励ましあって倫理的な生き方を実践する、一種の無教会主義であった。親鸞の教えが浄土真宗と呼ばれ、本願寺ほかの教団が形成されるのは、親鸞の死後のことである。

それゆえ、親鸞は自分の教えに逆行する道場主たちに対して、何度か厳重に戒告した。

だが、すでに道場経営に現世的な喜びと欲を見いだしていた道場主の多くは、あまり親鸞の訓戒に耳を傾けなかったようだ。

関東布教に踏み切っておよそ二十年、六十歳をすぎた親鸞は文暦《ぶんりゃく》元年（一二三四）ないし翌文暦二年、思い出深い稲田の草庵を去り、京都へと向かう。この唐突な関東退去の直接原因は、鎌倉幕府がそれまでの方針を百八十度転換し、念仏門に対する強硬な取締令を公布したことにあるといわれる。だが、親鸞ほどの境地に達した人が取締令公布という客観状勢の変化に、いち早く身の安全をはかるような行為をとったとはちょっと考えにくいし、それに念仏宗弾圧ということでは京都もそう事情は変わらなかった。とすると、門徒はふえたものの、道場のあり方がしだいに親鸞の考えと乖離しがちだった、足もとの状況の悪化に対する失望も、親鸞をして関東を去らせることになった有力な原因であったのかもしれない。

善鸞事件

親鸞が京都に帰りついたのは、文暦二年（一二三五）の初夏のころであったという。この帰洛には、恵信尼はもとより六人の子女もみなつき従ったようだ。

親鸞にとっては、「承元の法難」で越後に流されて以来、三十年ぶりに踏む京都の土であった。あの折の三十五歳の壮者は、今や六十三歳の老翁になっていた。その星霜は京都の町にも歴然と刻まれ、もはや親鸞と旧知の人々はほとんどいなかった。

「聖人故郷に帰て往事をおもふに、年々歳々夢のごとし、幻のごとし。長安洛陽の栖《すみか》も跡をとどむるに嬾《ものうし》とて、扶風《ふふう》（右京）馮翊《ふうよく》（左京）ところどころに移住したまひき。五条西洞院《にしのとういん》わたり、一の勝地なりとて、しばらく居をしめたまふ」

『親鸞伝絵』には、そう記されている。関東の二十年の布教の成果をあとに帰洛した親鸞は、もうなかば隠棲の心境だったのだろう。身を寄せる有縁《うえん》のところもなく、親鸞と一家は洛中を転々と移り住み、あるときは五条西洞院のあたりの景勝の地にしばらく住みついたこともあった、というのである。

京都での親鸞は、もう事実上布教活動も停止してしまったらしい。老いた親鸞の精力は、もっぱら『教行信証』の推敲など筆硯の営みにそそがれていたようである。

そんな親鸞一家の生活をささえたのは、主として関東の門徒から送られてくる金銭であり、米穀であった。親鸞は関東門徒からの信施《しんせ》をありがたく受け取り、『教行信証』を推敲するかたわら、彼らにあてた書状をたびたび書き送った。その多くは、信仰上の疑念について彼らが親鸞の判断を仰いだ質問の書状に対する返事であり、ときにはわざわざ京都までやってきて親鸞に直接疑念をぶつける熱心な門徒たちもいた。

『歎異抄』を開くと、その第二章は次のような文ではじまっている。

「おの〳〵十余ケ国のさかひをこえて、身命《しんみよう》をかへりみずして、たづねきたらしめたまふ御こゝろざし、ひとへに往生極楽のみちをとひきかんがためなり」

ここに「おの〳〵」と記されているのが、上洛して親鸞の住居を訪れた関東門徒の面々である。その人々を前にして、親鸞は諄々と語りきかせる。

皆様方が関東から十余の国々をこえ、こうして命がけで私を訪ねてきてくださったのは、ただただ極楽に往生できる方法をお尋ねになりたいお気持ちからだと思います。けれども、私が念仏する以外に往生の方法を心得ており、またそれを証明するお経の文章なども知っているとお考えになっているのでしたら、それはたいへんな思い違いというものです。もし、そのような知識、学問についてお知りになりたいのなら、奈良の諸大寺や比叡山延暦寺にすぐれた学者がたくさんいらっしゃるのだから、それらの人々にお会いになり、往生の理屈をくわしくお尋ねになるがよろしいでしょう。私としては、前から申しておりますように、ただ念仏して阿弥陀如来の救いにあずかることが肝要だと法然上人にお教えを受け、それを信じて念仏しているだけのこと、ほかに特別な理由や理屈は何もないのです――。

このように、親鸞に面謁して再度信仰を確かめた関東の門徒は、十数人ほどいたといわれる。『歎異抄』の編述者とされる唯円《ゆいえん》も、その一人であった。

ところで、これらの人々がわざわざ上洛してまで信仰上の疑念をただそうとしたのは、親鸞が去ってのち、関東の野に異端の徒がはびこりはじめたからでもある。彼ら異端の徒は親鸞の「悪人正機説」を曲解し、悪業を重ねれば重ねるほど阿弥陀如来の本願に近づけると称して、仏前で魚食酒宴したり、人前もはばからず男女が乱行をはたらくというありさまだった。

そこへさらに、ますます独立傾向を強めた各道場が勝手な教義を説きはじめ、混乱にいっそうの輪をかけた。親鸞の宗教、本願他力の教えはせんじつめると、『歎異抄』第十二章に示されているように、「本願を信じ念仏をまふさば仏《ぶつ》になる。そのほか、なにの学問かは往生の要なるべきや」という至極単純なところに帰する。だから、信仰の具体的なあり方において、さまざまな解釈の派生を可能にする危険性は当初よりあった。もちろん親鸞はそういった点を懸念し、布教にあたって細心の注意をはらってきたのだが、その教えを万人に徹底させるのがきわめて困難なことは、「悪人正機説」さえあっさり曲解されたという一事をとってみても十分納得されるであろう。

　こうした邪義の横行や各道場の教義の分化は、親鸞の関東退去から二十年ほどして一つのピークに達し、門徒の動揺はひとかたならぬものがあった。その末に、異義派が親鸞の教えに忠実な正信派を鎌倉幕府に訴え出るという椿事《ちんじ》もまきおこった。幸い、この訴訟は正信派の勝利に終わったようだが、なお両派の対立はおさまらず、下手をすると親鸞の正しい教えは異義派に圧《お》されて立ち枯れるおそれさえないではなくなった。

　そのような関東の状況を知るにつけ、親鸞の胸は痛んだ。それは単に自分の教えが踏みにじられつつあることに対してばかりでなく、異義に与《くみ》した人々の未来を慮《おもんばか》っての悲しみでもあった。親鸞の立場からすれば、異義派の人々は所詮阿弥陀如来の本願にあずかることができず、末法の闇を永劫にさまよわなくてはならない、哀れむべき宿命の子に異ならないのである。

　二重の悲しみにとらわれた親鸞は、建長五～六年（一二五三～四）のことか、長男善鸞を関東へ送りこみ、あらためて自分の教えの真意を分裂、動揺する門徒たちに説かせることにした。親鸞自ら赴くことができればなおよかったのだが、すでに親鸞の齢は八十になんなんとしていた。対して善鸞はこのころ、四十代後半の分別ざかりだったとみられる。関東への長旅など思いもよらぬ親鸞としては、善鸞に期待を託すほかになかったのだ。

ところが、その善鸞は関東に着くと早々、父の期待を裏切り、自身が新たな異義のとりこになってしまったのである。というよりは、関東の紛糾した状況をまのあたりにして、とんでもない野心を逞しくした、といったほうが正確であろう。

善鸞ははじめ、親鸞の名代として、まじめにその使命を果たすつもりではあったようである。自分の眼で確かめた門徒の動静その他について、ことこまかに親鸞に報告してもいる。そこまではよかった。

だが、そのうちに善鸞は、道場を経営している有力門徒を相手どり、これまで彼らが親鸞から聞いたといって弘めている法義はすべて誤っている、ということを主張しはじめるのだ。では、親鸞の正しい教えはどこに示されているのか。

この私のなかにある、父親鸞は夜中ひそかに、この私一人に「往生極楽の大事」を教えてくれた――善鸞は胸を張って、そう言い放ったのである。

ついで善鸞は、親鸞が本願他力の信仰を決定する際、最大の根拠とした「第十八願」を「しぼめるはな（花）」にたとえて、否定した。「第十八願」とは、『無量寿経』に記された阿弥陀如来の四十八の本願のうち、第十八番目の本願のことをさす。

親鸞ははじめ、四十八の本願の第十九願を信奉したが、よく吟味してみると第十九願は念仏以外の修行によって浄土往生を説く方便の教えであった。そこで第十九願を去り、第二十願の教えである真門《しんもん》に入ったが、真門は自力の念仏による往生を説いており、やはり末法の凡夫にふさわしくないことに気づいた。かくて親鸞は第二十願も離れ、他力の念仏による往生を説く第十八願を、最終的に選び取った。親鸞のこのような帰信の過程は、ふつう「三願転入《さんがんてんにゅう》」と呼ばれるが、善鸞はすなわち親鸞の宗教の核心ともいうべき第十八願まで葬り去ろうとしたわけである。

これほどの暴挙を善鸞があえておかしたのは、京都では予測もできなかった関東宗門の繁育ぶりを知って、彼らを自分の支配下に収め取ろうとの野望にとりつかれたからだった、といわれる。一方、関東の門徒の側からすれば、親鸞の長男という光背のついた善鸞の主張は、きわめて重いひびきをもつ。しかも、正信派、異義派入り乱れてさまざまな教説が行なわれている最中だったから、それらをすべて否定してこれこそ親鸞の直伝と称する善鸞の説く法は、いっそう魅力的なものに映らざるをえなかった。そのため、所属の道場を離れて善鸞につく門徒が続出し、善鸞のもくろみはかなりの成功を収める段階まで進撥したらしい。

この状況にいらだちをつのらせたのは、いうまでもなく道場主や有力な門徒たちである。彼らは善鸞の動きに鋭く反撥し、その所業の一部始終を親鸞に訴えて善処を要望した。彼らからの報告に接して、親鸞もまた愕然とするとともに深刻な危機感を禁じえなかった。善鸞の主張はことごとく虚言であって、夜中ひそかに特別の法を善鸞に授けたなどという事実はまったくない。とりわけ、親鸞が許せないと感じたのは、善鸞が第十八願を「しぼめるはな」といって、悪《あ》しざまに誹謗したことだった。

第十八願が「しぼめるはな」というのなら、この親鸞はどうなるのか。それはまるで、本願他力の信仰を生きてきた宗教者親鸞の全存在を抹消するのと同然のことではないか。親鸞の宗教の全否定ではないか。

事ここにいたって、親鸞は身を切られるようにつらい決断を下さねばならなくなった。建長八年（一二五六）五月二十九日、親鸞は暗澹たる思いに包まれながら、関東の門徒にあてた書状の筆をとり、

「（善鸞が）親鸞にそらごとをまふしつけたるは、ち、（父）をころすなり」

と、善鸞の所業に対する深い憤りを吐露し、ついできっぱりと善鸞の義絶を宣言する。

「いまはおやといふことあるべからず、ことおもふことおもいきりたり」

この善鸞義絶事件は、親鸞の晩年における一大悲劇であった。親鸞の受けた精神的打撃は、はかり知れないものがあったことであろう。しかもこの時、その苦悩をわかちあうべき伴侶恵信尼は、親鸞のかたわらにいなかった。正確な時期ははっきりしないが、遅くとも建長八年以前に、恵信尼は父三善為教から譲られた所領の管理運営という要務のため越後に下向して、親鸞と別居の生活に入っていたからである。越後での恵信尼は八人ほどの下人にかこまれて日々を送ったことが明らかにされているが、こうして別離の生活を余儀なくされた親鸞と恵信尼は、生前ついに二度とめぐりあう機会をもてずに終わった。

現生の往生

善鸞を義絶した翌年の正嘉元年（一二五七）、八十五歳の親鸞は門徒あての書状のなかで、自身の老耄《ろうもう》を慨嘆する述懐をもらしている。

「目もみえず候。なにごともみなわすれて候うへに、ひとなどにあきらかにまふすべき身にもあらず候」

しかし、肉体は老化の一途をたどったものの、親鸞の精神の張りはなお衰えてはいなかった。「承元《じょうげん》の法難」以来、数々の苦難に耐えてきた体験と、自己のうちに築かれたゆるぎない信仰とが親鸞の精神を鍛えあげ、不屈の魂を植えつけていた。親鸞は善鸞義絶の打撃からいち早く立ちなおり、口では「ひとなどにあきらかにまふすべき身にもあらず候」――老耄の自分はもう人に教えるような立場ではないなどと称しながら、相変わらず関東の門徒の呈する疑念に懇切丁寧な書状を送り続け、異義・異端との戦いに余念がなかった。そのようなきわだった勁《つよ》さを発揮する一方で、親鸞が最晩年まで謙虚な人間的内省を怠らなかったという事実にも、私たちは注目しなければなるまい。

たとえば――『歎異抄』に、以下のような挿話が記されている。善鸞義絶事件と前後した時期のことであろう。ある日唯円《ゆいえん》（『歎異抄』の編述者）が親鸞のもとにやってきて、意を決した表情で重大な質問を発したことがあった。

「私は、往生の道は念仏しかないと信じ、たゆみなく念仏を申しております。けれども、どうしたことか躍りあがるような法悦の心はいっこうにおきませんし、また急いで浄土へ参りたいという気持ちにもなれません。いったい、どうしたことでありましょう」

これは明らかに穏当を欠いた質問である。師の立場からすれば、「わかりきったことではないか、それはそなたの信仰が不徹底のゆえだ」と一喝するのが当然のところであろう。だが、親鸞はそのようなとがめだてをいっさいせず、逆に唯円の疑問に共感を示すのである。

「おやおや、自分もそのことをおかしいと思っていたのに、唯円房よ、そなたも同じ思いだったのか」

それから親鸞は、自分をも納得させるように、ゆっくりと言葉を選びながら、その疑念を説き明かしていった。

「けれども、唯円房よ、よくよく案じてみると、天に踊り地におどるほどに喜ぶべきことを、どうにも喜べないというのは、これでいよいよ往生はまちがいないと思ってよいのであろう。喜ぶべきはずの心が抑えつけられ、望ましいことを望ましいと感じられないのは、これこそ私たちが煩悩具足の凡夫であることのまたとない証明ではないか。阿弥陀如来の救済の願いは、このような自分たち凡夫のためのものなのだから、私にはいよいよ往生はまちがいないと思われてならないのだよ」

今、親鸞と唯円の対座しているありさまを思い描くと、それはずいぶん感動的な光景といえるであろう。信仰の大先達の前に緊張してかしこまる若い唯円。それに対し、親鸞はおごらずたかぶらず、同じ不審を抱いていたことを淡々とうちあけ、その不審を唯円とともに考えてゆこうとする。そこには、たくまずして謙虚なる内省の人親鸞の姿が鮮明に浮き彫りにされている。

親鸞はまた、このころから、「現生《げんしょう》の往生」ということをとみに強調するようになった。「現生の往生」については、『末燈鈔《まっとうしょう》』に収められた親鸞書状の次の一文にその考え方が要約されている。

「真実信心の行人《ぎょうにん》は（略）臨終まつことなし、来迎《らいごう》たのむことなし。信心のさだまるとき、往生またさだまるなり。来迎の儀式をまたず」

すなわち――阿弥陀如来の本願を信じ、一向他力の信心にめざめて念仏する人は、その瞬間から現世を正しく生きる力を備え、それにともなって現世の往生が始まる。いや、始まるのではなく、その瞬間に往生が決定し、人は煩悩具足の凡夫のまま仏とひとしい存在と化し、もはや来迎の儀式も不要となる――というのである。

親鸞は、この「現生の往生」を「現生不退転の位」とも表現し、その境地に達した人々を「現生正　定聚《しょうじょうじゅ》」と呼んだ。

親鸞のこの考えは、浄土信仰の面目を一新する卓抜な工夫とすることができるであろう。従来の浄土信仰は、はじめにも述べたように、いかにしたら極楽に往生できるかということを最大の眼目としていた。その際、浄土信仰が末法下の人々を惹きつけたのは、臨終にあたって阿弥陀如来が浄土から救い取りにやってきてくれる、つまり来迎という概念を備えていたからである。

ところが、親鸞は「来迎たのむことなし」といい、「来迎の儀式をまたず」といって、来迎は不要だと断定する。かつて死後往生一辺倒だった浄土信仰は、ここに「現生の往生」を導入することによって、今生きている人々の苦悩に即応するきわめて前向きなダイナミクスを獲得することになった。それをいいかえれば、死の浄土信仰は親鸞を境に生の浄土信仰に生まれかわったということになるであろう。「現生の往生」という理念は、それほどに革命的な意味をもつものだったのである。

さて、このように信仰の世界では前人未到の次元に立った親鸞であったが、ひるがえって現実の生活のありさまをみると、親鸞の心労の種はなお尽きなかった。そして、最晩年のこの時期、親鸞がとりわけ頭を悩ませたのは、末娘覚信尼《かくしんに》の行く末についてのことであった。

覚信尼は、親鸞が稲田の草庵在住時代の元仁元年（一二二四）の生まれで、恵信尼の書状には「わうこせん（王御前）」と記されている。ちなみに、（ここまで紹介した分も含め）現存する恵信尼書状はすべて、覚信尼に宛てられたものである。

　覚信尼は、一家の京都移住後、太政大臣久我通光《こがみちみつ》に仕えて女房となり、兵衛督局《ひょうえのかみのつぼね》と号したという。ついで、親鸞のいとこ日野信綱《のぶつな》の子の広綱《ひろつな》と結婚し、覚恵《かくえ》ほか二人の子女をもうけた。親鸞の六人の子女のうち、義絶された善鸞を別にすると、他の四人が恵信尼と行をともにして越後に赴いたのに対し、覚信尼一人が京都にとどまることになったのは、既婚の身であったという事情によるのであろう。たった一人でもわが子が同じ京都に住んでいるというのは、老年の親鸞にとって心強かったに違いない。覚信尼もまた、しばしば親鸞のもとを訪れ、身のまわりの世話などに心をつくしたことと思われる。

　だが、やがて日野広綱が死没し、覚信尼が二人の子供をかかえた未亡人となったことから、逆に親鸞のほうが、何かにつけ覚信尼の生活の世話をみなければならなくなった。といっても、親鸞自身財産があるわけでなし、関東門徒の志納金《しのうきん》によって生計を立てている清貧の身であったから、自分が生きているうちはともかく、死後の覚信尼の生活を保証することなど思いもよらない。かくて親鸞は、愛娘《まなむすめ》の行く末というあまりにも人間的な課題に、老いの心を千々にかき乱されることになったのである。その点で、親鸞は彼自身が標榜したように、最後まで煩悩具足の凡夫であった——。

弘長二年（一二六二）の冬十一月、親鸞は病の床についた。病勢は寒気がつのるにつれて、悪化する一方である。親鸞は、いよいよ死がまぢかいことを悟った。もとより、往生の確信を得た親鸞にとって、死は安じて受容できるものであったが、この期《ご》に及んでなお親鸞を悩ませたのは、やはり覚信尼母子のことであった。十一月十二日、親鸞は最後の気力をふりしぼって筆をとり、自分亡きあとの覚信尼母子の生活をささえてくれるよう、関東の門徒に対してねんごろに依頼する書状をしたためた。

それから十六日後の弘長二年十一月二十八日、親鸞は実弟の尋有《じんう》僧都の住房において、九十年の生涯を閉じた。遺体は翌日、東山の延仁寺《えんにんじ》で荼毘《だび》に付され、大谷の地に埋葬された。

なお、親鸞の遺言は関東の門徒に遵守され、その援助によって生活の安定を得た覚信尼は、十年後の文永九年（一二七二）、親鸞の影像を安置する大谷御影堂を創建する。親鸞の墓のかたわらに営まれたこの御影堂は、寺院と称するのもはばかられるささやかな建物であったが、のちに隆盛をきわめる本願寺の第一歩はここに印《しる》されたのである。

第四章

道元

――身心脱落の軌跡

無常に思いをひそめて

鎌倉新仏教の祖師と呼ばれる人々のなかで、道元はきわめて異色の存在だった、とすることができるであろう。

周知のように、鎌倉新仏教は末法《まっぽう》の世が到来したという仏教の予言を信じ、その現実認識を大前提として胚胎かつ発展していった。ところが、道元はその渦中にあってただひとり末法の到来を頑として認めず、「仏教に正像末《しょうぞうまつ》を立《たつ》ること暫《しばら》く一途《いちず》の方便《ほうべん》なり」(『正法《しょうぼう》眼蔵随聞記《げんぞうずいもんき》』)、「大乗実教には正像末法をわくことなし」(『正法眼蔵』「弁道話《べんどうわ》」)という、いわば反時代的な信念のもとに、独自の骨太い思想、宗教の世界を構築してみせた。さらにまた、日本的仏教の伝統に絶望を表明して宋に渡り、異国での修行研鑽によって自己の信仰を決定したというのも、道元だけである。なるほど、祖師の一人栄西《えいさい》は道元に先立って入宋《にっそう》し、臨済禅をわが国に伝えたが、なおその信仰は日本天台宗の影響をぬけきれなかったし、法然《ほうねん》や親鸞《しんらん》、日蓮《にちれん》は海外渡航体験さえもっていない。

したがって、国内諸宗派に対する道元の視線は、おのずと冷やかであった。道元は、日蓮のように声を高くして他宗を非難することこそしなかったが、かわりに徹底して他宗の存在を無視した。しかも道元は、法然や親鸞のように、心弱く迷いのなかに生きている凡夫の苦悩に眼を向けることがあまりなく、『永平広録《えいへいこうろく》』に記されているように、「造悪《ぞうあく》の者は堕《お》つ（地獄に堕ちる）」と断言してはばからないところがあった。そのような、一種超越的ともいえる特異な立脚点、聖を凝視して俗を退ける剛直さなどは、道元にきわだった特徴であり、その結果として道元は、鎌倉仏教界に屹立《きつりつ》する一孤峰の道を進まなければならなかった。

異色といえば、道元の出自《しゅつじ》や幼時の環境も、他の祖師たちと少しく変わって、数奇《すうき》に満ちたものであった。

源平の争乱が源氏の勝利に終わり、源頼朝《よりとも》が鎌倉幕府の体制整備にいそしんでいるころ、京都朝廷では源通親《みちちか》という公卿が急速に勢力を伸ばしつつあった。通親は村上源氏の出身で、当初の官位はそう高くなかったが、まれにみる権謀術策の才にめぐまれており、その才能を縦横に発揮して、いつのまにか朝政の実力者九条関白兼実《かねざね》の有力な対抗馬にのし上がった。

そして建久七年（一一九六）、通親はもう一人の実力者丹後局《たんごのつぼね》（高階栄子《たかしなえいし》）と結んで、九条兼実の排斥に成功する。兼実は源頼朝の支援によって朝廷の第一人者の地位を占めていたのだが、二年ほど前からその頼朝が長女大姫《おおひめ》の入内《じゅだい》を望み、兼実との関係がギクシャクしはじめていた。通親はそんな情勢の変化をいち早く見ぬき、クーデターを敢行したのである。辣腕の通親にとって、頼朝の後ろ盾を欠いた兼実は、さほど恐ろしい相手ではなかった。

このいわゆる建久七年の政変によってライバル打倒に成功した通親は、以後、丹後局をもおさえ、朝廷内のほぼ完全な独裁権力を掌握するにいたる。建久九年には、かねて後宮に送りこんでおいた娘在子《ざいし》と後鳥羽上皇との間に生まれた皇子の即位（土御門《つちみかど》天皇）が実現を見、通親は天皇の外祖父という特権的な座までわがものにすることができた。ついで、通親はその鉾先《ほこさき》を鎌倉幕府に向け、ひそかに倒幕の計をめぐらすなど、頼朝をして「手にあまりたる事かな」（『愚管抄《ぐかんしょう》』）と嘆じさせたほどの怪腕をふるうのである。

このように、朝廷のみならず幕府にも権勢を及ぼした、人によっては中世最大のマキアヴェリストと評価するスケールの大きな宮廷政治家通親が、道元の実の父であった。

一方、道元の母は松殿基房《まつどのもとふさ》の三女伊子《いし》であるが、その生涯も波瀾に富んでいる。松殿基房は前記した九条兼実の兄にあたり、かつて後白河院政のもとで長く関白の地位にあった。しかし、折から勃興中の平氏一門と対立したため、治承三年（一一七九）清盛《きよもり》の強権発動によって大宰権帥《だざいのごんのそち》に左遷され、失意の底にたたきこまれる。

それから四年たった寿永二年（一一八三）、平氏一門は相つぐ反平氏勢力の決起に怯えて都落ちし、かわって入京した木曾義仲《よしなか》が後白河法皇を奉じて局面をリードするようになった。基房にとっては、政界にカムバックする絶好のチャンスである。そこで、基房は積極的に義仲に接近し、その機嫌をとり結ぶために子女の提供を申し出るが、このとき人身《ひとみ》御供《ごくう》の役割を担わされたのが、三女の伊子であった。

『源平盛衰記《げんぺいせいすいき》』などによると、こうして義仲の側室とされた伊子は、たいへんな美女で、行く末は天皇の后《きさき》か女御《にょうご》に迎えられることまちがいなしととりざたされていたという。それだけに義仲もたちまち伊子の魅力のとりことなり、松殿家への肩入れを惜しまなかった。やがて基房は、もくろみどおり義仲の武力を背景とする朝政改造に成功し、子の師家《もろいえ》を内大臣摂政に擁立するなど、朝廷の主導権を松殿家に取りもどすことができた。

しかし、義仲の天下はあっけなく潰《つい》え、源義経《よしつね》らに攻められて近江《おうみ》粟津浜《あわづがはま》に敗死する。それとともに、朝廷では九条兼実の系統が権勢の座を占め、松殿家はふたたび失意の時期を迎えなければならなかった。

そんなところへ、降って湧いたように生じたのが、前述の建久七年の政変である。基房は前回の義仲のときと同様、さっそく新しい権力者源通親への接近をはかり、松殿家の復権をめざしてさまざまに奔走した。そしてこのとき、またも基房の政略の犠牲とされ、通親のもとに送りこまれたのが、伊子だったのである。

伊子が何人かいた通親の側室の一人に加えられた正確な時期は不明だが、おおよそ伊子が三十歳前後のことと推定される。一方の通親は、五十路《いそじ》にさしかかろうとする年配であった。

通親は伊子を寵愛したといい、二人の間に一子すなわち道元が誕生したのは、建久七年の政変から四年を経た正治二年(一二〇〇)のことである。道元の誕生の地は、基房が宇《う》治木幡《じこはた》に設けてあった松殿家の山荘内といわれ、誕生からまもなく、通親の久我《こが》(京都市伏見区)の別邸に引きとられて育ったらしい。

室町中期に著わされた道元の伝記『建撕記《けんぜいき》』によると、幼少時の道元はまことに利発であり、早くも四歳にして唐の詩人李嶠《りきよう》の『漢詩百詠《かんしひやくえい》』を読み、七歳で『春秋左氏伝《しゆんじゆうさしでん》』や『詩経《しきよう》』、九歳の時には仏典の『倶舎論《くしやろん》』を読破したという。これには宗祖伝特有の誇張があるにせよ、なかば以上は事実とみなしてよく、道元自身も後年次のように述懐したと伝える。

「我れ本《も》と幼少の時より好《こ》のみ学せしことなれば、今もやゝもすれば外典《げてん》等の美言《びげん》案ぜられ、文選《もんぜん》等も見らるゝを、詮なき事と存ずれば、一向にすつべき由を思ふなり」

（『正法眼蔵随聞記』）

外典とは仏教経典以外の書物のことをさし、以上は「学道の人、教家《きょうけ》の書籍《しょじゃく》をよみ外典等を学すべからず」（『正法眼蔵随聞記』）を基本的立場とする道元の自戒の言葉である。通親の系統は、祖先にすぐれた文人が輩出し、またのちに道元の育父《いくふ》となる通具《みちとも》（道元の異腹の兄）も藤原定家《ていか》と並び称される歌人であったから、その血を享《う》けついだ道元もおのずと文人肌の資質を備え、早熟な才能を示すことになったのであろう。

だが、それにしても道元の出自は、父が朝廷きっての実力者、母は前関白の娘なのだから、名門中の名門と称するにふさわしいものがある。その上、年齢は道元のほうが下ながら、当今《とうぎん》土御門天皇とも叔父・甥の関係になるのである。父がそれぞれの地方官、神官、漁師だったと伝える法然、栄西、日蓮はもとより、中流貴族日野《ひの》氏の出身とされる親鸞と比較しても、道元の出自は群をぬいて高いといわなくてはならない。

それゆえ、道元さえその気になれば、朝廷に出仕して栄進をかさねることも、決して望みのない夢ではなかった。

現実に、そのチャンスもあった。道元が九歳になった承元二年（一二〇八）のことだが、そのころ松殿家の当主となっていた伊子の弟師家《もろいえ》が、道元を養子に迎えたいと申し入れてきたのである。むろん、師家の狙いは、かつて自身が摂政、内大臣の要職を歴任したことがあるだけに、道元の怜悧さを見こんで政治向きの英才教育を施し、道元をして松殿家再興のエースに仕立てることにあった。もしこのとき、道元が首を縦に振っていたなら、道元の名は父通親にまさるとも劣らぬ宮廷政治家として歴史に刻まれることになったかもしれない。

だが、道元はきっぱりと叔父の好意を謝絶した。その理由について、道元の伝記の一つ『永平寺三祖行業記《えいへいじさんそぎょうごうき》』は、以下のような見解をのせている。

「慈母の喪に遇《あ》ひ、香火《こうげ》の煙を観て、潜《ひそか》に世間の無常を悟り、深く求法《ぐほう》の大願を立つ」

道元は、肉親縁の薄い人であった。父通親は、道元が三歳の時に没している。そのあと、道元は母とともに木幡の山荘にひき移り、ひっそりと肩を寄せあって生きていくことになる。

通親が没したあと、道元母子はしばらく、世間の嘲弄の対象とされたらしい。かつて義仲の妾となり、今また権力に媚びて通親にとり入った女——それが伊子に対する世間の見方であり、そんな心ないとりざたは、都を離れた木幡の山荘にも折々伝わってきた。そのなかには、本来なら通親に向けられるべき恨みつらみも含まれていたようである。権力をほしいままにした生前の通親には多くの敵があり、あちこちから怨嗟の声が生じていた。

　だが、今その通親に先立たれ、最大の庇護者を失った道元母子は、どんな嘲笑をあびせられても反論することはできず、ただ耐えて嵐が吹きやむのを待つしかなかった。人はふつう、そのような悲境にさらされた場合、世間の理不尽さに対する怨念を胸底にたくわえ、いつの日か出世して権力ずくで世間を見返してやろうなどと思いつめたりするものである。むしろ、そのほうが常識的な発想であり、しかも道元の場合は、前述のように洋々たる出世の道が開かれていた。

　だが、道元はそう思いつめる前に、権勢の世界へのぬきさしならない不信感を抱いた。父の死を境とする世間の風当たりの激変ぶり、それによってもたらされた涙のかわくひまもない母の懊悩——。幼いながらも怜悧《しんし》な道元は、眼の前に生起する人間表裏の現実をじっとみつめ、その意味するところを真摯に考えていた。そして、伊子もおそらく、たびかさなる不運によってますます世を厭《いと》う思いを強め、せめてのことにわが子だけは父基房や夫通親のような権勢亡者の道を歩ませたくないと願って、懊悩のあいまにくり返し道元を教えさとしたことであろう。伊子のその教えは、言ってみれば、世の無常の教えであり、幼少時の道元にとって、こうした母の感化は非常に大きかったようである。

承元元年（一二〇七）――道元が八歳になった年の春、朝廷が専修念仏《せんじゅねんぶつ》に弾圧を加え、主宰者の法然や門下の親鸞ほかが流罪に処されるという事件がおこった。このいわゆる「承元《じょうげん》の法難」は、無常観にめざめた道元にいささかのショックを与えたものと思われる。だが、道元は同じ年の冬、それよりもはるかに衝撃的な事態に直面しなければならなかった。最愛の母伊子が、四十年の薄幸の生涯を閉じたのである。

三歳にして父を喪《うしな》い、今また八歳にして慈母に先立たれた孤独な少年道元の心中には寥々《りょうりょう》の風が吹きぬけ、どうつとめても無常の思いをおさえることができなかった。さきに引いた『永平寺三祖行業記』の一節は、この場面の道元の心境を述べたものだが、実際道元の胸にはじめて切実に無常観が刻みこまれたのは、母の死に接した瞬間のことだったようである。

だが、道元は無常観の前にうちひしがれてしまったのではない。逆に、道元は無常観を梃子《てこ》として、前向きの意欲をかきたて、「深く求法の大願を立」てたのであり、そこに道元の宗教の一つの特色がある。無常観という語は、仏教本来の意味からすると「流転する宇宙の実相を認識する」ことをさすが、慣用的には世をはかなむなど、悲嘆や絶望の感情の表現として用いられる。少なくとも、道元の当時において、無常観の意味をそのように解するのは、世人の共通認識だったといってよい。

たとえば、鴨長明《かものちょうめい》がそうである。その著『方丈記《ほうじょうき》』に語られているように、長明は世の無常を痛感したからこそ、一切の世俗的願望を投げすてて日野の外山《とやま》に隠棲し、方一丈の草庵を結んで残生《ざんせい》を送った。それは明らかに逃避であり、隠棲後の長明の生き方には積極的な創造性は認められない。無常の認識は、このほかにも無数の長明を生み、出家の群れを送り出した。だが、総じて彼らに共通していたのは、やはりあきらめと逃避の精神であり、無常観は彼らの間でマイナスのエネルギーとしてしか機能していなかった。

それに対し、道元は無常観を直視し、無常観を徹底して究めることによって、それをプラスのエネルギーに転化してみせるのである。

道元は、折々にこう語ったという。

「志《こころざし》の至らざることは無常を思はざる故なり」（『正法眼蔵随聞記』）

「吾我《ごが》を離る丶には、無常を観ずる是れ第一の用心なり」（同前）

宗教者としての道元の立場はあくまで自力であり、自力によって修行することを自力弁《べん》道《どう》という。その自力弁道に精進するエネルギーも、吾我（エゴ）を離れて大悟に到達するエネルギーも、すべては無常に深く思いをひそめることで湧いてくる、と道元は説くのである。

道元が、無常観の秘めるそのような創造的価値に気づいたのは、前述のように母の死に接したときだった。道元は、逆転発想ともいえるその〝発見〟を実践することによって、これから独自の創造的人生と宗教の世界を切りひらいてゆく。

大陸仏教への憧れ

建暦《けんりやく》二年（一二一二）一月、専修念仏の法然が八十歳の高齢をもって京都に没した。法然は前年の末、帰洛を許されて京都の土を踏むことができたのだが、死去から八カ月後にその主著『選択本願念仏集《せんちやくほんがんねんぶつしゆう》』が版行され、専修念仏はしだいに全国に広がる勢いを見せていた。

あたかもそれと同年の春、十三歳になった道元は、ついに意を決して木幡の山荘を忍び出、比叡山《ひえいざん》の麓《ふもと》に奔《はし》って良観《りようかん》法印のもとに投じた。良観は天台密教に通じた学僧で、道元からみれば母方の叔父（伊子の弟）にあたる。

良観は、実家の松殿家が道元の才能に大きな期待を託していることを知っていたから、はじめは極力道元をいさめた。だが、道元の決意がなまなかでないことを知ると、良観は深くうなずき、道元が比叡山に入れるようみずから斡旋の労をとってくれた。

道元が比叡山での起居の場としてあてがわれたのは、横川般若谷《よかわはんにゃ》の千光房《せんこうぼう》である。その翌年四月、道元は天台座主公円《ざすこうえん》について出家入門の得度式をあげ、ここにいよいよ本格的な修行生活の第一歩を踏み出すことになった。だが、当時の大寺院ではおしなべて世俗化現象が進行しており、比叡山もその例外ではなかった。むしろ、世俗化現象は比叡山においてもっとも顕著だったといってよく、山内の一般学生《がくしょう》はもとより彼らの師表《しひょう》たるべき長老たちまでが求法《ぐほう》をないがしろにして名聞利達《みょうもんりたつ》を追い求めるありさまであった。そのため、純粋に「求法の大願」を立てて出家したはずの道元も、いつか山内の悪《あ》しき風潮に染まり、「迷《まよい》て邪念を起《おこ》」（『正法眼蔵随聞記』）すにいたったようだ。

「教道の師も、先《ま》づ学問先達《せんだつ》にひとしくしてよき人と成り国家にしられ天下に名誉せん事を教訓する故に、教法等を学するにも、先づ此の国の上古の賢者にひとしからんことを思ひ、大師等にも同じからんと思ひき」（『正法眼蔵随聞記』）

すなわち、師事した先輩僧の教えるままに、信仰を深めることよりも、天下、国家に知られた名僧高徳になることばかりを夢みた、というのである。

しかし、道元はほどなく、中国の高僧伝や諸経論を読み進むうちに、名利追求の迷いからさめた。「我が起せるやうなる心は皆経論伝記等にはいとひにくみけり」(『正法眼蔵随聞記』)――。こうして道元はふたたび真実の学道に回帰するのだが、その道を進むうちに今度は求法上の一大疑問に行き当たり、寝食を忘れるほどの煩悶をかさねなければならなくなった。

「顕密《けんみつ》の二教共に談ず、本来本法性《ほんらいほんほっしょう》、天然時性身《てんねんじしょうしん》と。若《も》し此《かく》の如くならば、則《すなわ》ち三《さん》世《ぜ》の諸仏、甚《なん》に依《よ》つてか更に発心して菩提を求むるや」(『永平寺三祖行業記』ほか)

それが、少年道元の抱いた一大疑問であった。

大乗仏教では、「一切衆生悉有仏性《いっさいしゅじょうしつうぶっしょう》」といい、顕教も密教もともに、人間は生まれながらにして仏性＝理想的な人格者になりうる素質を備えていると説く。天台宗の本覚思想《ほんがく》はその立場をさらに徹底させ、人間は修行によりはじめて覚《さと》るものではなく、すでに生まれたときから覚っているのだ、と主張する。道元が比叡山で学んだのは当然ながらこの本覚思想であり、本覚思想はまた大乗仏教の中心思想とされてきた。

しかし、そうするとおかしなことが起こる。生まれながらに覚っているのであれば、人はなぜ発心し、修行につとめなければならないのか。歴代の諸仏もことごとく真理を求めて修行をしているが、本覚思想が正しい限り、それらの営みはまったく不必要ということになるではないか――。その疑問が道元を悩ませたのであり、その悩みがそのまま道元を自覚的な求法に導いてゆくことになった。

鎌倉新仏教の他の祖師たち、たとえば法然や親鸞は現在が末法時であるという認識を大前提とし、能力も機根も劣るとされる末法の凡夫にもっともふさわしい教えはどれか、という疑問から求法のスタートを切った。また、日蓮は末法の時代であるからこそ正法《しょうほう》を奉じなければ仏の慈悲に浴しがたいと考え、総数何千巻という膨大な経典のなかから、釈尊の真の教え＝正法を伝える経典を探し出すことにつとめた。それに対し、道元は大乗仏教の中心思想そのものが内包する矛盾、少なくとも道元には矛盾としか思えなかった命題にめざめ、そこから自覚的な求道の緒についたわけである。

その手はじめとして、道元は公円をはじめ多くの学匠《がくしょう》のもとに参じ、一大疑念をぶっつけてみた。だが、学道よりも世俗的名利を重んじる風潮のみなぎった山内には、道元を納得させるほどの解答を与えてくれる者はいなかった。そこで道元は諸方に遊歴して参学の師を求めようと思いたち、建保《けんぽう》二年（一二一四）の春、比叡山を下った。

道元が離山した足で最初に訪ねたのは、顕密の奥義をきわめた学匠として名のあった三《み》井《い》寺《でら》の公胤《こういん》僧正であった。公胤はその当時、法然に帰依して浄土門の立場をとっていたが、道元を迎えて次のようなことを語ったという。

「道心と云ふは一念三千《いちねんさんぜん》の法門なんどを胸の中に学《がく》し入れてもちたるを道心と云ふなり」（『正法眼蔵随聞記』）

ここにいう「一念三千の法門」とは、いわゆる天台摩訶《まか》止観《しかん》の説くきわめて高度難解な哲学的教義のことである。公胤のこの一言は、道元に少なからぬ感銘を与えたようだが、しかし公胤は結局、道元が呈した疑問については、はかばかしい解答を与えることができなかった。『建撕記《けんぜいき》』によれば、公胤は「此の問輙《たやす》く答ふべからず、宗義有りと雖《いえど》も恐らくは理を尽さず」と述べ、京都建仁寺《けんにんじ》の栄西のもとに参学するよう、道元にアドバイスしたという。

栄西は道元より六十歳ほど年長であり、はじめ比叡山にのぼって修学につとめ、葉上《ようじょう》流という天台密教の一派を開いた。だが、栄西はそこにとどまらず、仁安《にんあん》三年（一一六八）と文治《ぶんじ》三年（一一八七）の二度にわたって入宋《にっそう》し、中国臨済宗の法脈を相承し、はじめてわが国に本場の禅を根づかせる役割を果たした。帰国後の栄西は鎌倉将軍家の庇護を受け、関東に教線を広めたあと、建仁《けんにん》三年（一二〇三）将軍頼家《よりいえ》より土地の寄進を受けて京都に建仁寺を建立する。建仁寺は純粋の禅寺ではなく、真言、止観、禅の三宗兼学の道場であったが、道元が訪れたころ、栄西が建仁寺にあってもっぱら鼓吹していたのは臨済禅であった。

栄西は孫のような少年僧に快く面謁を許し、真摯な態度で日ごろの疑問を呈した道元に対し、次のような答えをもって応じたという。

「三世の諸仏有ることを知らず、狸《り》奴白牯《ぬびやくこ》、却《かえ》つて有ることを知る」（『訂補建撕記図会《ていほけんぜいきずえ》』）

これは、中国唐代の禅僧南泉普願《なんせんふがん》の有名な言葉を引用したものである。解釈は一定していないようだが、大意をとれば、――道元の抱いたような疑問は所詮妄想であり、三世の諸仏たちはそのようなことをまったく意識されたことがない、そのようなことを問題にするのはかえって狸や牛などの畜生の所業である、というような意味になるであろう。要するに栄西は、分別知を否定する禅の立場から、仏道とは高遠な教学や知識のなかにばかりあるのではなく、同時に真の体認自覚において把握されなければならないということを、道元に教示したのである。

栄西の教えが、このときの道元に本当に理解できたかどうかは、明らかではない。だが、道元は栄西の言葉を耳にし、従来親しんできた天台教学とはずいぶん異なる清新さを感得し、禅というものに深甚な関心を抱くようになった。その意味で、栄西との相見《しょうけん》は、道元の生涯にとって実に大きな意味をもつ節目だったとすることができる。

とはいえ、この時点の道元はまだ禅への眼が開かれたというにとどまり、禅に帰依することまで決したわけではない。そのうえ、翌建保三年七月、栄西が没したため、道元は栄西の会下《えか》に列することもなく終わった。

以後数年、道元の遍歴は続き、諸方の寺々を訪ねて道の師を求めたり、延暦寺《えんりやくじ》に戻って「大蔵経」の勉学につとめたり、という日々がくり返される。

おそらくその間のことであろう。道元はきわめて大胆な認識の転回を行なったようだ。すなわち、「此の国の大師《だいし》等は土瓦《つちかわら》の如くにおぼへて、従来の身心《しんじん》皆あらためき」(『正法眼蔵随聞記』)――わが国の大師と呼ばれるような高僧がみな土瓦のように見えてきて、すっかり迷いからさめた、というのである。それは、日本の祖師高僧に対する絶望の表現であり、さらにいえば日本仏教の伝統に対する絶縁宣言でもある。まだ十代の修行僧がこれほど激越な認識に立ちいたったとは、まさに破天荒のこととしてよいであろう。このようなところに、道元特有の内面的な勁《つよ》さが如実にあらわれてもいる。

さて、こうしてみずから日本仏教に絶縁を宣した道元は、かねて栄西などからもれ聞いた大陸の仏教に熱い憧憬を抱くようになった。だが、当時の交通事情では、思いたってすぐ海を渡るというのは不可能である。そこで、道元はひとまず遍歴をうち切り、栄西の弟子明全《みょうぜん》に師事して時機を待つことにした。建保五年（一二一七）八月のことである。明全は、栄西門下の十哲にも入っていなかったが、持戒堅固な学僧のうえ、最も純粋に禅の厳しさを継承しており、道元はそこに惹《ひ》かれて師事したのであった。

「全公（明全）は祖師西和尚（栄西）の上足《じょうそく》として、ひとり無上の仏法を正伝せり。あへて余輩のならぶべきにあらず」（『正法眼蔵』「弁道話」）

道元待望の大陸渡航は、貞応《じょうおう》二年（一二二三）に実現のはこびとなった。すべての準備を整えた道元は、同年二月、同行の明全とともに住みなれた建仁寺を発し、便船の待つ博多に向けて躍るように歩き出した。

では、道元が憧憬を寄せた大陸の仏教、もっと直接的にいうと、道元の宗教形成に決定的影響を及ぼした中国の禅宗とはどのようなものであったのか、その特性や発展の歴史を簡単に見ることにしよう。

人間肯定の思想

禅宗では、よく教内《きょうない》の法、教外《きょうげ》の法ということがいわれる。つまり、釈迦は生前、言葉をもってその教えを弟子たちに授ける一方、その心をただちに相手の心に伝えるという、より高度の教化を行なった。前者が教内の法、後者が教外の法であり、その教外の法こそ禅宗にほかならない、というのが禅宗側の考えである。禅宗特有の「不立文字《ふりゅうもんじ》教外《きょうげ》別伝《べつでん》」や「直指《じきし》人身《にんしん》見性《けんしょう》成仏《じょうぶつ》」という概念はそのような認識から導き出されたものであり、修行の最高の方法としてもっぱら坐禅が推奨されるのも、そこから発している。

禅宗の主要なテーマは、前述の「一切衆生悉有仏性」という大乗仏教の根本認識の上に立ち、すべての人が備えているというその仏性をどのように磨き出すか、という点にある。しかもその場合、禅宗は人間を十把《じっぱ》ひとからげにせず、個々の人間の仏性、人格ということを大切にする。以上をいいかえれば、禅宗における要諦《ようたい》とは、多様な可能性を秘めた個々人の人間的完成ということであり、個々人の主体的努力、自力によって「仏となる」ということに帰着するであろう。

つまり、人はみな禅の深奥に到達すれば、何ごとにも動ぜず迷わない個性的な大悟を獲得することができる——禅宗ではそう考えるのである。だから、禅宗は、あえて規定すれば、人間に対する肯定の思想と位置づけることが可能であり、道元もそのことについて、以下のような言葉を残している。

「玉は琢磨によりて器となる。人は練磨によりて仁となる。いづれの玉か初《はじめ》より光りある。誰人か初心より利なる。必ずすべからく琢磨し練磨すべし」（『正法眼蔵随聞記』）

「仏々祖々、皆な本《もと》は凡夫《ぼんぷ》なり。凡夫の時は必しも悪業《あくごう》もあり、悪心もあり、鈍もあり、癡《ち》もあり。然《しか》あれども、尽《ことごと》く改めて知識に随《したがい》て修行せしゆへに、皆仏祖と成《なり》しなり。今の人も然《しか》あるべし。我が身愚鈍なればとて卑下することなかれ」（同前）

仏々祖々もはじめはみな凡夫であった。その凡夫も、琢磨し練磨することによってついには仁＝完成された人格となることができる——そう語る道元の言葉には、あたかも人間の秘める果てしない能力に対する賛歌といった趣が感じられる。さきに、道元は「大乗実教には正像末法をわくことなし」と言い末法時を認めなかったことを記したが、それはこのような人間能力肯定の認識にもとづいてのことであり、もともと禅宗自体も末法思想には否定的であった。

さて、以上のような特性をもつ禅宗はインドにおこったが、中国でも古くから一種の禅教思想が行なわれていた。つまり、禅宗受容の土壌は形成されていたわけで、そこへ釈迦につながる禅を伝えて新しい生命を吹きこんだのは、インドの菩提達磨《ぼだいだるま》だったといわれる。だるまさんで親しまれている、あの達磨大師である。したがって、達磨は中国禅宗の初祖とされているが、ただあまりに伝説的な人物であるため、現今の仏教学ではその存在を疑問視する向きが多い。

ともあれ、宋代に編まれた『景徳伝燈録《けいとくでんとうろく》』ほかによると、達磨がインドから海路を経て中国に渡来したのは、梁《りょう》の普通元年（五二〇）のことという。時の梁の武帝は仏心《ぶっしん》天子と呼ばれたほどの熱心な仏教信者だったので、達磨の到来をいたく喜び、梁都金陵《きんりょう》（現在の南京）に迎えて法を問うた。

だが、武帝は達磨の禅境を理解することができず、問答はすれ違いに終わった。それによって、いまだ機縁の整っていないことを知った達磨は、金陵を去って魏《ぎ》の都洛陽《らくよう》に赴き、嵩山《すうざん》の少林寺《しょうりんじ》に入って面壁坐禅の明け暮れを送る。いわゆる九年面壁である。

そのうちに、神光《じんこう》という修行僧が達磨のことを聞き伝えて少林寺を訪れ、入門を乞うた。はじめ達磨はただ面壁端坐するばかりで、一顧だに与えなかったが、神光が刀をもって自らの左臂《ひじ》を断つなど、誠心こめて教えの開示を求めると、ようやくにして入門を許し、神光の名を慧可《えか》と改めさせたという。

中国禅宗の伝燈系譜は、この慧可を第二祖とし、続いて三祖僧璨《そうさん》、四祖道信《どうしん》、五祖弘忍《こうにん》と嗣法し、六祖慧能《えのう》の代にいたる。六祖慧能の活動期間は七世紀後半から八世紀の初頭にわたり、達磨によって芽ぶいた中国禅は、この慧能の登場をもって大成された、というのが一般的評価である。

慧能は今の広東《カントン》省の出身であるが、五祖弘忍から嗣法するにあたってのエピソードは、禅宗のあり方を考える上でなかなか興味深い。

慧能は幼くして父を失い、勉学する機会もなく、市中に柴を売るなどして苦しい生活を送っていたが、とある日にわかに発心し、弘忍のもとでの参学を志した。すると弘忍は、

「この田舎者め、お前のような者に仏の悟りが得られるものか」

と、大声一喝して慧能を罵倒したが、寺内にとどまることだけは許してくれた。といっても、慧能を僧として遇したのではない。慧能は寺内の碓房《たいぼう》（米つき小屋）に追いやられ、毎日さまざまな雑用に服さなければならなかった。

それから八カ月が過ぎ、そろそろ後継者を決めることにした弘忍が、門下に布告して一《いち》偈《げ》の提出を求めた。このときもっとも評判を呼んだのは、自他ともに弘忍の高足と認める神秀上座《じんしゅうじょうざ》の偈であった。

身は是れ菩提樹　心は明鏡の台《うてな》の如し
時々《じじ》に勤めて払拭《ふっしき》し　塵埃《じんあい》有らしむるなかれ

それに対し、当時まだ文字を知らなかった慧能は、神秀の偈を人に読んでもらい、ついで感じるままにすらすらと次の偈を誦した。

菩提本《もと》樹なし　明鏡亦《また》台に非ず
本来無一物《ほんらいむいちぶつ》　何処《いずれのところ》にか塵埃を惹《ひ》かん

この慧能の偈と神秀の偈の内容が正反対の方向をさしていることはわかっても、いずれがすぐれているかについては、門下の人々も容易に判断がつかなかった。だが、師の弘忍がためらうことなく軍配をあげたのは、神秀ではなく慧能に対してであった。弘忍はその夜、慧能を自室に招じ入れ、おもむろに法を授けるとともに、伝法の証拠の袈裟《けさ》（伝法衣）を与えた――という。

すなわち、弘忍は一篇の偈の内容を基準にして、永年師事した高弟神秀を退け、まだまともに教化したこともなく、文字さえ知らない慧能――つい八カ月前、田舎者、野蛮人と罵倒したその人を、あえて後継者に選んだわけである。このような現象は、禅宗以外の宗派にはちょっと見られないことであろう。

禅宗は、真理＝悟りは経典や教説の外にあり、それは文字に表わすことができないものだ、という立場をとる。要は、当人の体得した悟りの内容である。だから当然、禅宗では修行歴とか知識の量などは嗣法の適不適の判定基準とはなりえない。そして、その悟りが真の悟道に達しているかどうかの判定は、師の一種直観的な洞察一つにかかっている。当人がいくら自分の禅境に自信を抱いていても、師が認めない限りその禅境は何の価値ももちえず、逆に師が認めれば、ちょうど慧能がそうであったように、たとえ無学の新参者であっても晴れて後継者の資格を獲得できるというのが、禅宗の嗣法の原則であった。この原則は後代まで厳格に保たれ、道元もやがてその恩恵に浴することになる。

さて、話を中国禅宗史に戻すと、慧能に後れをとった弘忍の高弟神秀は、北方の長安《ちょうあん》に移ってその禅風を広めた。そのため、神秀の系統は北宗禅《ほくしゅうぜん》といい、対して慧能の系統は南宗禅《なんしゅうぜん》と呼ばれる。両者の宗風は、前掲の偈にもその一端がうかがわれるようにかなり対照的であり、北宗禅は離念《りねん》を、南宗禅は無念《むねん》を強調したという。ともに難しい概念であるが、離念とは「時々に勤めて払拭せよ」というごとく、鏡の塵を払うようなものであり、無念とは「本来無一物」、もともと払うべき塵はないとする考え方だと説明されている。

その後、両派は北と南にあってそれぞれ教線拡大を競ったが、唐の玄宗《げんそう》皇帝の代を迎えて、南宗禅が北宗禅を圧倒する。さらに南宗禅のもとからは「五家七宗《ごけしちしゅう》」と称する宗派が分出し、南宗禅はほぼ完全に中国禅林の主流の地位を占めるにいたった。わが国における禅の二大宗派、臨済宗と曹洞宗も、もとをたどれば南宗禅から分岐した宗派である。

ついで八世紀の後半、南宗禅のもとに百丈懐海《ひゃくじょうえかい》が出て、禅宗最初の独立寺院である大《だい》智寿聖禅寺《ちじゅしょうぜんじ》を建立した。それまで禅院は律院など他宗の寺に付属する存在だったから、独立寺院の出現は中国禅宗史上、画期的なできごとといってよい。だが、百丈が禅宗興隆のためにつくした功績はそれ一つにとどまらない。

禅宗には、禅院において衆僧が守らなければならない特有の生活規則「清規《しんぎ》」というのがある。その清規をはじめて定め（『百丈清規《ひゃくじょうしんぎ》』という）、達磨の伝えた禅をきちんと形式づけるとともに、作務《さむ》（労働）を重んじて禅院に自給自足の道を開いたのも百丈なのである。中国の禅宗は、百丈のこれら一連の営為により、宗教としての真の独立を果たすことができたとされ、そのことから百丈は、今も叢林開闢《そうりんかいびやく》の祖とあがめられている。

　さて、このように中国で発展を見た禅宗がわが国に伝わったのは、ふつう知られているよりずっと古い。入唐《につとう》学問僧として渡海した僧道昭《どうしよう》（日本法相宗の祖）が、二祖慧可の高弟慧満《えまん》のもとに参禅し、斉明天皇六年（六六〇）に帰国したのが、その初伝である。

　ついで、奈良時代の天平八年（七三六）、唐僧道璿《どうせん》が来朝して北宗禅を伝え、平安初期の延暦二十四年（八〇五）、伝教《でんぎよう》大師最澄《さいちよう》が天台山禅林寺《ぜんりんじ》の翛然《しゆくねん》から学んだ牛頭《ごず》禅を伝えた。最澄は帰国後、禅宗をして天台仏教の一方の柱とすることをはかるが、比叡山における禅の系統は、最澄没してのちほとんど発展を見ずに埋もれてしまう。

　次に第四伝の役割を担ったのは、南宗禅の義空《ぎくう》である。義空は最澄に遅れること三十年あまり、承和《じようわ》年間（八三四〜八四八）に嵯峨天皇の皇后橘嘉智子《たちばなのかちこ》の招きを受けて来朝し、京郊嵯峨の檀林寺《だんりんじ》に禅の説法をした。

　だが、当時はなお禅を受容する精神的風土が整っていなかったため、まもなく義空は失意のうちに日本を去らなければならなくなり、それから三世紀余り、中国禅宗とわが国との交渉はとだえる。

　その空白を最初に埋めようとしたのは、天台宗の学僧覚阿《かくあ》である。覚阿は承安《じようあん》元年

（一一七一）に入宋《につそう》し、瞎堂慧遠《かつどうえおん》から臨済禅を嗣法して帰国するが、やはりまだ時機が熟さず、その宗風は覚阿の死とともに立ち枯れの運命をたどった。

さらに、摂津国《せつつ》三宝寺《さんぼうじ》の大日能忍《だいにちのうにん》も弟子を宋に送り、臨済宗楊岐《ようぎ》派の拙庵徳光《せつたんとくこう》の印可を受けるとともに、日本達磨宗と称してその禅風の鼓吹につとめたが、これまた大をなすまでにはいかなかった。

その次に登場するのが、わが国臨済宗の祖とされる明庵《みようあん》栄西である。栄西は前述のように、帰国後鎌倉将軍家の外護《げご》のもとに教線を広げることができ、ここにようやく禅宗は日本定着の基盤をもつにいたった。ただし、栄西は葉上流という天台密教の一派を開いたことからも明らかなように、根っからの禅僧とはいえない。栄西の禅は、天台教学と密教という二つの土台の上に築かれたものであり、その性格上どうしても兼修禅的なあいまいさを払拭《ふつしよく》することができなかった。

とはいえ、栄西が禅を称揚してその受容の風土を開拓したこと、それに道元と対面してその関心を禅に向けさせたことの意味は、きわめて大きいものがある。わが国の僧俗は、栄西に触発された道元の求法によって、坐禅修道を第一義とする本格的な禅とはじめて接することになるのである。

天童山への道

道元が入宋求法《にっそうぐほう》の夢を果たすべく、博多港に碇泊する日宋貿易の商船に乗りこんだのは、貞応《じょうおう》二年（一二二三）の三月下旬のことという。同じ船上には、師の明全《みょうぜん》のほか、加藤四郎左衛門景正《かげまさ》の姿もあったと伝える。加藤景正は陶器の瀬戸焼の開祖とされる人物で、道元の父通親《みちちか》に仕えていた関係から、同行することになったらしい。

彼らを乗せた商船は、遣唐使時代以来の南路《なんろ》のコースをとり、平戸島、五島列島と島づたいに南下して東シナ海に乗り出した。『正法眼蔵随聞記《しょうぼうげんぞうずいもんき》』によれば、道元はこの船旅の途中、下痢に悩まされ、しかも船が暴風雨に見舞われて難渋したという。

このような苦難を経て、道元が憧れの中国の陸影を眼にすることができたのは、四月初旬のことであった。その後、船は順調に進んで明州慶元府《みんしゅうけいげんふ》の港に入った。道元と明全はここで別れ、明全の方は到着からまもなく上陸して、明州景福寺《けいふくじ》に向かった。ついで、明全は先師栄西の嗣法にゆかりの天童景徳禅寺《てんどうけいとくぜんじ》を訪れ、錫《しゃく》をとどめている。

一方、道元はどういう事情があったのか、およそ三カ月間船中に逗留し、積極的な動きをひかえていた。その間の五月四日、ちょうど入港して一カ月ほどたった日の夕刻のことだ。宋の禅宗五山の一つ阿育王山《あいくおうざん》の典座《てんぞ》（寺の食事を掌《つかさど》る役）が、椎茸《しいたけ》の買付けのため道元の逗留している船にやってきた。典座といっても、むろんちゃんとした禅僧で、見れば年齢は六十歳ばかり。無聊《ぶりょう》をもてあましていた道元は、ちょうどよい話し相手がやってきたとばかり、気軽に話しかけた。

「今日はからずもお会いできたのは、まことに仏道修行の好結縁と存じます。今晩はこの船にとどまって、一夜を語りあかそうではありませんか」

だが、老典座はうべなわず、自分の職掌がら、椎茸を買い入れたら、今日中にどうしても阿育王山に戻らなければならない、という。道元もあっさりは引きさがらず、阿育王山のような名刹《めいさつ》であれば、あなた以外にも典座はいるであろうに、と言葉をついだ。それに対し、老典座は、この職掌をまっとうするのが老いはてての修行であり、どうして他の人に譲ることができようか、と相変わらず首を横にふったままである。

こうして数回応酬しているうちに、道元は相手のなみなみならぬ力量に気づき、おのずと教えを乞う態度になっていった。この典座は、身なりこそみすぼらしいものの、真の道《どう》人《にん》だ――道元は感嘆を禁じえず、思いも新たに老典座を仰ぎ見る。そして、ついには我を忘れ、すがりつくようにして老典座に問いかけていた。

「如何《いか》にあらんか是れ文字、如何にあらんか是れ弁道」（『典座教訓《てんぞきょうくん》』）

文字とは何でしょうか、弁道とはどういうことを言うのですか——というわけである。道元のこの問いに、老典座は簡略な一文をもって答え、なお道元が理解できないまま不審な顔をしていると、老典座は、「若《も》し未だ了得せずんば、他時後日、育王山に到れ、一番文字の道理を商量《しょうりょう》し去ること在らん」（『典座教訓』）、そう言い残してさっさと帰ってしまった。

それにしても、この場面での道元の態度は、なんと謙虚であることだろう。かつて、『（日本の）大師等は土瓦《こうべ》の如し」と満々たる自負をもって言い放ったあの道元が、今は名もない老典座の前に頭を垂れ、教えを乞うているのである。のみならず、道元は後年、「山僧（自分が）聊《いささ》か文字を知り弁道を了ずることは、乃《すなわ》ち彼の典座の大恩なり」』（『典座教訓』）と述懐し、老典座への深い感謝の思いを表明している。

ただ注意すべきは、道元は相手が中国の禅僧だからというので別人のような謙虚さをとったのではない、ということである。道元は七月になって船中逗留から解放され、明全のあとを追うようにして天童景徳禅寺（天童山）に入寺するが、その折与えられた道場内の席次はきわめて低かった。道元は「辺夷《へんい》外国の人」（『建撕記《けんぜいき》』）、つまり辺境の島国からやってきた新参者にすぎない、というのが末座に据えられた理由である。だが、道元はこのような待遇を理不尽な差別だと考え、不満の念を抱いた。そして、宋朝有数の名刹天童山を相手取り、仏法の前には本国、異国の別はない、すべからく道場内の席次は菩薩戒《ぼさつかい》の受戒順に決められるべきだと主張して、強硬な席次改正運動をおこしたと伝えられる。

この一例からだけでも、さきに見た道元の譲虚さが、仏法先進の中国僧へのおもねりでないことは明白であろう。道元の行動基準は、しごく単純であった。彼は世間的評価というものにほとんど信をおかず、かわりに自分自身が真実だと領解《りょうげ》したことに対しては、いちずに謙虚でありえたのである。

ともあれ、道元は天童山入寺によって、本格的な禅林の修行生活を体験することになる。天童山は、阿育王山や径山興聖万寿寺《きんざんこうしょうまんじゅじ》、北山景徳霊隠寺《けいとくりんにんじ》、南山浄慈報恩光孝寺《じんずほうおんこうこうじ》とともに宋の禅宗五山に列しており、当時の住持は無際了派《むさいりょうは》であった。無際は、前述した日本達磨宗の大日能忍に印可を授けた拙庵徳光の高弟にあたる。また、かつて栄西に嗣法を許した虚庵懐敞《こあんえしょう》も天童山の住持に任じたことがあり、その虚庵が諸堂宇の修築につとめた結果、道元が入寺したころの天童山は、五山のうちでもとりわけ堂々たる威容を誇っていたという。

天童山での修行生活は、道元の思想形成と悟道に大きな影響を及ぼした。なかでも、山内で黙々と修行に励む真剣な修道僧の姿をまぢかに見、対話の機会をもてたことは、道元にとって実に貴重な収穫となった。

たとえば、ある夏の日のこと、道元は六十八歳になる阿育王山の典座《てんぞ》が灼熱の陽光をあび、全身から汗を滴《したた》らせながらきのこを晒《さら》しているのを見かけ、親切心にふっと問いかけた。

「このような雑用は人夫にでもやらせたらよいではないですか。第一、こんな炎熱の時を選んでわざわざ苦しい目にあう必要はないでしょうに」

それに対し、老いた典座は、恬淡《てんたん》としてこう答えたのである。「他は是れ吾にあらず」、そして、「更に何《いずれ》の時をか待たん」（『典座教訓』）――と。

またある時、道元は古人の語録を読んでいて、その行為の意義を中国西川《せいせん》出身のある修行僧から厳しく問いつめられたと、『正法眼蔵随聞記』に記されている。

「吾れ在宋の時禅院にして古人の語録を見し時、ある西川の僧道者《どうしゃ》にてありしが、我に問《とう》て云《いわ》く、語録を見てなにの用ぞ。答《こたえ》て云く、古人の行李《あんり》（行いの跡）を知《しら》ん。僧の云く、何の用ぞ。云く郷里にかへりて人を化《け》せん。僧の云く、なにの用ぞ。云く利《り》生《しょう》のためなり。僧の云く、畢竟《ひっきょう》じて何の用ぞ」

結局、道元はたたみかける修行僧の舌鋒の前に沈黙するほかはなかった、という。

道元は以上のような体験をかさねることにより、文字を通しての仏法理解は雑行であることを悟り、以後は経典や語録の読誦《どくじゅ》、研究をなげうって坐禅、弁道に専念するようになる。正法を会得するには、知識にばかり頼っていたのではだめであり、実際の行こそ肝要だということを体験的に理解したのである。さらに、道元は阿育王山や天童山の老典座の言動に啓発され、日常生活がそのまま修道であり、仏法のあらわれだとする、いわば「生活禅」という認識を抱くとともに、人間肯定、自力弁道を説く禅の奥旨に眼を開かれていった。

「生死《しょうじ》はすなはち涅槃《ねはん》なりと覚了すべし。いまだ生死のほかに涅槃を談ずることなし」

(『正法眼蔵』「弁道話」)

禅宗は前述のように、現世での悟り、つまり個々人の人間的完成を究極の目標とする。たいせつなのは今生きている生身の人間なのであり、この人生(生死)を離れて、悟りの境地(涅槃《ねはん》)など他にありえない、とする。右の一文はそのことを端的に語っており、道元は天童山に修行を続けているうちに、ほぼそのような確信にも到達したようである。

だが、天童山での修行生活は多くの実りをもたらしたものの、必ずしもすべてが道元を満足させるものではなかった。とりわけ、道元にとって不本意だったのは、住持無際了派のなかに、「正師《しょうし》」の面影を見いだせなかったことである。そこで、道元は入寺してとどまること一年数カ月、無際了派が没したこともあって、一二二四年（宋の嘉定十七年）の冬ごろ、真に師事するに足る正師を求めて天童山を去り、諸山巡《じゅんしゃく》錫の途についた。

正師如浄

道元は帰国後の文暦《ぶんりゃく》元年（一二三四）に著わした『学道用心集《がくどうようじんしゅう》』のなかで、次のようなことを述べている。「参禅学道には正師を求むべき」であり、「師の正邪に随《したが》つて悟の偽と真と有り。（略）正師を得ざれば学ばざるに如《し》かず」——と。

この主張からも明白にうかがわれるように、道元は求法上における正師の存在を、極端に重視した。正師にめぐりあえなければ「学ばざるに如かず」と断言する口調には、一種ファナティックなひびきさえある。では、道元はなぜ「正師を得る」ことにそんなにも拘泥したのであろう。

その理由の一つとして考えられるのは、禅宗が出会いというものを非常にたいせつにする宗教だということである。出会いとは機縁であり、機縁の熟することを禅宗ではしばしば「啐啄同時《そつたくどうじ》」と表現する。鳥の雛《ひな》がかえるには、親鳥が卵の殻を外から砕くのと、雛が中からつつくのと同時でないといけない。人の出会いもそれと同様で、教える者教えられる者、両者の相求める気がピッタリ合致したときの出会いが最高の師弟関係を形成し、そのときの師こそ弟子にとって正師たりうる、というような意味である。

禅宗ではまた、師は弟子に対して、ほとんど絶対者というように近い。その仮借ない関係について、『正法眼蔵随聞記』の表現をかりるならば、こうである。

「仏と云《いう》は、我が本《もと》より知《しり》たりつるやうは、相好《そうごう》光明具足し説法利生《りしょう》の徳ありし釈迦弥陀等を仏と知たりとも、知識若《も》し仏と云《いう》は蝦蟆《がま》蚯蚓《みみず》ぞと云はゞ、蝦蟆蚯蚓を是ぞ仏と信じて日比《ひごろ》の知解《ちげ》を捨つべきなり」

師家がもし、仏とはガマやミミズのことだと言ったなら、弟子は言われたとおりにガマやミミズをまことの仏と信じ、釈迦や阿弥陀如来などありがたい諸仏を仏と観じた日ごろの知識や理解を放擲しなければならない、というのである。それが、禅宗における師と弟子の基本的関係であった。

禅宗は「不立文字」を標榜するように、論理的思索を排し、直観と実践によって直接的に真理に到達することを推奨する。あえていえば、禅とは宗教哲学ではなく、それ自体限りない修行であると規定することもできるといわれるが、そうすると哲学ではなく、論理的思索も排する以上、そこには当然、筋道立った教授法もありえない。

弟子は修行の折々に、感得した境地を見解《けんげ》として師に呈し、師はその見解によって弟子の進境を量《はか》る。そのときの師弟間の応酬が、いわゆる禅問答である。しかし、師は弟子が何回となく見解を呈しても、自分を十全に満足させるべき答えが戻ってくるまで、執拗に否認し続ける。

禅の真理とは、自身の内にあるものであり、それにめざめるのが大悟するということである。禅宗ではそう考えており、師家はいずれも修行と内観のうちにみずからの真理にめざめた。だが、そこへ弟子たちを導く筋道立った教授法は、くり返すことになるが、存在しない。頑強に否認し続けることだけが、あるとすれば唯一の教授法なのであり、そこに、師の絶対者としてのあり方も成立するわけである。

しかし、だからといって、禅宗がおしつけがましい閉塞的な宗教だというのではない。逆である。既存の経典や宗祖の教義信条に依拠する他宗派にくらべると、「不立文字」の立場をとる禅宗は、概して創造性に富んでいた。一見、師家が理不尽な絶対者的あり方を堅持するのも、弟子をギリギリの窮地に追いつめ、心と心との格闘を通して、弟子のうちに秘められた真の創造性を引き出すための教化手段だといってよい。

現実にも、禅宗は嗣法した師の教えにとらわれず、独自の悟りの世界を創造した個性的な人々を輩出させてきたし、道元もその一人であった。これがもし他宗であれば、彼らは異安人《いあんじん》、異端者として非難攻撃の対象とされるところであるが、禅宗の場合は、かえってその独自性のゆえに当代の傑僧というような評価を与えられることになるのである。

そしてまた、禅宗では師を選ぶ権利は、修行僧の側にある。しかもそのとき、師は弟子にとって、すでに禅の真理を体得した尊敬すべき先覚者というにとどまらず、その真理を奪取すべき対象でもあった。

したがって、禅家を志す以上、修行僧が「啐啄同時」の機縁を求めて労を惜しまず各地を行脚《あんぎゃ》し、諸方の門をたたくのは当然の行為だったわけであり、その観点からすると、道元の正師渇望もとりたてて異とするにあたらないということになる。

しかし、考えてみると、道元は大乗仏教の中心思想への疑問解決のために入宋《にっそう》したのであり、必ずしも禅宗を修めることが主要目的ではなかった。栄西や明全の啓示によって、道元は確かに禅宗に深い関心を抱いていたが、それはなお流動的な段階にあり、大陸にもっとすぐれた教えがあると知れば、ためらわずにその方向へ進んだことであろう。まして、禅宗が日本に伝わってまだ日の浅い当時のことだから、上述のような禅林の師弟関係のあり方が道元の胸裡に浸透していたとは思われない。

とすると、ここでふたたび道元の正師渇望のよってきたるところを考察しなければならないわけだが、おそらく道元が執拗かつ厳格に正師を求め続けた真因は、天童山修行中に感得した正法の伝わり方に関する認識にこそあった、と見てよいだろう。

正法の伝わり方についての道元の認識は、次の一文に要約されている。

「仏仏かならず仏仏に嗣法《しほう》し、祖祖かならず祖祖に嗣法する。これ証契《しょうかい》なり、これ単伝《たんでん》なり、このゆゑに、無上菩提《むじょうぼだい》なり。仏にあらざれば仏を印証《いんじょう》するにあたはず。仏の印証をえざれば、仏となることなし」（『正法眼蔵』「嗣書《ししょ》」）

以上をかみくだいて言えば、仏の悟りは同じ悟りの境地を体得した人々によって連綿と現代まで受けつがれてきた、という意味になるであろう。つまり、道元は釈迦に発して現代につらなる「無上菩提」の悟りを得た人々（仏）の縦の系譜（単伝）を想定しているわけである。いいかえるなら、釈迦の創《はじ》めた正法は、「仏」が「仏」に授けることによってとぎれることなく伝えられてきた、ということである。

この場合、「仏」とは道元のいう正師にほかならず、その「仏」は「単伝」であるから、現実世界に即すると、正師はこの世にたった一人しかいないということになる。そして、そのような認識に立てば、正法を修めたいと念願する以上、必ず正師とめぐりあって面授《めんじゅ》を受けなければならない、という論理がごく自然に成立する。道元が正師を渇仰《かつごう》したのは、このようにきわめて真摯《しんし》な内的要請につき動かされてのことだったと考えるのが、いちばん妥当のようである。

さて、天童山を去り、諸山巡錫《じゅんしゃく》の旅に出た道元のその後を見ると、残念ながら具体的な動きはほとんどはっきりしない。『建撕記《けんぜいき》』によれば、道元はまず五山一位の径山興聖《きんざんこうしょう》万寿寺《まんじゅじ》に赴き、無際了派の法脈上の兄弟子にあたる浙翁如琰《せつおうにょえん》に参見し、問答を交わしてその力量をほめられたという。ついで、天台山平田《へいでん》の万年寺《まんねんじ》にしばらく錫をとどめ、さらに大梅山護聖寺《だいばいざんごしょうじ》に向かうなど、道元はあたうかぎり諸方の寺々をめぐり歩いたらしい。

だが、巡錫することと半年に及んで、なお道元は望む師と出会うことができなかった。当時の宋の禅林は、大慧宗杲《だいえそうごう》を始祖とする臨済宗の大慧派が全盛をきわめており、無際了派や浙翁如琰もその大慧派だった。道元は入宋して間もなく、名利を求めがちな大慧派の実態を知り、鋭い批判意識を抱いていた。道元が無際了派を正師と仰げなかったのもそのことが主要な原因であり、しかも巡錫する先々の諸山において名声を誇っていたのも、過半が大慧派の人々であった。

そのためであろう。常は不屈の道元もこのときばかりは弱気になり、いっそのこと帰国しようかとさえ思い惑ったという。けれども、道元が正師と仰ぐべき人は、思いがけないところにいた。あの天童山である。

師を求める諸山巡錫に挫折した道元は、天童山にとどまっている明全に会って今後のことを決めようと、重い足を引きずりながら天童山への帰途をたどっていたが、その途次、如浄《にょじょう》という僧が天童山の新住持となったということを知らされた。聞けば、如浄は大慧派ではなく、臨済宗とも法系が違う、という。それによって、道元の心を領していた失意は期待へと変わり、道元の足はにわかに軽くなった。

急いで天童山に帰りついた道元は、さっそく如浄に参見を請い、許されると、入室参問してただちに如浄の人物に傾倒した。正師を求める道元の遍歴は、ここにようやく成就したわけであり、この瞬間、如浄は道元にとっての「仏」と化す。

一方の如浄も、道元の非凡な器量を一瞥《いちべつ》して見ぬき、以下のような最高級の表現をもって道元との出会いを寿《ことほ》いだ。

「仏々祖々、面授の法門現成《げんじょう》せり。これすなはち霊山《りょうぜん》の拈花《ねんげ》なり、嵩山《すうざん》の得髄《とくずい》なり。黄梅《おうばい》の伝衣《でんえ》なり……」(『正法眼蔵』「面授」)

「霊山の拈花」とは、釈迦が霊鷲山《りょうじゅせん》において摩訶迦葉《まかかしょう》一人に仏教の真理を授けたことをさし、「拈華微笑《ねんげみしょう》」ともいう。また、「嵩山の得髄」と「黄梅の伝衣」は、前にふれた菩提達磨二祖慧可間の嗣法、および五祖弘忍六祖慧能間の嗣法のことをさし、以上三つとも禅宗ではもっとも重要視されている証契《しょうかい》(正しい嗣法)である。

身心脱落

如浄は中国越州《えつしゅう》の人で、諸方の禅林を遍歴したのち、曹洞宗の法系に属する足庵智鑑《そくたんちかん》のもとで悟りに到達した。その後、南京にある清涼寺《せいりょうじ》の住持となったのを手はじめに、台州《たいしゅう》の瑞巌寺《ずいがんじ》や杭州《こうしゅう》の浄慈寺《じんずじ》に晋住《しんじゅう》(住持となって住むこと)をかさね、宋の宝慶元年(一二二五、一説にこの前年ともいう)勅請によって天童山の住持となったのである。一一六三年の生まれであるから、道元が相見を果たしたときには、もう六十二～三歳の老境にさしかかっていた。

その宗風は名利を超脱し、もっぱら峻厳をもって鳴っており、大慧《だいえ》派全盛の当時の禅林では異色の存在だったといわれる。それだけに、門下を教化《きょうげ》するに際してもきわめて厳格なものがあり、『正法眼蔵随聞記』にはその風貌が次のように記されている。

　如浄は、夜は十一時ごろまで坐禅し、朝は早くも二時半すぎに起きてふたたび坐禅を組んだ。老師が率先垂範してこうであるから、むろん弟子たちも同様の日課に従わなくてはならない。だが、なかには坐禅中についい居眠りをする修行僧もよくいた。すると、如浄は、あるいは拳《こぶし》をもって打ち、あるいは履《くつ》をぬいで打ち、罵声をあびせて眠りを覚まさせ、それでもまだ眠る者が出ると、照堂《しょうどう》に行って鐘を打ち鳴らし、臨時の普説《ふせつ》（説法）を行なって修行の意味を説き、弟子たちの怠慢をいましめた——。

だが、如浄はいつも厳然と弟子たちに対していたのではない。また『正法眼蔵随聞記』をひくと、弟子たちを前にしてこう語るようなときもあった、という。

　私はすでに老年だから、庵にひきこもって老後を養っているほうがふさわしいのだが、現実には大衆《だいしゅ》（修行僧）を導く師家として、おのおの方の迷いを破り、道を授ける役を担って住持人となっている。そのために、あるときは呵嘖《かしゃく》の言葉を用いて叱りつけ、あるときは竹の棒で打ちたたいたりもする。これはまことに畏れのあることといわなければならない。けれども、これは仏に代わって教化を行なう儀式なのだから、同じ仏弟子であるおのおの方よ、慈悲をもってこうした行為を許してくだされよ――。

如浄の語るこのような道理は、その人柄に備わった慈愛とともに弟子の間にしみ通り、彼らはみな如浄に罵倒されたり、打たれたりすることを喜び、ひいては讃嘆したとのことである。

道元ももちろん、その一人であった。道元は、他の修行僧が病気になるかもしれないと敬遠した極暑極寒の時期の坐禅も、如浄の教えを忠実に守って、いっさい怠ることがなかった。

「我れ其の時自《みずか》ら思はく、設《たと》ひ発病して死すべくとも、猶只《なおただ》是れを修すべし。病ひ無ふして修せず、此の身をいたはり用ひてなんの用ぞ。病ひして死せば本意なり。（略）修行せずして身を久《ひさし》く持《たもち》ても詮無きなり。なんの用ぞ」（『正法眼蔵随聞記』）

道元のこうした一意専心の修行ぶりは、自身の進境をもたらすとともに、道元に対する如浄の期待と評価をますます高めることになったようである。

やがて、道元の大悟の時が訪れた。

『永平寺三祖行業記』や『建撕記《けんぜいき》』によると、ある日の早暁、諸僧坐禅中に一人の雲水《うんすい》が居眠りしているのを見て、如浄がその眠りを覚まそうと例のごとく大喝した。

「参禅は須《すべから》く身心脱落《しんしんだつらく》なるべし、只管打睡《しかんたすい》して什麼《なに》を為《な》すに堪《た》へんや」

そのかたわらにあって坐禅にふけっていた道元は、如浄のこの一喝を耳にして、豁然《かつぜん》と悟りの境地をわがものとすることができたのである。道元はさっそく、如浄の方丈に入室し、焼香礼拝した。すると、如浄は問うた。

「焼香の事作麼生《そもさん》」

何のための焼香か、というのである。それに対して、道元は簡潔に答えた。

「身心脱落し来《きた》る」

如浄は聞いてうなずき、

「身心脱落、脱落身心」

と言って、道元の悟道を全面的に認証した、という。

この場面のことは、直接的な史料がないので確認のしようがないが、『永平広録』に「天童脱落の話を聞得《もんとく》したるに由つて、仏道を成《じょう》ず」と見えているので、まずまちがいないものと考えられている。時に宋の宝慶元年の夏、すなわち道元が如浄に参禅してわずか三〜四カ月後のことであった。これにより、道元は異国出身で二十六歳という若さにもかかわらず、正式に如浄の法嗣《ほっす》とされるが、前に五祖弘忍と六祖慧能の関わりの部分で見た禅における闊達な嗣法の原則は、道元の時代にもなお脈々と生きていたわけである。

ところで、道元の大悟徹底の機となった「身心脱落」という語は、『仏教思想11　古仏のまねび〈道元〉』（高崎直道・梅原猛著、角川書店）によると、如浄の語録にはまったく見えず、似たような言葉としては、「心塵《しんじん》脱落」という言葉が出てくるだけだ、という。「心塵脱落」であれば、禅宗でよく使われる言葉であり、とりたてて珍しくない。仏教では、五欲とか五蓋《ごがい》とか呼ばれる煩悩を、心に積もった塵《ちり》とみなす。その塵を修行によって洗い落とし、本来の清浄な心に帰るというのが、「心塵脱落」のおおよその意味である。

如浄はこの「心塵脱落」を悟りのかなめとして重視し、たびたびそのことを説いたが、道元の宋滞在中のメモ『宝慶記《ほうきょうき》』には、すべて「身心脱落」と記されている。では、道元はなぜ、「心塵脱落」ではなく「身心脱落」と記したのか。前掲書は、如浄が「心塵脱落」と言ったのを、道元が「身心脱落」と聞きまちがえたのではないか、と推定している。「身」と「心」の平仄《ひょうそく》は同じだそうだから、十分考えられる話である。

いずれにせよ、「身心脱落」というのは、道元独自の言い方のようだ。そうすると、道元はある意味で致命傷になりかねないたいへんな誤解をしたわけだが、しかしまた、道元はその誤解によって如浄の地平を超え、師以上の高い宗教的境地を獲得することができた、といえるであろう。

つまり、「身心脱落」という道元の発明した言葉は、その意味するところが、「心塵脱落」よりもはるかに深い。「心塵脱落」が心の塵を洗い流すだけなのに、「身心脱落」は身と心そのものも脱落するというのである。その具体的な境地は、道元ないし「身心脱落」の妙境を体験した人でないとわからないが、要するに身も心もストンと脱《ぬ》け落ち、無心無我、道元のよく言う「吾我を離」れて、その人が何か別の存在、たとえていえば霊的に高次の存在になるようなことをさしていると考えられる。その意味内容を比較するかぎり、奥深さにおいて「身心脱落」のほうが「心塵脱落」よりずっとまさっていることは否定できない。嗣法ということを厳密に考えれば確かに誤解であるにせよ、道元の宗教がそれまでにない深遠な哲学性、ハイデッカーやサルトル、そのほかの西洋哲学と拮抗するといわれる哲学的思弁を備えるにいたったのも、まったくこの誤解のおかげだったといってもよいほどである。

そういえば、道元は自己の宗教・哲学の世界を構築するにあたって、漢文を本来の読み方からするとでたらめともいえる自己流に読み換えることも、あえて辞さなかった。

一例をあげると、前に引用したが、仏典の著名な章句に「一切衆生悉有仏性」というのがある。『涅槃経《ねはんぎょう》』の一節であり、この章句をふつうに読み下せば、「一切の衆生は悉《ことごと》く仏性有《あ》り」ということになる。ところが、道元はそうは読まない。「一切は衆生なり、悉《しっ》有《う》は仏性なり」（『正法眼蔵』「仏性《ぶっしょう》」）というふうに読み換えて平然としているのだ。

こう読むと、意味もむろん違ってくる。前者の読み方では、すべての人間に仏性が備わっているというごく理にかなった、それだけにふくらみのない意味になる。それに対し、道元流の読み方だと、仏性は人間だけでなくありとあらゆるものの属性だ、そして一切の存在が仏性のあらわれにほかならないというような意味に転じ、仏性の世界が大きく広がってくる。

道元の主著『正法眼蔵』には、この種の読み換えがたびたび見かけられる。したがって、後世そこに着目し、道元批判を展開した人もいる。たとえば、江戸前期の臨済僧無着《むちゃく》道忠《どうちゅう》は『正法眼蔵僭評《しょうほうげんぞうせんぴょう》』を著わし、「永平（道元）古語を引きて、句読を誤る」と述べ、読み方が誤っている以上、その解釈もまちがっていることは指摘するまでもない、と大上段にきめつけた。

しかし、道元はもちろん、漢文の素養がなくてそれらの誤りをおかしたのではない。はじめにもふれたように、道元は幼少時から漢籍に親しんで怜悧さを賞されたし、さらに中国宋に渡って本場の生きた漢文にも接している。道元の漢文読解力は、当時の水準以上のものであった。それなのに、あえて本来の読み方を無視したのは、そう読み換えるほうが自己の思想をより正確に表現するのに適していたからである。

道元は、「参学の一箇半箇《いっこはんこ》（人々）、かならず仏経を伝持して仏子なるべし」（『正法眼蔵』「仏経《ぶっきょう》」）と語っているように、いわゆる「不立文字《ふりゅうもんじ》教外別伝《きょうげべつでん》」の立場をとっていない。道元の最重視したのは坐禅であったが、経典のなかにも真理が存在することを否定はしなかった。要は、正しい看経眼《かんきんがん》をもって、その真理をどう読み取るかだ。読み取って、その要諦をどう正確に表現するかだ。そのために、道元はあえて漢文（経典）の誤読に踏み切ったのである。

慣用的な読み方をはずれれば、満足に漢文も読めないような坊主の説法を信用できるか、といった世間の嘲笑がはね返ってくることは当然予想される。それが布教の大きな妨げとなることも覚悟しなければならない。だが、道元はいかなる困難が生じようと、自分が悟った真理をゆがめる気は毛頭なく、その信念に忠実でありつづけて、ついに新しい宗教の世界を創造したわけである。その意味で、道元は信仰という分野にとどまらず、創造的な生き方を志向すれば誤解、誤読もまた創造の糧《かて》となるという、人間界のパラドックスをみごとに実践してみせた人物だった、ということができるであろう。

空手還郷

道元は、如浄から大悟徹底を認められたあと、さらに二年間宋にとどまり、天童山で修行をかさねたり、二回目の諸山巡錫《じゅんしゃく》をしたりして過ごした。そして宝慶三年（一二二七）の秋、如浄から嗣書を授けられたことにより、宋での参学のすべてを終了したことを確認し、いよいよ帰国することになる。

その折、如浄は暇乞いに入室した道元に対して、こう教誡したという。

「国に帰つて化《け》を布《し》き、広く人天《にんでん》を利せよ。城邑聚落に住することなかれ。国王大臣に近づくことなかれ。ただ深山幽谷に居りて一箇半箇を接得《せっとく》し、吾が宗をして断絶致さしむることなかれ」（『建撕記《けんぜいき》』）

こうして、道元は足かけ五年にわたる入宋《にっそう》求法《ぐほう》を成就し、祖国への道をたどりはじめた。旧師明全はすでに二年前、天童山に没しており、その遺骨ばかりが道元の手に抱《いだ》かれていた。

道元が「入宋伝法沙門《しゃもん》」という満々たる自信のもとに宋の港を発し、肥後国《ひごの》河尻《かわしり》に上陸の第一歩を印《しる》したのは、宝慶三年の八月か九月のこととみられる。日本の年号でいえば、安貞元年（一二二七）にあたり、時に道元は二十八歳であった。その強烈な自信のほどは、帰国後に示したと伝える次の法語に端的にあらわれている。

「眼横鼻直《がんおうびちょく》なることを認得《にんとく》して人に瞞《あざむ》かれず、便乃《すなわ》ち空手《くうしゅ》にして郷に還《かえ》る。所以《ゆえ》に一《いち》毫《ごう》の仏法無し」（『永平広録』）

この法語の言わんとするかなめは、自分が仏法そのものになりきって帰国した、ということにある。空手にして――つまり、自分はこれまでの多くの留学生《るがくしょう》とは違い、わが国でありがたがられる大陸の経典や仏像は持ち帰ってこなかった。手ぶらで帰ってきた。しかし、仏法というものは、そんな経典や仏像のなかにあるものではない。仏法は、悟りの体得者のなかにこそある。そして、その体得者こそ、ほかならぬこの自分である。

インドにおこり、菩提達磨《ぼだいだるま》によって中国にもたらされた真の仏法、正法は、今、道元という「仏」の帰国によって、はじめてわが日本にも伝えられた。「入宋伝法沙門」の伝法とは、まさにそのような意味である。しかも、自分が持ち伝えた正法は、新奇をてらったり、難解を売り物にしたりするものではない。眼横鼻直――眼は横に並び、鼻は縦につくという、人生のありのままの姿をありのままに受けとめた、世の現実にかなう仏法だ……。

道元のこの法語の意味をさらに敷衍《ふえん》すれば、このたび自分が帰国するまで日本には正法が存在しなかった、ということになる。事実道元は、「会《え》せば通じてむ」（『正法眼蔵』「弁道話」）という微妙な言いまわしではあるが、空海や最澄の悟道にも疑問符をつけている。かつて少年の日、「此の国の大師等は土瓦の如し」という大胆な見解に立った道元は、今ここでその見解をさらに徹底し、ほぼ完全にそれまでの日本仏教の伝統を否定し去ったわけである。

そら恐ろしい自信、というべきであろう。だが、それはむろん、妄想とか空威張りのたぐいではない。前述の「仏仏かならず仏仏に嗣法し」、「単伝なり」とする正法の伝わり方に対する確信、およびその「仏」である如浄によって大悟を認証されたという体験が、それほどの大自信を道元に抱かせたものである。

さらに、このような観点に立てば、次のような潔癖な結論も、当然のことに出てくることになる。

「しるべし、この禅宗の号は、神丹《しんたん》（中国）以東におこれり、竺乾《じくけん》（インド）にはき仏道をやぶる魔なり」（『正法眼蔵』「仏道」）

「西天東地《さいてんとうち》、従古至今《じゅうこしこん》、いまだ禅宗の称あらざるを、みだりに自称するは、かず」（『正法眼蔵』「弁道話」）

歴史上の道元は、わが国の禅宗の一派、曹洞宗の開祖という理解をされている。だが、道元自身は曹洞宗という呼び方はもとより、右引用文のように禅宗という区別を立てることも、徹底的に嫌った。道元にとって正法はたった一つしかなく、その正法とは道元自身が体得した仏法以外に考えられなかったのだ。それは同時に、他宗の否定でもある。実際、道元は日蓮のように声を荒らげて他宗を非難することはなかったが、かわりに徹底して他宗を無視しつづけた。

ところで、くり返すことになるが、道元は大乗仏教の中心思想が内包する矛盾の解決を求めて自覚的な求法を志し、ついには宋にまで渡った。そうすると、如浄のもとで大悟徹底し、満々たる自信を抱いて帰国した以上、道元は少年の日の大疑を克服したものとみなさなくてはならない。では、その大疑に対して道元が認得した解答とはどのようなものであったのか。

その解答は、『正法眼蔵』九十五巻の最初の巻である「弁道話」のなかの次の一文に要約されている。

「この法は、人々《にんにん》の分上《ぶんじょう》にゆたかにそなはれりといへども、いまだ修せざるにはあらはれず、証せざるにはうることなし」

大乗仏教の言うとおり、人間には確かに豊かな仏性が備わっている。それは真理である。しかし、その仏性は修行をしないことにはあらわれてこない性質のものであり、悟りを得てこそその人の身に輝き出るものである——大意をとれば、そういう意味になるであろう。

かくて、生まれながらにして仏である人間になぜ修行が必要なのか——少年の日の大疑は、こう把握することによって氷解した。要するに道元は、悟っていながらそのことに気づかない存在として、人間一般を認識したのである。そして、道元はそこからさらに進み、「証上《しょうじょう》の修《しゅ》」という独得の思想を展開する。

「仏法には、修証《しゅしょう》これ一等（同じ一つのもの）なり。いまも証上の修なるゆゑに、初心の弁道すなはち本証の全体なり」（『正法眼蔵』「弁道話」、傍点筆者）

「証上の修」とは、単純化していうなら、修行によって悟った者がそののちも修行に励むことである。つまり、道元は仏教の悟りには無限の奥行きがあり、一回悟ったらそれで終わりというようなものではないとみなしたのだ。悟りが無限であれば修行もまた無限――こうして修行と悟りは限りなくからみあうことになり、常住坐臥《じょうじゅうざが》これ仏道という道元仏教の本質的なあり方が浮かびあがってくる。それはまた、禅宗本来の人間肯定をもう一段徹底させた思想だといってよいであろう。悟りの奥行きが無限ということは、人間は鍛えればどこまでも向上するものだという、人間能力に対するゆるぎない信頼とただちに結びつく。

さらに、「証上の修」はまた、前掲引用文からもうかがわれるように、「修証一如《しゅしょういちにょ》」を意味し、道元において修（修行）と証（悟り）は別のものではなかった。道元は、『正法眼蔵』の「説心説性《せっしんせっしょう》」の巻で、こうも言っている。

「仏道は、初発心《しょほっしん》のときも仏道なり、成正覚《じょうしょうがく》のときも仏道なり、初中後《しょちゅうご》ともに仏道なり」

はじめて発心したときの仏道も、修行途中の仏道も、悟ったのちの仏道も、みな同じ仏道だというのである。そのことは、千里の道を行くときの最初の一歩と最後の一歩の価値を考えてみたらよい、と道元は言う。千里の道を行くためには、最初の一歩、最後の一歩、いや、どの一歩をとっても等価値ではないか。千里の道は一歩一歩のなかにあらわれており、どの一歩が欠けても千里の道は成就することがない。

悟りと修行の関係も同じことで、修行すること、坐禅すること自体が、ほかならぬ仏性のあらわれである。すなわち、修行イコール悟り、「初心の弁道すなはち本証の全体」なのである。それゆえ、人々は悟りをあてにして修行してはならず、実際にその必要もない。道元は、修行というものをそう把握した。

このように、「修証一如」であるならば、修行している者は誰もが、経験の長短浅深に関わりなく、同じ悟りに包まれていることになる。とすると、修行者にとってこれほど心強い教えはないわけだ。法然や親鸞は口称《くしょう》念仏を、日蓮は唱題をもって仏の慈悲にあずかる捷径《しょうけい》とし、信者の心をとらえたが、道元の宗教においてそれらに匹敵する工夫を求めるとすれば、おそらくこの「修証一如」がいちばん似つかわしいであろう。

興聖寺開創

安貞元年（一二二七）の秋、肥後国河尻の港に空手還郷《くうしゅげんきょう》の第一歩を印した道元は、大《だ》宰府《ざいふ》に赴いて帰国の手続きをすませたのち、京都へ向かった。京都に帰りついたのは、同年九月中旬のことのようである。そのころ、京都では延暦寺による専修《せんじゅ》念仏弾圧の嵐

（「嘉禄《かろく》の法難」）が吹きつのっており、道元の帰国に先立つ同年六月、法然の大谷墓堂が延暦寺衆徒に破却されるという事件がおこっている。また、道元が京都につく直前、かつて幼少の道元の育父の役をつとめてくれた源通具《みちとも》が、再会を待たずに没した。源通具は藤原定家と並び称された当代有数の歌人であり、道元からみると年齢の離れた異母兄にあたる。

京都での道元が当初掛錫《かしやく》（入寺滞留）したのは、栄西・明全の縁につらなる建仁寺であった。当時の建仁寺は、その風儀がだいぶ腐敗、堕落していたようで、『正法眼蔵随聞記』には以下のように記されている。

「予（道元）始《はじめ》て建仁寺に入りし時見しと、後七八年過《すぎ》て見しと、次第にかはりゆくことは、寺の寮寮に塗籠《ぬりごめ》をおき、各各器物《きもつ》を持し美服《びふく》を好み財物《ざいもつ》を貯へ、放逸《ほういつ》の言語《ごんご》を好み、問訊礼拝《もんじんらいはい》等の衰微することを以て思ふ……」

このような境内の状況は、常に「学道の人は先《まずすべから》須く貧《ひん》なるべし」（『正法眼蔵随聞記』）と強調してやまなかった道元にとって耐えられないものであったろうが、道元はその改革是正の希望も抱いて、建仁寺に錫をとどめたものらしい。そして、同年中に道元は建仁寺で『普勧坐禅儀《ふかんざぜんぎ》』を著わし、自らの信仰の立場を明らかにした。

この『普勧坐禅儀』は、帰国後の第一著述であり、道元の開教宣言ともいうべき意義をもっている。内容は、まず深遠な仏法の真理から説きおこし、その真理に達するには、坐禅がもっともすぐれた手段であることのゆえんを論じている。

坐禅という修行形態は、仏教の成立よりもずっと古く、古代インドのヨーガにおいて実践されはじめた人間開発の一方法論である。釈迦もまた当初はヨーガを修していたが、やがてナイランジャナ川の岸に近い菩提樹の下で坐禅を組み、ヨーガとはまったく別の大悟(仏教)を得るにいたったと伝えられる。

道元の坐禅の勧めは、この釈迦の六年端坐や菩提達磨の九年面壁を前提として、説き進められる。すなわち、釈迦や達磨は坐禅によって悟道に達し、それに続く東西の諸師も多くは坐禅によって悟りを開いた。この史的事実によるかぎり、坐禅こそ、「安楽の大法門」であることは毫末《ごうまつ》も疑念をさしはさむ余地がない。それゆえ、仏道に入る門は他にあるにせよ、「端坐参禅を正門《しょうもん》とせり」(『正法眼蔵』「弁道話」)というのが道元の論旨である。

道元はまた、坐禅の易行《いぎょう》性を強調する。坐る気になり、畳半分の広ささえあれば、身分の上下、頭のよしあし、男女の別も関係なく、坐禅は容易に実行できるではないか——。

すでに見たように、道元は如浄の会下《えか》でひとえに坐禅に徹することによって、大悟の境地を獲得することができた。そのような体験があるだけに、道元が坐禅を最勝の法門と位置づける論法は自信にあふれている。ただし、道元の説く坐禅は、その基本的立場が「修証一如」であったから、悟りをあてにして行なういわゆる待悟《たいご》禅ではない。ただ、無心に坐る、それが道元の推奨する坐禅であった。つまり、「只管打坐《しかんたざ》」である。本来仏性を備え、悟りに包まれた本来の自己（仏）がただ無心に坐ることが坐禅の本義であり、今日はじめて坐った者も達磨の坐禅もその本質においてまったくひとしいとまでみなすのが、道元の坐禅観の真骨頂であった。

しかし、このように革新的な純粋禅の思想は、同じ禅宗とはいいながら宗派を異にする建仁寺僧団の容《い》れるところとならず、また新宗派の出現を憎む比叡山の圧迫も招いて、道元は孤立を余儀なくされた。そのためであろう、道元は建仁寺に掛錫すること足かけ四年、天候不順によって深刻な飢饉が生じつつあった寛喜二年（一二三〇）に建仁寺を出て、京都南郊の深草安養院《ふかくさあんよういん》に閑居することになった。

だが、すでに道元の名は真剣に仏法を求める人々のあいだに伝わっていたので、おいおい彼らが深草の閑居を訪れるようになり、その数は日ごとにふえていった。そこで、道元は彼らを接得、育成するため、示衆《じしゅ》（師家が僧衆に法を説き明かすこと、またその教えの内容）を思いたち、こうして『正法眼蔵』の首巻である「弁道話」が寛喜三年八月に成立をみる。

わが国では、正法眼蔵というと、それが即道元の著述のことと解されがちだが、正法眼蔵という語は、道元の造語ではない。禅宗では広く用いられる言葉で、その意味するところは、以下のごとくである。

「禅門で正しい世界の見方、さとりの真実をいう。清浄法眼ともいう。釈尊が説いた無上の正法。釈尊のさとった正法の内容を証得すれば、眼のごとく一切を照破して迷いがなくなり、一切をおさめてあますことがないから、蔵という」（中村元著『仏教語大辞典』より抜粋）

つまり、正法眼蔵とは仏の悟りそのものをさすわけで、道元もそのような自負と確信をもって、自身の教えに『正法眼蔵』と銘うったのであった。それだけに、道元が『正法眼蔵』に展開する宗教哲学はきわめて高度なものであり、『正法眼蔵』はもっとも難解な古典の筆頭格の地位を与えられている。

その首巻の「弁道話」は、「諸仏如来、ともに妙法を単伝して、阿耨菩提《あのくぼだい》を証するに、最上無為《むい》の妙術あり。これたゞ、ほとけ仏《ほとけ》にさづけてよこしまなることなきは、すなはち自受用三昧《じじゅようざんまい》、その標準なり」と説きおこし、開教の由来や基本的主張を述べている。道元の宗風や宗旨の骨格は「弁道話」一巻にほぼ尽くされており、前述の末法思想の否定、坐禅を「仏法の正門」とするゆえん、「修証一如」の強調のほか、「仏法を会《え》すること、男女貴賤をえらぶべからず」、「身の在家出家にはか丶はらじ」と言って、在家、女人の成仏の肯定も明示している。

さて、「弁道話」の執筆によって、自己の立場をより鮮明にした道元は、膝下《しっか》に集まってくる信徒を導くために、坐禅のための道場――僧堂の開設をひそかに思い立つようになった。すると、そこへ幸便にも正覚《しょうがく》禅尼や弘誓院《ぐぜいいん》藤原教家《のりいえ》（関白道家《みちいえ》の弟）という有力な外護《げご》者があらわれ、彼らもしきりに一寺建立のことを道元に勧めた。

こうした経緯があって、天福元年（一二三三）の春、観音導利院《かんのんどうりいん》と名づけた一寺が峻工落成をみた。観音導利院は、安養院の本坊極楽寺《ごくらくじ》跡に残る一堂を改築増設したもので、まもなく寺名を興聖寺《こうしょうじ》（正しくは興聖宝林寺《ほうりんじ》）と称するようになる。現在、その故地は日蓮宗の宝塔寺《ほうとうじ》の境内となっているが、法燈をついだ同名の興聖寺が、宇治市内、平等院《びょうどういん》と向かいあう宇治川対岸の山腹に営まれている。

創建当初の興聖寺の規模はごくささやかで、僧堂も備わってはいなかったが、道元は落成とともにさっそく安養院から興聖寺に移錫《いしゃく》した。以後、道元は安養院時代よりずっと積極的な弟子の接得、育成に乗り出し、そのかたわら『正法眼蔵』の「現成公案《げんじょうこうあん》」以下の撰述を開始した。「現成公案」はもっとも端的に道元の思想を示している巻といわれ、次の一節などがよく知られる。

「仏道をならふといふは、自己をならふなり。自己をならふといふは、自己をわするゝなり。自己をわするゝといふは、万法に証せらるゝなり。万法に証せらるゝ、といふは、自己の身心《しんじん》および他己《たこ》の身心をして脱落せしむるなり」

仏道を習うということは、現実の自己を否定して真実の自己を探究することである。それには自己を忘れる「無我」の行を実践するのが大切であり、そうすることによって悟りの世界があらわれ、「身心脱落」が実現する、というような意味である。同様のことは、「生死《しょうじ》」の巻にも語られており、これが仏道修行に際して道元がもっとも強調した方針であり、態度であった。

「現成公案」の撰述の翌文暦元年（一二三四）冬、道元の身辺に一つの喜ばしい変化がおこった。かつて、道元に法論を挑んだこともある日本達磨宗の学僧孤雲懐奘《こうんえじょう》が、道元の会下に参じたことである。懐奘は道元より二歳年長であり、『正法眼蔵随聞記』の筆録者とされてきた人物だが、これ以後道元の教えに心から信服して献身的に従い、道元もまた懐奘を厚く信頼してのちに興聖寺の首座《しゅそ》に請じている。

さらにその翌嘉禎元年（一二三五）、道元は多事を託するに足る懐奘の入参を得たこともあって、待望の僧堂建立を発願し、「宇治観音導利院僧堂勧進疏」を作って各方面に浄財の寄進を仰いだ。その結果、僧堂は嘉禎二年の後半にあらかた完成し、興聖寺は世間から「一向《いっこう》の禅院」と呼ばれるようになった。専修念仏が一向宗と呼ばれたのと同じ意味である。道元はついで、『典座教訓《てんぞきょうくん》』や『出家授戒作法《しゅっけじゅかいさほう》』を著わし、『重雲堂式《じゅううんどうしき》』を定めるなどして、興聖寺僧団の規矩を厳格にすることに腐心した。このように僧堂が完備し、正式の清規《しんぎ》にのっとって禅林生活が行なわれるようになったのは、この興聖寺をもって嚆矢《こうし》とし、その意味でわが国の禅宗史上、画期的なできごとであった。

京都進出をめざす

興聖寺が中国直伝の禅林として形態を整えるとともに、諸方から道元の教えを慕って参集する人々もみるみる増加していった。そのなかには、法然門下の長西《ちょうさい》ら他宗派の僧の姿も見かけられた。その実数は明らかでないが、安養院時代で十数人と推定される弟子は、おそらく数十倍にはねあがったことであろう。とりわけ、仁治《にんじ》二年（一二四一）の春、日本達磨宗に属する越前《えちぜん》国波著《はじやくじ》寺の懐鑒《えかん》が、義介《ぎかい》、義伊《ぎいん》、義演《ぎえん》らの門人をひきつれて集団入門したのは、道元教団の発展にとって大きな意義をもつものであった。道元は、その会下に参ずる人々を懇切に接得し、一日一日を自覚的に生きて修行に専念すべきことを、くり返し説いた。

「学道の人は後日をまちて行道《ぎようどう》せんと思ふことなかれ。たゞ今日今時《こんにちこんじ》をすごさずして日日時時《にちにちじじ》を勤むべきなり、（略）仏道は一大事なれば、一生に窮《きわ》めんと思ひて日日時時を空《むな》しくすごさじと思ふべきなり」（『正法眼蔵随聞記』）

「この一日の身命《しんみよう》は、たふとぶべき身命なり。（略）一日をいたづらにつかふことなかれ。この一日はをしむべき重宝《ちようほう》なり。（略）一生百歳のうちの一日は、ひとたびうしなはん、ふたゝびうることなからん」（『正法眼蔵』「行持《ぎようじ》」）

右にひいた「行持」の巻は、『正法眼蔵』の諸巻のなかでもっとも豊かな分量をもち、道元の宗教の結集という高い評価を与えられている。

道元は、その「行持」の巻を書き終えてから一週間ほどたった仁治三年四月、珍しく興聖寺を出て京都に向かった。『建撕記《けんぜいき》』によれば、近衛《このえ》に招かれて法談をしに行ったのだという。近衛家といえば、公卿の名門中の名門であり、道元を招いたのは前関白兼経《かねつね》か、その子の現関白良実《よしざね》であろう。

ついで道元は、同年十二月ふたたび京都に赴き、在俗の信徒で大檀那の波多野義重《はたのよししげ》宅において「全機《ぜんき》」の巻を示衆《じしゅ》し、翌寛元元年（一二四三）にも波多野邸に近い六波羅蜜寺《ろくはらみつじ》においで「古仏心《こぶつしん》」の巻を説き明かしている。ちなみに、波多野義重は越前国に所領をもつ鎌倉幕府の御家人である。

そのような動静からすると、道元はこの時期、興聖寺教団の順調な発展に力づけられ、教線を京都にも伸ばすことをめざしていたようである。そのための外的条件も、久しく沈《ちん》淪《りん》していた道元の父方の村上源氏土御門家が、その血を享《う》けた後嵯峨天皇の即位によって昔日の栄光を回復するなど、以前と見違えるほどに好転していた。当時、叙位除目《じもく》などを専断し、朝廷内の実権を掌握していたのは、道元とは異母兄弟の定通《さだみち》である。

そこで、道元は洛内伝道を開始するかたわら、『護国正法義《ごこくしょうほうぎ》』を著わして、寛元元年四月までの間に朝廷に奉呈した、という。とすると、道元は「国王大臣に近づくことなかれ」という先師如浄の教誡から逸脱した行為をとったわけである。また、『護国正法義』のことは、道元が親しく述べたり書いたりしたものにはまったく見えず、その内容も皆目不明というに近い。だが、諸先学の研究によると、道元が『護国正法義』を朝廷に奉ったのは、まず歴史的事実とみなしてよいようである。おそらく道元は、かつて学んだ比叡山延暦寺の祖師最澄の鎮護国家思想にならい、近くは栄西が『興禅護国論《こうぜんごこくろん》』を著わして宗風を鼓吹したことを意識して、国家に向けての立宗宣言をするつもりであったのであろう。

それに対し、朝廷は比叡山の佐法印《すけのほういん》をして『護国正法義』の所論の是非を判別させた。これは道元からみると、敵陣営に最終的判断をゆだねられたようなものだから、当然のことに結果はかんばしくなかった。佐法印は、『護国正法義』に言う正法は釈尊の説いた仏法とはほど遠く、道元個人の独善的主張にすぎないと断定し、朝廷も異論なくその判定を受け入れて、『護国正法義』を却下した、という。

かくて、道元は朝廷に正法を入説《にゅうぜい》する機を失ったばかりでなく、京都進出という望みまで絶たれることになった。そして、それからまもなく、道元は興聖寺を弟子の一人詮慧《せんえ》にまかせ、みずからは他の主だった弟子を率いて遠く越前の山中に引き移ってしまう。

このいわゆる「北越入山」の直接の原因は、『護国正法義』の奉呈によってひきおこされた比叡山の暴力的弾圧にあったとみられる。日ごろから道元教団を敵視していた比叡山は、佐法印をしてたくみに『護国正法義』を葬り去らせると、勢いに乗じて興聖寺を襲撃し、その破却という暴挙に及んだのである。ただし、比叡山衆徒の破壊行為はそう徹底したものではなく、興聖寺は全面的な焼亡という最悪の事態はまぬかれたらしい。

もう一つ、先師如浄《にょじょう》の語録が仁治三年八月に宋から道元のもとに届いたのも、「北越入山」の有力な動機になったのではないか、という推定も行なわれている。「深山幽谷」を居とし、「城邑聚落に住することなかれ」——如浄のその教えが、語録を手にしたことによって道元の心にあらためて重々しくよみがえってきたのではないか、というわけである。ちなみに、『建撕記《けんぜいき》』によれば、道元は北越入山に関し、先師如浄は宋の越州の人であるから、越前の名はことさらなつかしく思われ、そこへ赴くのは自分の望むところだ、と述懐したという。

とはいえ、道元が興聖寺を去って北越入山に踏み切る以上、越前の地に何らかのあてがなくてはならない。いかに清貧を重んじた道元といえども、いきなり越前の山中に踏み入ったりしたなら、たちまち餓鬼地獄に直面することになるであろう。

もちろん、そのあてはあった。道元をして北越に赴く決断をさせたのは、前述の在俗信徒の大立物波多野義重である。深山幽谷に住することを願いはじめた道元に対し、波多野義重は次のように説いて勧めたという。

「越前吉田郡の内、深山に安閑の古寺候、某甲《それがし》知行の内なり。御下向ありて、度生説《どしょう》法あらば、一国の運、また当家の幸なるべし」(『建撕記』)

さらに最近の研究では、平泉寺《へいせんじ》などを本拠とする越前の白山天台教団が道元に対して好意的であり、そこに道元は自己の教団発展の可能性を読みこんでいたのではないか、という推論も提出されている。

こうして、道元が興聖寺十年の教化にピリオドをうち、京都近郊の在俗信徒の育成を断念して、北越入山の旅の途についたのは、寛元元年(一二四三)七月のなかばのことであった。なお、『正法眼蔵』は興聖寺留《りゅうしゃく》錫の間に、ほぼ全体の半分近くが成立をみていた。

永平寺開山

京都から十日あまりの泊まりを重ねて越前国の志比庄《しひのしょう》に着いた道元の一行は、やがて波多野義重のいう「安閑の古寺」吉峰寺《よしみねでら》の草庵に住むことになった。吉峰寺は、福井市と勝山市の中間、吉峰川の谷をさかのぼった山あいに位置し、今訪れると明治年間に復興された諸堂宇が老杉にかこまれて建っている。

道元はこの吉峰寺の草庵において、およそ一カ年を過ごした。北越の山中にはじめて迎えた冬は、ことに寒気が厳しく、「深雪参尺大地漫々」(『正法眼蔵』「梅花《ばいか》」)というありさまだったという。道元はその一年間、あるいは吉峰寺において、あるいは十五キロほど離れた白山平泉寺《はくさんへいせんじ》の麓の禅師峰《やましぶ》において、実に精力的に『正法眼蔵』の各巻を示衆《じしゅ》し、弟子や集まる在俗信徒の行化《ぎょうけ》につとめた。

しかし、吉峰寺は道元教団の本拠とするにはいかにも手狭であり、立地条件もいいとはいえなかった。そのことは、外護《げご》者の波多野義重も承知しており、そこで彼は道元の北越入山が確定したのち、俗弟子覚念《かくねん》らの協力も得て、新たな寺堂の建立計画を推進しはじめた。『建撕記《けんぜいき》』によると、彼らは早くも道元の志比庄到着から半月ほどのちに、現在の永平寺の一帯に寺堂建立の適地を見いだし、地均《じなら》しの作業にとりかかったという。

ついで、翌寛元二年(一二四四)二月、法堂《はっとう》造営の工事がはじまり、四月下旬に上棟式の日を迎えた。その三カ月後、道元は吉峰寺から正式に移錫《いしゃく》し、開堂供養式を催すとともに、誕生したばかりの寺を吉祥山大仏寺《だいぶつじ》と名づけた。ひき続いて、僧堂建設の工事もスタートし、同年十一月上棟式、ほどなく竣工したことによって、大仏寺は簡素ながらも法堂、僧堂を具備する禅院の体裁を整えるにいたった。

それから二年たった寛元四年六月十五日、道元は大仏寺の寺号を永平寺とあらためた。

永平寺の永平は、そのまま受けとれば永久の平和の意だが、実は漢の明帝のときの年号に由縁する。仏教は、漢の明帝の永平十年（六七、一説には永平十一年）にはじめて中国に伝えられたとされる。その年号を寺号としたわけであり、この寺号改名は、だから、正法を日本に伝えたのはこの自分だという、道元の自負のあらわれにほかならない。さらに道元は、『永平広録』によると、永平寺と命名したその日、上堂《じょうどう》説法し、「所以《ゆえ》に世尊降生《せそんごうしょう》して、一手《いつしゅ》天を指《ゆびさ》し、一手地を指し、周行七歩して曰《い》はく、天上天下《てんじょうてんげ》、唯我独尊《ゆいがどくそん》と。世尊道《どう》あり。是れ恁麼《いんも》（真の事実というような意味）なりと雖《いえど》も、永平道あり、大家証明す。良久《やや》しうして曰はく、天上天下、当処永平」と、永平寺の確立を釈迦の降誕になぞらえて、晴ればれしく宣言したともいう。

　北越入山と永平寺開山を通して、道元の宗教意識にも部分的に変化があらわれた。その最たるものは、かつて「身の在家出家にかゝはらじ」と説いた在家成仏と完全に訣別し、実に徹底した出家主義に転じたことであろう。

　道元は言う。

　「いまだ出家せざるものの、仏法の正業《しょうごう》を嗣続《しぞく》せることあらず。仏法の大道《だいどう》を正伝せることあらず。在家わづかに近事男女《こんじなんにょ》の学道といへども、達道の先蹤《せんしょう》なし」（『正法眼蔵』「三十七品菩提分法《さんじゅうしちほんぼだいぶんぽう》」）

「あきらかにしるべし、諸仏諸祖の成道《じょうどう》、たゞこれ出家受戒のみなり。諸仏諸祖の命脈、たゞこれ出家受戒のみなり、いまだかつて出家せざるものは、ならびに（皆）仏祖にあらざるなり。仏をみ、祖をみるとは、出家受戒するなり」（『正法眼蔵』「出《しゅっ》家《け》」）

そして、道元はピシリと決めつける。

「おほよそ無上菩提は、出家受戒のとき満足するなり。出家の日にあらざれば成満《じょうまん》せず」（『正法眼蔵』「出家」）

道元のこの在家成仏から出家至上主義への転換は、大乗仏教からすると大きな後退であるが、しかし決して恣意的なものではなかった。

道元は、興聖寺に拠《よ》った教化《きょうげ》が頓挫し、北越入山を余儀なくされたことによって、深刻な危機感を抱いていた。はたして、自分が宋から持ち伝えた正法を、この日本に正しく根づかせることができるのか——それが道元をとらえた危機感であり、その根底には「吾が宗をして断絶致さしむることなかれ」という先師如浄の遺嘱《いしょく》に対する責務感もわだかまっていた。

それなのに、道元は今や、正法を広く世に説く場を閉ざされてしまった。しかも、道元に随身している主だった弟子は、懐奘《えじょう》をはじめほとんどが臨済宗大慧《だいえ》系の日本達磨宗の出身者である。くわえて、道元自身も四十歳の坂をこえ、余命はしだいに残り少なになりつつある。

この危機的状況を克服し、正法を自分の滅後も久しく伝えるには、どうしたらいいのであろう――。こうして道元が悩み、熟考した末、選び取ったのは、如浄の教誡にもあったように、「一箇半箇の接得」、たった一人でもよいから自分の法を嗣《つ》ぐに足る能力をもった弟子を育てよう、という方針であった。すなわち、出家至上主義であり、道元はもはや在家の教化に時間を割《さ》く余裕がなかったのである。道元の念願は、「弘法救生《ぐほうくしょう》をおもひとせり」(『正法眼蔵』「弁道話」)と言うように、正法を世に説き広め、衆生を救済することにあったのだから、思えば悲しい転換であるが、正法久住《くじゅう》を最優先命題とする限り、出家至上主義はやむをえない選択であった。宗教者にとり、自分の信じる教えが世に広まるのは、何にもまさる喜びであるが、道元はその喜びを進んで放擲してしまったわけである。

道元は、禅宗の悟道が言葉では伝えられず、坐禅を通した内省や直観に頼るものだけに、信仰の正しい姿勢と環境を整える必要があると考えて規矩(清規《しんぎ》)を重視し、興聖《こうしょう》寺《じ》時代からいくつかの規定を定めてきた。そうすると、出家至上主義に転じた今、在俗の人々をも対象にした従来の規矩は、出家人のみを対象にしたずっと厳格なものに改めなければならない必然性が出てくる。

その目的にそい、道元はつとに吉峰寺仮寓のころ、「大己五夏《たいこごげ》の闍梨《じやり》に対する法」を弟子たちに説き、修行の未熟なものは長老、先輩に対して敬意を払い、絶対信従すべきことを求めるとともに、長老、先輩にどう応対したらよいかについて、こまごまと指示を与えた。ついで寛元三年（一二四五）中に、坐禅修行の要諦とその際の礼儀作法などをこと細かに定めた「弁道法」を撰述、翌年には「永平寺知事清規《ちじしんぎ》」を制定し、僧団内部の職掌分担を明らかにした。

さらに建長元年（一二四九）一月、道元は寮中における修道生活を細部にわたたって規定した「吉祥山永平寺衆寮箴規《しゆりようしんぎ》」一巻を作成した。これは、いわば永平寺教団とそこに修行する衆僧にとっての根本規定といってよい。試みにその内容を覗《のぞ》くと、何人かが集まって談話してはいけない、仏典以外の俗書はいっさい置いてはならない、などといったことまで定められている。実にもって厳格かつ痒《かゆ》いところまでに手の届いた規矩ではあるが、規律が保てなければ専心修行の心も保てるはずがないという道元の信念が、そこに如実にあらわれているといえよう。

同じ年の十月、道元はかさねて「永平寺住侶心得九箇条」を制定している。世間的名利に関わることの禁は、「衆寮箴規」にも掲げられているが、この「九箇条」はそうした禁制をさらに徹底したものであった。

以上のように規矩の整備につとめるかたわら、道元は「一箇半箇の接得」をめざして、弟子たちの育成にも熱意をそそいだ。その際、道元が重視して実践したのは、上堂普説《ふせつ》すなわち法堂に昇って説法をすること、および僧堂に入って弟子ともども坐禅を組むことであった。それに対し、弟子たちは規矩がいかに厳格になろうが、禅的行業《ぎょうごう》がいかに強化されようが、道元を偉大な師と仰いで喜んで従い、子弟間の情愛も実にこまやかだったという。

ただ、その間、道元は一つの不思議な行動をとっている。宝治元年（一二四七）八月、鎌倉に赴いて執権北条時頼《ときより》に会したことである。すでに出家至上主義に徹したはずの道元にとって、これはどういう意味があったのか。あるいは、かつて『護国正法義《ごこくしょうぼうぎ》』を朝廷に奉呈し、正法宣布を国家的規模において実現しようとした夢を、もう一度鎌倉幕府に託そうとしたのであろうか。それとも、永平寺教団が安定したことにより、「弘法救生《ぐほうくしょう》」を再発起したのであろうか。『永平寺三祖行業記』や『建撕記《けんぜいき》』によれば、道元の鎌倉下向は時頼の「召請」に従ってのことといい、また最近の研究では、時頼の意を受けて例の在俗信徒波多野義重および、道元の門人となっていた鎌倉光明寺《こうみようじ》の開山良忠《りようちゆう》が説得した結果ではないか、ともいわれている。

そのいずれにせよ、道元は鎌倉に下向して約七カ月滞在し、時頼やその他の衆生に対して法を説いた。道元にとっては、最初にして最後の布教旅行である。だが、結局道元は、出家至上主義に回帰する。

『建撕記』によると、帰山する道元を追うようにして、時頼は永平寺に土地の寄進を申し出た。そのとき、道元はきっぱり辞退したが、玄明《げんみよう》という弟子が鎌倉からの寄進状をもらってきて、うれしそうに山内にふれ歩いた。すると、道元は「この喜悦の意《こころ》きたなし」と言って、即座に玄明を永平寺から追放してしまった――という。いったんの迷いからさめ、名利権勢に近づいたことを深く自省していたところだった道元としては、玄明のふるまいがいっそう浮薄なものに見え、許せなかったのであろう。

宝治二年三月なかば、永平寺に戻った道元は、翌日上堂して次のように語ったという。

「今日山に帰りて雲に喜気あり。山を愛するの愛は初めより甚し」（『永平広録』）

この述懐には、後人の仮託にせよ、道元の鎌倉教化行《きょうげこう》に対する苦い内省と、永平寺および教団に対するしみじみとした愛情が感じとれる。

その後、道元は徹底して世間に背を向け、弟子たちにもその趣旨を強調して、もっぱら自身の修道と「一箇半箇の接得」に没頭する。寛元四年（一二四六）の「出家」の巻撰述をもってほぼ大要の成った『正法眼蔵』の修訂も、当時の道元にとってゆるがせにできない作業であった。前述した諸規矩の制定も、多くはこの時期になされている。さらに、道元は建長元年（一二四九）九月、弟子たちを前にして、たとえ国王の命令があったとしても、尽未来際《じんみらいざい》永平寺を離れることはしない、と誓った。

だが、北越の山中の生活は必ずしも道元に向いていなかったようで、建長四年の秋ごろから、道元の肉体は病にむしばまれはじめた。道元は、死期近しを自覚したのであろう。その年の末から翌年はじめにかけ、釈迦最後の垂誡《すいかい》とされる『遺教経《ゆいきょうぎょう》』にもとづいて、道元は「八大人覚《はちだいにんがく》」すなわち仏弟子たるべきものが心がけるべき八つの項目を提示し、「如来の弟子は、かならずこれを習学したてまつる。これを修習《しゅじゅう》せず、しらざらんは仏弟子にあらず。これ如来の正法眼蔵涅槃妙心《ねはんみょうしん》なり。（略）いそぎ習学すべきなり、緩怠《かんたい》なることなかれ」と、気力をふりしぼって示衆《じしゅ》した。この「八大人覚」は、『正法眼蔵』の最後の巻にあたり、その奥書において「此れ釈尊最後の教勅にして、且つ先師《せんじ》最後の遺教《ゆいきょう》なり」と懐奘《えじょう》が記すように、そのまま道元の遺誡となった。

道元の病勢は、「八大人覚」の示衆のあと、ますます進行し、建長五年七月に入って急激に悪化した。そのため、道元は同月十四日、懐奘を召して住持職を譲り、あわせて自縫の袈裟《けさ》一領を付嘱《ふしょく》して嗣法の証拠とした。

このとき、道元は永平寺の方丈に身を横たえたまま、心静かに死を迎えるつもりであったのだろう。だが、そのころ京都六波羅にいた波多野義重が上洛して療養すべきことを、たびかさねて勧めてきたことを受け、道元は翌八月はじめ、懐奘らに守られてついに京都に向かった。尽未来際永平寺を離れないと誓った道元が、重病のためとはいえ、弟子たちとの誓約を反故《ほご》にしたのである。

この事実は、道元の人物や宗教を考える上で、毀誉褒貶《きよほうへん》さまざまの解釈を可能にする。だが、責めることはだれにもできないであろう。思えば、京都は道元の生まれ故郷であった。死期を悟りながらのこの故郷行は、あの日蓮が重態におちいりながら、「ひとつ志《こころざし》あり、一七日《いちしち》にして返る様《よう》に、安房《あわ》国にやりて旧里《ふるさと》を見《み》ばや」（『波木井殿御書《はきいどのごしょ》』）と、故郷憧憬の声を発したというエピソードを彷彿させるものがある。悟りを通して「仏」になりきったはずの道元にも、やはり人間的な故郷憧憬の念が秘められていたというのは、むしろすばらしいこととすべきかもしれない。

ともあれ、永平寺を出山した道元は、京都に着いて俗弟子覚念の邸に入り、名医の診察を受けて療養に専念した。しかし、すでにすべては手遅れであり、道元最期の時は八月二十八日の夜半に訪れた。享年は数えの五十四。時あたかも、日蓮が清澄寺《せいちょうじ》において開教の第一声を発した、その約四カ月後のことであった。

第五章

日　蓮

――不退転の『法華経』行者

日蓮の足跡

房総《ぼうそう》半島の南部、標高三百八十三メートルの清澄山《きよすみやま》の山中に、清澄寺《せいちょうじ》という古寺が宏壮な寺域を擁して鎮まっている。清澄寺は、寺伝によると奈良時代の宝亀二年（七七一）、不思議《ふしぎ》法師という行者によって開創されたといい、後述するように日蓮《にちれん》がはじめて出世間の道に入ることになった機縁の地でもある。

その清澄寺を訪れると、銅瓦葺《ぶ》きの仁王門をくぐった先が広場となっており、その左手一帯に祖師堂、大堂、庫裡《くり》などの主要な堂宇《どうう》が建ち並んでいるのが見える。また仁王門の前方には幹まわり十七メートルほどもあるという大杉が聳《そび》え立ち、そのかたわらを通じる参道を登って行くと、やがて旭の森と呼ばれる岩山の上に出る。そしてそこには、日蓮の開教時の姿をしのんで造られた高さ一丈の銅像が、はるかに太平洋を望んで佇立《ちょりつ》している。

銅像は、左手首に数珠をかけて合掌し、大地をがっしりと踏みしめて立つ。太くはねあがった眉と横一文字に引き結んだ唇が表情に意志的な勁《つよ》さを添え、銅像全体の印象は豊かな量感があって見るからに雄勁《ゆうけい》だ。

今からおよそ七百三十余年前、日蓮がこの清澄寺において説きはじめた教えは、のちに法華宗あるいは日蓮宗の称をもってあまたの人々の心をとらえ、脈々と現代に伝えられてきた。その過程でいくつかの分派も生じ、それがまた教線の拡張にいっそうのはずみをつけた。さらに一驚すべきは、いわゆる新興宗教の称で包括される宗教団体のうち、仏教系の実に九十パーセント以上が日蓮宗系で占められているという事実であろう。日蓮の説いた教えは現代においてなお活性を失わず、大きな影響力を社会に及ぼしているわけである。

しかしながら、日蓮その人は、生きていたその当時に視点をしぼった場合、宗教家として必ずしも成功者だったとは言いがたい。これは親鸞《しんらん》や道元《どうげん》にも共通することだが、彼らは生前にそう多くの信者を獲得することができなかったし、崇《あが》められるよりもむしろ迫害されることのほうが一般的な傾向であった。

そのなかでも、とりわけ迫害にさらされたのが日蓮であり、かつて日蓮ほど受難と挫折続きの生涯を送った宗教家は他にいないとさえ言えるほどである。実際、日蓮の身に加えられた迫害のありさまをつぶさに見ると、肌に粟を生じさせるものがあり、生命の危険に直面したことも一再ではなかった。

しかも興味深いことに、親鸞や道元はいったん厳しい迫害に直面すると、あとはいたずらな摩擦の生じることを極力避けつつ、もっぱら内面の深化につとめたのに対し、日蓮だけは迫害を回避するための工夫をめぐらした形跡がいっこうに見当たらない。逆に日蓮の場合は、それらの弾圧にまっこうから立ち向かい、しぶとく耐えぬくことをもって、より高次の段階に到達するエネルギーを汲みとろうとする姿勢が強かった。鎌倉新仏教の他の祖師たちとくらべるとき、この点に日蓮の人格および思想形成上のきわだった特徴があらわれている。

日蓮の身に次々と迫害が襲いかかった理由は単純ではないが、その一つとして、日蓮がときに過激かつ奇矯な言辞を弄しがちだったということをあげてよいであろう。

たとえば、日蓮は自分のことを「日本国の柱」（『報恩抄《ほうおんじょう》』）だといい、「閻浮提《えんぶだい》（この世）第一の聖人也」（『聖人知三世事《しょうにんちさんせじ》』）と壮語し、かと思うとその舌の根の乾かない先から「日蓮は日本一のえせ者なり」（『国府尼御前御書《こうあまごぜんごしょ》』、傍点筆者――以下同じ）と妙なことを言い出す。えせ者とは、偽者とかくわせ者という意味である。

「日本の柱」「閻浮提第一の聖人」と「日本一のえせ者」が、どこでどうやって結びつくのか。当然、ふつうの人間には理解できない。日蓮の思想をある程度咀嚼《そしゃく》した現代人の間でさえ誤解が絶えないほどだから、日蓮をはじめて迎えた同時代の人々がすっかりめんくらい、不信感を抱いたとしても不思議はあるまい。そのため、日蓮は異端者だ、いや山師ではないかといった風評が湧きおこり、社会の安寧秩序を重んずる立場の人々、いわゆる権門勢家が警戒心をつのらせた結果、おのずと日蓮に迫害の手が集中することになったわけである。

日蓮はこのように表面的な言動において、確かにエキセントリックで異端者的なあり方を露呈するきらいはあったが、しかしその内面においてはきわめて論理的であり、熱烈な正統主義者であった。少なくとも、「真理」は自分の側にあると信じて動じなかった。そして、その「真理」を追求する過程において日蓮がとった態度は、あえていえば、あらゆる権威に対する徹底的な懐疑精神を母胎に形成された近代的理性と相通ずるものさえ感じられる。

日蓮が自身の「真理」追求の営みについたとき、その頭上には法然《ほうねん》や親鸞《しんらん》の場合と同様、末法思想という時代の闇が厚くたれこめていた。だが、日蓮はその闇の呪縛《じゆばく》にひれ伏すことなく、逆に人間の主体的努力を介在させることによって、絶望的な位置づけをされてきた末法時の意味をたくみに読みかえることに成功した。

末法思想の説くごとく今の世の状況が最悪であるというのなら、それはとりもなおさず良くなる可能性があるということだ——その基本認識の上に立って、日蓮は次々と新機軸をうち出し、『法華経《ほけきよう》』こそ正法《しようぼう》という確信に到達すると、その『法華経』がすみずみまで行き渡ったとき、人間はだれしも生きながらにして仏と成ること（即身成仏《そくしんじようぶつ》）ができるし、穢《けが》れの多い現世もまた仏の住む浄土であること（娑婆即寂光土《しやばそくじやつこうど》）が万人の眼に明らかになるということを説き出すのである。

このような日蓮の教えは、それまで念仏門（浄土門）によって強調され、時代思潮の主流をなしてきた末法時のペシミズムをほぼ完全に払拭《ふつしよく》するものであった。

日蓮の教えに従えば、人間はもう末法の宿命の子ではなくなった。同時にこの世も、末法の呪縛から解き放たれたことになる。のみならず、末法時はこのとき、永遠に続く闇路から限りなく高みに向かう光明の回廊へと、劇的に転化する。

その意味で、日蓮は末法下の新たな価値観を確かに創出した、といっても決して過言ではないであろう。末法思想に正面から切りこんで、これほどの鮮やかな価値逆転を体系的に提示してみせた宗教者は、同時代を見まわしても日蓮のほかにない。さらにまた、個々人の救済にとどまらず、「娑婆即寂光土」を唱えたように、現世全体の浄土化つまりユートピア化を志向したのも、日蓮ならではの卓抜な発想であった。

生涯を決めた疑念

日蓮は、承久《じょうきゅう》四年（一二二二）の春、坂東の安房国《あわのくに》（千葉県）に生まれた。もう少し詳しくいえば、同国長狭《ながさ》郡東条《とうじょう》郷の小湊《こみなと》（天津《あまつ》小湊町）が誕生の地といい、入江に臨んだ一画に小湊山誕生寺《たんじょうじ》が営まれている。

ところで、承久四年といえば、ちょうど承久の乱《らん》の翌年にあたる。承久の乱というのは、周知のように後鳥羽上皇が討幕の兵を挙げてあえなく鎌倉幕府に敗退した事件であり、それまでとかく流動的だった貴族層と武家層との政治権力のバランスは、この事件を境にはっきりと武家側に傾いた。つまり、日蓮は歴史の大きな節目に生まれあわせ、幼少年時代を迎えたわけである。

このように、歴史の大きな節目に生まれあわせたということでは、法然《ほうねん》や親鸞《しんらん》も同様である。両祖師の前には、やがて鎌倉幕府を生み出すことになる治承《じしょう》の内乱が京都をも戦火にまきこんで渦巻いていた。だが、法然、親鸞は、それらの戦火を通して没落の坂を転げおちつつある貴族体制の側に位置していたのに対し、日蓮はまったく逆に、勃興の気運いちじるしい武士体制の基盤、東国の住人であった。そのような時代環境、生活環境の違いが個々人に与える影響は、ふつうきわめて大きい。

三者が三者とも末法の克服を最緊急課題としてスタートしながら、結局、法然と親鸞は、どちらかといえば末法思想の悲観的な予言をそのまま従順に受けとめた浄土門に行きつき、その信仰を深める道を選んだ。それに対し、日蓮一人が末法時を積極的に読みかえ、前向きの価値を賦与することができたのは、上昇気運のまっただ中にある東国に生まれ育ったということと無視できない関係があったと思われる。少なくとも日蓮の戦闘的な宗風を考えるとき、そのことがほとんど決定的な機縁となったという推定は、大筋において認められるであろう。

といっても、日蓮は武士の出身ではない。『日蓮聖人註画讃《にちれんしょうにんちゅうがさん》』や『本化別頭仏祖統記《ほんげべつずぶっそとうき》』などの日蓮伝説は、父を藤原氏の末裔《まつえい》で遠江《とおとうみ》山名郡貫名《ぬきな》郷の領主とし、たまたま罪を得て安房《あわ》国に流罪中、在地豪族の娘と結婚してもうけたのが日蓮だったと説くが、これらは後世の人々が日蓮を崇拝するあまり仕立てた牽強付会《けんきようふかい》の説で、信を措《お》くことができない。事実、日蓮もそのような貴種離譚まがいの素姓は一度として口にしたことがなく、ただ次のように語っているばかりである。

「日蓮は日本国東夷《とうい》東条安房の国、海辺の旃陀羅《せんだら》が子也」（『佐渡御勘気鈔《さどごかんきしょう》』）

「日蓮今生《こんじょう》には貧窮下賤《びんぐうげせん》の者と生れ、旃陀羅が家より出《いで》たり。（略）身は人身に似て畜身也」（『佐渡《さど》後書』）

「日蓮は日本国安房の国と申す国に生れて候しが、民の家より出でて頭《こうべ》をそり袈裟《けさ》をきたり」（『妙法比丘尼御返事《みょうほうびくにごへんじ》』）

「日蓮は中国、都の者にもあらず、辺国の将軍等の子息にもあらず、遠国の者、民が子にて候」（『中興入道御消息《なかおきにゅうどうごしょうそく》』）

右引用文に出てくる旃陀羅とは、インドのカースト制で最下級に位置づけられている階層のことである。

日蓮の父は名もない漁夫だったと推測されるから、日蓮はあえて旃陀羅を自称したのであろう。それにしても、旃陀羅に関しては『法華経』も「あえて親近《しんごん》せざれ」と敬遠気味なので、日蓮の平等思想は『法華経』を超えているということができる。

ときに「閻浮提《えんぶだい》第一の聖人」などと言いつのる日蓮の意識の根底に、このような徹底した「民の子」の自覚があったことは、見すごしてはならないであろう。

さて、日蓮が旃陀羅ならぬ安房の漁師の子に生まれたことはほぼまちがいないとみられるが、その幼少時のことはほとんど不明である。せいぜい察せられるのは、「片海《かたうみ》の海人《あま》の子」（『本尊問答抄《ほんぞんもんどうしょう》』）として、折々に父の漁を手伝うなど、ごく平凡な生活を送っていたであろうということぐらいである。

そんな平凡な漁師の子が、どうして出家の道を志したのか、そのへんの理由もつまびらかではない。父の意向に従ったのか、それともみずから発心してのことなのか、ともかくも日蓮は数えの十二歳になった天福元年（一二三三）、父母のもとを離れ、清澄寺《せいちょうじ》の寺主道善阿闍梨《どうぜんあじゃり》に師事することになった。

清澄寺は小湊の西北方に位置し、車だと三十分前後でその門前に出ることができる。現在の清澄寺は日蓮宗に属しているが、日蓮の入寺したころは比叡山延暦寺《ひえいざんえんりゃくじ》の末寺であった。すなわち天台宗だったわけだが、山内では天台宗のほかに真言密教や浄土門の教えも盛んに行なわれており、寺主の道善房からして天台宗よりも浄土門の口称念仏《くしょうねんぶつ》にふけっていたという。

しかし、こうした信仰の混在は、他の多くの寺院にも見られた当時の一般的な風潮であって、清澄寺の特殊事情というわけではない。だから、日蓮もそのような状況に何の違和感もなく溶けこみ、自ら「阿弥陀仏をたのみ奉り幼少より名号《みょうごう》を唱へ候」（『妙法比丘尼御返事』）と述懐するように、当初はもっぱら浄土門に親しみ、真言密教にも関心を惹かれていった。

だが、そのうちに少年日蓮のみずみずしい感性は、重大な疑念に行き当たり、懊悩をかさねなければならなくなる。

その疑念は、山内をおおう信仰の混在状況と無縁のものではなかった。日蓮は、師の道善房や兄弟子から、あるときは天台法華を教えられ、あるときは念仏の功徳を説かれているうちに、ふと大きな矛盾に気づいたのである。

元来、仏といえば釈尊一人をさすはずであり、そうであるからには仏の教えも一つしかないはずだ。それなのに、今広く国内を見まわすと、天台、真言、浄土、禅をはじめ、やれ七宗だ、やれ十宗だと、さまざまな経典を典拠にしてさまざまな宗派が競い立っている。他人のことはともかく、この自分にしても天台、真言、浄土を兼修しているではないか。どう考えても、この状況はおかしい。いったい、仏の説かれた真実無二の経典はどれなのか――。

一見単純に見えるが、日蓮の抱いた疑念は、仏教のあり方に関わる根本的な懐疑である。仏家を志すほどの者なら、だれもが一度は向かいあわなくてはならない必須の命題である。しかし当時は、兼修的な雑信仰があたりまえのように思われており、そのことに思いをひそめる者はごく少なかった。そんな環境のなかで、まだ十代の少年がいち早くこの根本命題にめざめたというのは、いささかならず驚くべきできごととしてよい。

だが――。少年日蓮は、そのような疑念に逢着した瞬間、何よりも先に目くらむばかりの恐怖にとらえられ、茫然自失したのではなかったか。

キリスト教徒にとって、「最後の審判」は至福に満ちた救いである反面、無限の地獄への入口でもある。近代のキリスト者内村鑑三はキリストの再臨を説き、「最後の審判」に人類の未来を託したが、中世ヨーロッパの宗教改革のリーダー、マルチン・ルターは当初、「最後の審判」が恐ろしくてならなかったという。ルターにとって、キリストは「虹に坐《ま》す残酷な審判者」以外の何ものでもなく、審判にパスする自信が得られないまま、ついにルターは絶望のどん底にたたきこまれ、キリストを憎悪するようになった。ルターは、その当時のことをふり返り、「できることなら神を殺したい」とまで思いつめた、と告白している。

今、日蓮が直面した状況は、ルターの立場によく似ており、しかももっと深刻だということができるであろう。ルターをおののかせた「最後の審判」は遠い未来のことであり、審判の力点は堕地獄よりも永遠の祝福のほうに置かれている。それに対し、日蓮の前に厳然と聳《そび》え立った「末法」はすでに眼前の現実であり、その上に一切の救いが否定されているのだ。人間は、生きていても死後の世界においても、ついに救いにあずかることはできず、地獄の責め苦のなかを永劫《えいごう》にさまよわなくてはならない——それが末法思想の眼目であった。

その末法の世を脱出し、浄土に往生できる唯一の可能性として人心を集めたのが浄土信仰であり、日蓮もこれまで浄土信仰に親しんできた。だが、浄土信仰が仏の説いた唯一無二の教えだという保証は、どこにもない。疑念にめざめた日蓮にとって、浄土信仰はもはや確実な救いを託しうるものではなくなった。

そう気づいたとき、日蓮は恐怖と絶望にうちのめされながら、あやうい一線で踏みとどまり、その恐怖と絶望を梃子《てこ》にして、独自の道を歩み出していたのである。

正法を求めて

法然や親鸞は、人間の能力も仏法の力も下落するばかりだとされた末法時にいちばんふさわしい教えはどれか、という観点に立って救いを模索し、その果てに、どんな人間でも向こうからやって来て浄土に迎えとってくれるという阿弥陀如来の誓願（本願）とめぐりあって、浄土門に帰依した。

それに対して、日蓮が最重要視したのは、今見たように、どの経典が釈尊の真意を伝える教え＝正法なのかということであった。仏の慈悲の光がこの世に届きにくくなる末法時においては、正法を信奉することこそ、その弱い光に浴するもっとも有効な手だてと考えたからである。

正法の発見は、とりもなおさず日蓮が直面した恐怖や絶望を癒やすことと同義であったから、日蓮は疑念に逢着して以来、寝食を忘れるほど頭を悩まし、師道善房や兄弟子たちに問いかけて、何らかの啓示が与えられることを期待した。だが、道善房以下の諸僧は前述のような兼修的信仰に慣れて内省を怠っていたので、だれ一人として、すこぶる意味の重い日蓮の問いに満足のいく解答を与えることができなかった。そこで日蓮は、自分の疑念をはらしてくれるのは、やはり仏以外にないのだと思い知り、清澄寺安置の虚空蔵菩薩《こくうぞうぼさつ》の前に額《ぬか》ずいて、「我を日本第一の智者となし給へ」（『善無畏三蔵抄《ぜんむいさんぞうしょう》』ほか）と、三七《さんしち》二十一日の間祈願をこめ続けた。虚空蔵菩薩を祈願の対象に選んだのは、多くの仏のなかで智慧功徳の広大無窮なること第一番と信じられていたからである。

祈願の効果はあった。日蓮の遺文によると、虚空蔵菩薩はその熱願を聞き届けて満願の日、「眼前に高僧とならせ給ひ、明星の如くなる智慧の宝珠を授け」（同前）てくれた、という。

このエピソードは、親鸞の六角堂百日間参籠《さんろう》に通じるものがある。だが、親鸞の場合は救世観音《くせかんのん》から一篇の偈《げ》を夢告《むこく》され、翻然と迷いを去ることができたのに対し、日蓮が虚空蔵菩薩から授けられた「智慧の宝珠」は、いうならば大疑解明のための方法論であった。では、それはどんな方法論であったかというと、こうである。まず諸宗に対するいっさいの先入見を去り、先人の論考にも惑わされることなく、白紙の状態であらゆる経典に直接目を通してみよう。そのうえで、各経典を厳密に比較対照すれば、釈尊の真意がどの経典に語られているのか、おのずと明らかになるはずだ――。

現代の学問の常識からすれば、ごく当然の原典主義ともいえるが、当時としてはまれにみる実証の尊重といってよい。さらにこのような方法を自らに課した日蓮の意識の根底をうかがうと、今の世の人は師と仰ぐに足りず、という意識が強い。権威への妄従を排する日蓮の基本的姿勢が、すでにここにはっきり表出していることが見てとれよう。また、この方法論は後年、いっそう精緻に磨きをかけられ、鎌倉新仏教のなかでも出色とされる論理性を、日蓮の宗風に添えることになる。

だが、現実の場面に戻ると、日蓮が感得したこの方法論も、いざ実行しようとなると、たいへんな難事であった。もろもろの経典を総称して大蔵経《だいぞうきょう》というが、その総数は実に五千巻とも七千巻ともいわれるほどに膨大であり、国内に弘まっている宗派にしても、倶《く》舎《しゃ》・成実《じょうじつ》・律《りつ》・法相《ほっそう》・三論《さんろん》・華厳《けごん》の南都六宗に加え、真言・天台・禅・浄土と合計十宗を数えるのである。それらのすべてに通じようとすれば、気の遠くなるような時間とエネルギーを費やさなくてはならず、下手をすると生涯をかけても解答にたどりつけないおそれだってある。

しかし、正法の探求と自己の救済をかさねあわせていた日蓮としては、いかに難事であろうと、ここで引きさがるわけにはいかなかった。日蓮は若々しい意欲を奮い立たせて、この難事に挑むことを決意する。となると、経典も十分にない清澄寺にとどまっているのは、時間のむだということになる。

そこで日蓮は、道善房のもとに赴いて抱負を述べ、遊学のための下山の許可を願い出た。暦仁《りゃくにん》元年（一二三八）ないし延応元年（一二三九）のことと伝え、日蓮は数えの十七～八歳。道善房はこのとき、愛弟子《まなでし》の旅立ちへの餞《はなむけ》として、それまで童形《どうぎょう》のまま仕えていた日蓮に対し、出家剃髪の儀を施すとともに、是生房蓮長《ぜしょうぼうれんちょう》の法号を与えたという。

こうして清澄寺をあとにした日蓮がめざしたのは、幕府のお膝元鎌倉であった。源頼朝《よりとも》の開府からおよそ五十年、当時の鎌倉は単に武家の都というにとどまらず、京都にまさるとも劣らない権勢の地として発展をとげ、人口も急増して殷賑《いんしん》をきわめていた。それだけに、仏教諸宗派の鎌倉進出も、あるいは幕府の外護《げご》を得ようとして、あるいは鎌倉を絶好の布教の場とみなして、きわめて盛んであった。すでに天台宗や真言宗は有能な学僧を送りこんで幕府との絆《きずな》を強めていたし、鎌倉新仏教側の禅宗や浄土宗も着々と地歩をかためつつあり、日蓮が大疑解決の修学をかさねる地として鎌倉は恰好の条件を備えていたのだ。

日蓮が鎌倉に滞在した期間は、足かけ四年から五年にわたる。だが、その間の日蓮の具体的な行跡は、だれを頼ったのか、どこに寄宿したのかということも含め、残念ながら皆目不明というに近い。そんな状況のなかで、ただ一つ確かだと考えられるのは、禅宗および浄土宗を重点的に学んだということぐらいで、そのことは『破良観等御書《はりょうかんとうごしょ》』や『南条兵衛七郎殿御書《なんじょうひょうえしちろうどのごしょ》』などの遺文にごく簡単に記されている。

さて、日蓮は仁治《にんじ》三年（一二四二）鎌倉遊学をうち切り、ひとまず清澄寺に戻った。それからまもなく、日蓮は鎌倉遊学の総まとめともいうべき小論文『戒体即身成仏義《かいたいそくしんじょうぶつぎ》』を著わし、次のような見解を明らかにした。

浄土宗は、その依拠する浄土三部経（『無量寿経《むりょうじゅきょう》』『観無量寿経《かんむりょうじゅきょう》』『阿弥陀経《あみだきょう》』）からして、釈迦が衆生を教化《きょうげ》するため仮に説いた虚妄方便《こもうほうべん》の説にすぎないから、用いるに足りない。

仏の真実の教えとすべきは、『法華経』である。『法華経』こそは唯一至高の経であり、『法華経』を信ずれば生きながらに往生することが可能になる。

しかしながら、『法華経』もなお真言密教にはかなわない。なぜなら、『法華経』は顕教《けんぎょう》（密教の対語、言葉で示された教え）であるのに対し、真言密教は言葉を媒介とせず、直接に釈迦の即身成仏の秘密に参入する教えであるからだ――。

これによると、日蓮は幼時から親しんだ浄土門と完全に訣別し、『法華経』を正法とする認識をもったものの、なおその徹底にいたらず、真言密教に『法華経』以上の憧れを抱いていたことがわかる。とはいえ、かつての恐怖と絶望はだいぶ薄まり、日蓮が大疑解決の確かな手ごたえをつかみつつあるようすも、明らかに感じとることができる。

いずれにせよ、『戒体即身成仏義』は、日蓮の自覚的な求法《ぐほう》の過程においてはじめて一つの形をなした、ささやかな記念碑であった。日蓮はこの小著をまとめたあと、さらに求法を探め、自身が真に納得できる大疑解決の確証を得るべく、仁治三年中にふたたび清澄山を下り、修学の旅に出る。そして、このたび日蓮がめざしたのは、当時の仏教界の最高峰、比叡山延暦寺であった。

ここで、仁治三年の時点における新仏教の他の祖師たちの動静を見ておくと、浄土宗の法然ならびに臨済宗の栄西《えいさい》は、すでにこの世を去って三十年に近い。浄土真宗の親鸞は京都で貧苦の生活に耐えながら書簡などをもって地方の門徒の鼓舞につとめており、曹洞宗の道元は同じ京都で親鸞を上回る名声を集めつつも、理想的な信仰の場を求めてひそかに永平寺《えいへいじ》開山を心がけていた。

つまり、これらの祖師の教えとその教団は、大小の差こそあれ、大地に根をおろして信仰の輪を広げている最中だったわけであり、やがて日蓮もそのあとを追うことになるのだが、今の日蓮はまだいささかもそのことに思いをいたしていない。日蓮はただ、己れの内面に萌《きざ》した大疑を一日も早く、そして完璧に解き明かしたいという希求にせかされるまま、ひたすら比叡山へと足を急がせた。

その比叡山延暦寺は、単に中世仏教界の最高峰ということにとどまらず、仏教研鑽《けんさん》の最も権威あるアカデミーという側面もあわせもっていた。ちなみにいえば、前記の四人の祖師たちもすべて、延暦寺で修行して巣立っていった、いわば同窓生である。

日蓮が延暦寺において師事したのは、そのころ比叡山三塔の総学頭の地位にあった南《なん》勝房俊範《しょうぼうしゅんぱん》であった。俊範は、かつて若い親鸞が師と仰いだ天台座主慈円《ざすじえん》から嘱目された学僧で、天台宗の宗風を厳格に保持し、真言、禅、浄土の諸宗には批判的な立場をとっていたという。

日蓮はやがて、俊範の説く天台学をすっかり吸収してその実力を認められ、無動寺谷《むどうじ》の円頓房《えんとんぼう》をまかされるようになった。無動寺谷とは比叡山三塔のうち東塔《とうとう》に属する五つの谷の一つで、京都からいちばん近い距離にある。延暦寺修行時代の親鸞もこの谷に居住したことがあるといい、盛時は八十あまりの房が建ち並んでいた。

日蓮はそれ以後、もっぱら延暦寺秘蔵の大蔵経の精読に明け暮れ、疑問の点が出てくると、師俊範にただしたり、山内の学僧と意見をたたかわせたりするなどして、いちずに大疑の解明につき進んだ。ついでそれらの業があらかた成ると、日蓮はいったん無動寺谷を出、東国以上に末法の深い闇におおわれた畿内の各地に足をのばした。

日蓮が大疑の完全な解明を期そうとするのなら、前にもふれたように経典の優劣だけでなく、国内に弘通《ぐづう》している十宗のうち、いずれの宗が最もすぐれているかということも確認しなければならない。その目的にそっての畿内遊歴であった。

遺文によると、日蓮はこの遊歴の際、園城寺《おんじょうじ》（三井寺《みいでら》）、高野山、四天王寺などを訪ね、高僧、碩学《せきがく》について諸宗の奥義を学んだと述懐している。園城寺は智証《ちしょう》大師円珍《えんちん》の体系化した天台密教の、高野山は空海《くうかい》以来の真言密教の、そして四天王寺は八宗兼学の、それぞれの道場である。また、後年作られた日蓮の伝記、伝説類を見ると、日蓮はこのほか南都七大寺、男山八幡宮、河内磯長《かわちしなが》の聖徳太子廟にも足をはこび、さらに道元や臨済宗の弁円《べんねん》円爾《えんに》に会って禅の要旨を問うたことになっている。全体としてこの畿内遊歴の行跡は、さきの鎌倉遊学の場合と同様、はっきりしない部分が多いが、ともあれ遊歴自体は決してむだに終わらず、諸宗弁別に関して得るところが多かったようだ。

こうして、少年の日、自分に課した方法論を忠実に実践したのち、日蓮は比叡山に戻り、さらに一年あまり思索の時を過ごす。それは、実に充実した内観の時であったことだろう。そして、その内観が極限まで純化された瞬間、日蓮はようやくにして確固不動の結論に到達することができた。釈迦の真意を伝える最勝の経典＝正法は『法華経』を措《お》いて他にない――それが歓喜のうちに到達した日蓮の結論であった。求法のため清澄寺を下山してからおよそ十五年、日蓮三十二歳の建長五年（一二五三）春のことである。

なぜ『法華経』なのか

仏教はインドで行なわれるようになった当初、出家主義のもとに自分の完成をめざして修養努力する自利主義の上座部《じようざぶ》仏教（小乗仏教）が一般的だったが、やがて宗教としての活性が低下したため、紀元前一世紀ころから復古革新運動がおこり、出家だけでなく一切衆生の救済をめざす利他主義の大乗仏教が勃興することとなった。それにともない、数多くの大乗経典が編まれて世に弘まったが、『法華経』もそのような大乗経典の一つであり、現代の文献学によればその成立の時期は紀元後一世紀ごろとされている。

こうして成立した最初の『法華経』は、古代インドの梵語《ぼんご》の一種を用いて編述されていたので、『梵文法華経』と呼ばれる。その後、中国に伝わって六種類の中国語訳があらわれたが、六訳三存といって現在まで伝わっているのは、竺法護《じゆくほうご》訳『正法華経』、闍那崛多《じやなくつた》・達磨笈多《だるまぎゆうた》共訳『添品《てんぼん》妙法蓮華経』および鳩摩羅什《くまらじゆう》訳『妙法蓮華経』の三種類である。このうち、わが国で最も用いられたのは鳩摩羅什の『妙法蓮華経』であり、日蓮がもっぱら典拠としたのもこの鳩摩羅什訳とみなされている。

『法華経』は、近代文献学の光が当てられるまで長い間、釈迦の説法をそのまま記録したものだ、と信じられてきた。日蓮もむろん、そう信じて疑うことがなかった。

しかし、だからといって、『法華経』が偽経だというのではない。そもそも、釈迦が生きて活動していた当時のインドにはまだ文字が存在していなかったのだから、そういう近代的な見方をすれば、すべての仏典が偽経ということになってしまう。

では、釈迦の教えはどのようにして伝えられたかというと、文字のない世界に通有の手段である口伝《くでん》を通してであった。釈迦の忠実な弟子や熱心な信者は、教えの散逸や異説の横行を防ぐため、「結集《けつじゅう》」と呼ぶ会合をたびたびもち、正法の護持につとめたという。もちろん、時代がたつにつれて、釈迦の教えは「結集」それぞれの立場によって分化していくことを避けられなかったが、やがて文字が出現するに及び、それぞれの立場からこれこそ釈迦の教えのエッセンスだとして、『法華経』その他の経典が著わされることになったわけである。

『法華経』は、一の巻の序品《じょほん》第一から八の巻の普賢菩薩勧発品《かんぼつぽん》第二十八まで、あわせて全八巻二十八品から成っており、大別して序品第一から安楽行品《あんらくぎょうほん》第十四までを迹門《しゃくもん》、従地涌出品《じゅうじゆじゅつぽん》第十五から後半を本門《ほんもん》と呼んでいる。品《ほん》は、いわゆる章ないし節といった意味に相当し、迹門では哲学的に智慧が主としてはたらき、本門では宗教的に慈悲が主としてはたらくとされる。日蓮は迹門よりも本門に『法華経』の真髄があるとの立場をとったが、いずれにしてもすこぶる壮大な宇宙観と細密な人間考現学が混在する不思議な経典である。

さて、この『法華経』に大乗経典中の最高の価値を見いだし、正法とあがめたのは、実をいうと日蓮が最初ではない。つとに、仏教発祥の地インドにおいて龍樹《りゅうじゅ》菩薩（二〜三世紀の人）や世親《せしん》菩薩（四世紀の人）が『法華経』を称揚しているし、中国に伝来後も多くの信奉者が生まれた。そのなかで、とりわけ有名なのは中国隋代の僧天台智顗《ちぎ》であり、彼の唱えた「一代五時」の説は後世に大きな影響を与えた。日蓮も、「一代五時」説を含め、天台智顗の教説からこうむった恩恵は多大なものがあった。

「一代五時」説は、緻密な論証をわずらわしいほど駆使した大理論であるが、大筋を要約すると次のようになる。

智顗はまず、正法探求の手はじめに、釈迦の説法の時期を「華厳時《けごんじ》」「阿含時《あごんじ》」「方等時《ほうどうじ》」「般若時《はんにゃじ》」「法華涅槃時《ほっけねはんじ》」の五時に区分し、諸経典をそれらの各時に割り振った。この作業において、智顗は最後の「法華涅槃時」に説かれたのが『法華経』だと規定する。ついで智顗は、「般若時」に説かれた経は、すべて権教《ごんきょう》つまり真の教えを理解させる準備段階での方便の教えであって、こうして十分用意を整えたのちに釈迦はようやく本当の悟りを語りはじめた。それがすなわち『法華経』であり、それゆえ『法華経』こそ最高、最勝の教えとしなければならない、と結論づけたのである。

一方、わが国と『法華経』との関わりをみると、聖徳太子が『法華経』を尊び、宮中に講説したということが『日本書紀』に見えている。次の奈良時代に入ると、『法華経』は『金光明経《こんこうみょうきょう》』とともに鎮護国家の経典とされ、また光明皇后発願の国分尼寺が『法華滅罪之寺』と名づけられるなど、国家と結びついて広まっていった。

さらに次の平安時代の初期、『法華経』はもっと純宗教的な角度から脚光をあびることになる。いうまでもなく、最澄《さいちょう》が比叡山に開いた日本天台宗の根本経典とされた、ということである。これを機に、『法華経』は南都六宗など従来の諸宗に見られない新鮮な教えに満ちた経典として、一躍幅広い尊信を集め、わが国でも諸経典中の〝帝王経〟といった地位を占めるにいたる。

そうすると、日蓮が『法華経』を正法と位置づけたオリジナリティはどこにもないようにみえるが、むろんそんなことはない。日蓮は、そのことに関し、「二乗作仏《にじょうさぶつ》・久遠実成《くおんじつじょう》」

ということを強調している。『法華経』と他の経典との違いを考察するに、「其相違多しといへども、先世《まず》間の学者もゆるし、我が身にも、さもやとうちをぼうる事は、二乗作仏、久遠実成なるべし」(『開目抄《かいもくしょう》』)と。

つまり、日蓮は他経にない「二乗作仏・久遠実成」が、『法華経』にのみ語られているのを読みとったからこそ、『法華経』が最勝の経典であることに確信を抱いた、というのである。

二乗作仏の二乗とは、菩薩につぐ高い悟りの境地に達した縁覚《えんがく》と声聞《しょうもん》のことをさす。だが、縁覚と声聞の人々は、前述した上座部仏教を信奉していたため、諸大乗経典から異端とされ、成仏することを認められていなかった。五逆十悪の罪人の成仏も保証する大乗仏教の性格からすれば、ひどい差別といわなくてはならない。ところが、諸大乗経典中、『法華経』だけはそのような偏見をもたず、縁覚、声聞の徒もひとしく成仏できるということを言明している。つまり、二乗成(作)仏である。

二乗作仏を、仏の救いの平等性の証明とすれば、久遠実成というのは、その救いの普遍性、不滅性に関わる概念とすることができよう。

すなわち、仏教の開祖釈迦は、インド摩掲陀国《まかだこく》の迦毘羅城《かびらじょう》の城主浄飯王《じょうぼんのう》の王子として生まれ、十九歳で出家、三十歳にして悟りを開き、紀元前四八六年に八十歳で入滅した。一般に、歴史上の実在の釈迦は、そのような生涯をたどったとされている。

しかし、仏教が普遍的宗教としてありつづけようとする以上、それでは不都合、不十分である。たとえば、イエス・キリストの教えが広く世界を風靡《ふうび》するにいたったのは、人間界の法則や時間を超える存在としての神がその背後にあったからだ。仏教もまた、教祖信仰から昇華して真に普遍性を備えようとするならば、釈迦の背後にそのような超越的存在を創出しなければならない。

そこで、日蓮は『法華経』如来寿量品《にょらいじゅりょうほん》第十六に記されている、大意次のような一文に着目した。

「われ釈迦牟尼仏《むにぶつ》が正覚《さとり》を開いたのは、百千万億載阿僧祇劫《あそうぎこう》という久遠《くおん》の昔のことであり、その間、衆生を済度するために、方便をもって入滅したこともあるが、それは仮の入滅であって、われ釈迦牟尼仏は永劫《とこしえ》に不滅常住の仏である」

この一文を素直に受けとめれば、沙羅双樹《さらそうじゅ》の下に八十歳で入滅した歴史上の釈迦は、悠久の昔に成仏した（久遠実成）釈迦が教化《きょうげ》の方便としてこの世にあらわれ、人間の姿をとって入滅してみせた、あくまで仮の姿であって、本当の釈迦は不滅常住の仏として、はるかな過去から永遠の未来まで変わることなく衆生の救いにあたっている、という意味になる。

卓抜な論理、といってよいであろう。ここに釈迦は別の超越者をもち出すまでもなく、自身がそのまま絶対的な超越者へと昇華するわけである。それに、仏教は歴史上の釈迦の説法からはじまったのではなく、実はすでに久遠実成の釈迦によって説きおこされていたことになり、原初から未来をつらぬく根本的真理ということにもなるのだ。

日蓮は、例の原典主義により、この久遠実成の概念が『法華経』にしか語られていないことを〝発見〟した。そして、この久遠実成とさきの二乗作仏を感得した上で、『法華経』こそ正法との確信にいたったのだから、その帰結には十分なオリジナリティがあったわけである。

さて、日蓮は約十五年の歳月をかけ、少年の日の大疑に解答を与えることができたが、成長した日蓮の前には、もう一つなしとげなければならない課題が出現していた。それは、『法華経』をマスターすべき五種行《ごしゆのぎよう》や摩訶止観《まかしかん》がたいへん難しく、一般の人が実践するのに容易でないという、その隘路《あいろ》をいかに打開したらよいのかということであった。

浄土宗の法然は、つとに次のようなことを言っている。

「ことに法華経は三世の諸仏もこの経によりて仏になり、十方の如来もこの経によりて正覚をなり給ふ。しかるに、法華経などをよみたてまつらんに、なにの不足かあらん。かやうに申す日は、まことにさるべきことなれども、われらが器量はこの教におよばざるなり。（略）われら凡夫はかのうべからずと思ふべきなり」

一読明らかなように、法然は『法華経』がいちばんすぐれた教えだということを、率直に認めている。『法華経』に帰信さえすれば、もうそれで十分だとも言う。だが、――と法然はここで反転し、『法華経』を信奉するには自分たちの「器量」が及ばない、という嘆きを吐露する。つまり、『法華経』はあまりに深遠かつ難解にすぎて、自分も含めた末法の凡夫にはとうてい理解も修行も不可能である――と。

このような観点から、法然は末法の凡夫にふさわしい教えを求めて浄土門に帰依《きえ》し、信仰の易行《いぎょう》化に腐心した。

日蓮もまた、時代の子である以上、末法の凡夫の救済を度外視することはできない。親鸞自身はすでに五種行も摩訶止観も実践してきたが、今の日蓮は、自分一人だけの救済を切実に希求する青くさい少年ではなかった。長い求法《ぐほう》の遍歴を通し、彼の宗教意識は二乗作仏の感得にみられるように、衆生全体を対象とする段階に高まっていた。となれば、日蓮もやはり『法華経』伝統の難行《なんぎょう》をそのまま受けつぐだけではすまされず、末法の凡夫もやすやすと『法華経』の功徳にあずかれる新機軸をうち出さなければならないのである。

智慧第一と世人から賞された法然でさえ難しすぎると敬遠した『法華経』のことであるから、当然のことにその易行化は容易なことではなかった。だが、日蓮はいくたびも『法華経』の熟読につとめた末、その難関を突破する。

日蓮が編み出した新機軸のうち、まず注目すべきは難行中の難行ともいうべき天台摩訶止観の克服だ。この摩訶止観は、前述の天台智顗《ちぎ》が説いて以来、もっともだいじな『法華経』の修行の方法とされてきたものだが、一念のうちに三千の法界がある（一念三千の法門）というようなきわめて高度な哲学的教義であり、それを体系的に理解し修めることは、凡人にとって文字どおり不可能というほかにない。

それに対して日蓮は、ただひたすら久遠実成の実在を信じ、『法華経』を信ずれば、摩訶止観を修さなくても、おのずと一念三千の法門はその身に備わり、具体的な事実として体験される、と主張した。天台の「理《り》の一念三千」に対して「事《じ》の一念三千」と呼ばれる日蓮独特の解釈である。

ついでに日蓮は、この認識の上に立ち、人は「南無妙法蓮華経」と唱える（唱題《しょうだい》）だけでも、迷いを離れて悟りを得ることができるという教旨を展開する。われわれ凡人は『法華経』に心底から帰信したとしても、経文のことごとくを誦《そら》んじ、その一々を実践に移すことはとうてい期しがたい。

ところが、「妙法蓮華経」の五字の中には、『法華経』の八巻二十八品、六万九千三百八十四の文字がもれず欠けずに収められており、それは凡夫のために釈尊が慮《おもんぱか》ってくれたはからいである。だからわれわれは、「南無妙法蓮華経」と唱えるだけで十分『法華経』の真髄にふれることができ、同時に仏の救いにあずかることが可能になる――というのである。

以上のような易行化の方向は、皮肉なことだが、日蓮がもっとも排斥した浄土門のそれと実によく似ている。「事の一念三千」は法然や親鸞のいう阿弥陀如来への一向他力の信心と、唱題は口称念仏と、あたかも双生児のように暗合する要素が多い。この類似性は以前から指摘されており、おそらく日蓮は、易行化の方法論に限ってのことだが、浄土門に敵愾心《てきがいしん》を燃やしてその論破につとめているうちに、いつかその影響をこうむることになったのであろう。

ともあれ、ここに日蓮の求法と雌伏内省の時は終わった。それと同時に、日蓮は、今後『法華経』の行者として生きることを決意する。すなわち、比叡山ほかにたくさんいる『法華経』研究の学僧としてではなく、『法華経』の教えを具体的に実践する宗教者としての生き方を選びとったのである。

この場合、実践するということは、単に『法華経』の教えを守るということばかりでなく、『法華経』をこの世に弘めるという行為も意味する。ちなみに、釈迦は『法華経』の如来神力品《にょらいじんりきほん》第二十一から嘱累品《ぞくるいほん》第二十二にかけて、自分の滅後における『法華経』の弘通《ぐづう》を、上行《じょうぎょう》菩薩以下の多くの菩薩たちに依嘱している。したがって、『法華経』の布教につとめることは、『法華経』の行者にとって、ゆるがせにできない神聖な義務だったのだ。日蓮は、『法華経』のいう「釈迦の滅後」を末法時と解し、その末法の世に『法華経』を弘めることを決した自分こそ上行菩薩の生まれ変わりにほかならない、という信念さえ抱いていたようである。

建長五年（一二五三）の晩春、日蓮はその信念にもとづいた満々たる自信を胸に、足どりも軽く比叡山を下り、故郷への道をたどりはじめた。

開教と弾圧

室町時代に著わされた『日蓮聖人註画讃』によると、延暦寺から清澄寺《せいちょうじ》に戻った日蓮は、ひとまず行場《ぎょうば》にこもって七日間の水行《みずぎょう》を修したのち、満願の建長五年（一二五三）四月二十八日の早朝、朝露を踏みしめて前述の旭の森に登り、折しも太平洋の水平線からさし昇る朝日に対して、声高に南無妙法蓮華経と唱えだした、という。一方、遺文にはこの旭の森唱題に関する記述はなく、同日の午《うま》の刻《こく》、旧師道善房の持仏堂の前で、集まった人々に向かい、これまでの求法《ぐほう》の成果を説き明かしたという程度のことしか記されていないが、いずれにしても、己れの所信をはじめて人前で公《おおやけ》にしたという意味において、日蓮開教の原点がこの日にあったことは認めてよいであろう。

そして、開教のその日が、日蓮の生涯をいろどる数々の迫害の幕開けの日ともなった。

当日、日蓮の説法を聞こうとして持仏堂の前に参集した人々は、遺文にも「浄円房《じょうえんぼう》と申す者、並《ならび》に少々の大衆《だいしゅ》」（『清澄寺大衆中《せいちょうじだいしゅちゅう》』）とあるように、そう多くはなかったらしい。だが、そのなかに、東条郷の地頭で清澄寺の檀那でもある東条景信《とうじょうかげのぶ》がいたことが、最初の受難劇の引き金となったのである。

景信は、幕府の要人で浄土宗の熱心な信者極楽寺入道重時《ごくらくじにゆうどうしげとき》の家人《けにん》筋にあたり、自身も主君に負けず劣らずの浄土門徒であった。だから、今日わざわざ清澄寺に足をはこんだのは、日蓮を浄土宗発祥の畿内に遊学した同宗の新知識と勝手に思いこみ、本場仕込みのありがたい説法を拝聴できると期待してのことだった。

ところが、日蓮の賛美するのは『法華経』のことばかり、反対に浄土宗には仮借ない批判があびせられる始末である。日蓮が説き進むにつれて、景信は当然ながら激怒し、あの怪《け》しからぬ法師を山下に待ち伏せて首を刎《は》ねよと、ひきつれてきた郎従たちに命じた。

日蓮がこの危機をまぬかれることができたのは、ひとえに旧師道善房のおかげだった。道善房は、景信と同席していたので、景信主従のやりとりが逐一耳に入ってきた。そこで愛弟子《まなでし》の危機を憂慮し、説法が終わった日蓮を自室に呼び入れて、異端の説を語ったという理由で勘当を申し渡すとともに、景信配下の待ち伏せる山下とは別の方向の青蓮房《しようれんぼう》へと避難させたのである。この避難行には、以前から日蓮に好意的だった兄弟子浄顕房《じようけんぼう》がつきそい、間道伝いに青蓮房まで案内してくれた。

その青蓮房において、日蓮はまた浄土宗を批判し、折から阿弥陀堂の開堂供養の日を迎えて祝賀気分に沸いていた寺僧たちからたたき出されてしまう。

だが、日蓮はべつだん落胆もしなかった。自分の教えが革新的であるだけに、そうやすやすと人々の理解を得られるとは思っていなかったからである。それに日蓮は開教した以上、清澄寺や安房《あわ》一国にこだわらず、広い世間に出て本格的に布教にあたりたいという大志も抱いていた。

ただ、故郷を離れるにあたり、気になってならないのは、小湊にいる両親のことだった。一別以来、早くも二十年前後の歳月が流れており、一日千秋の思いで自分の帰りを待ちわびているに違いない。しかも、このまま故郷を離れてしまっては、はたして二度と今《こん》生《じょう》でめぐりあえるかどうかもわからぬというのが、今の日蓮の身の上なのである。そう思うにつけ、矢も盾もたまらなくなった日蓮は、景信の厳重な探索の網をかいくぐって小湊の浜辺の生家へと潜行した。

両親は、すでにわが子が地頭に生命を狙われていることを知っており、再会の喜びに涙したあと、過激な説法を今すぐやめるよう、手をすり合わせて日蓮をかき口説きはじめた。だが、日蓮からその体得した『法華経』の教えの正しさを諄々《じゅんじゅん》と説かれるうちに、両親は翻然と悟るところがあり、ほどなく『法華経』への帰信を申し出た。そこで、日蓮は最初の信徒ともいうべき父母に、妙日《みょうじつ》、妙蓮《みょうれん》という法号を授け、自らは両親の法号を重ね合わせて日蓮と名のることになった——という。

ただし、以上は伝説類の語るところで、遺文によると、是生房《ぜしょうぼう》蓮長から日蓮と改名したのは、『法華経』の経文にちなんでのことである。すなわち、日蓮の日《にち》は如来神力品《にょらいじんりきほん》第二十一の偈頌《げじゅ》の「如日月光明《にょにちがつこうみょう》」に、蓮《れん》は従地涌出品《じゅうじゆじゅつほん》第十五の偈頌「如蓮月在水《にょれんげつざいすい》」に由来する。日蓮はまたわが法号を自賛し、「明《あきら》かなる事日月《じつげつ》にすぎんや。浄《きよ》き事蓮華にまさるべきや。法華経は日月と蓮華となり。故に妙法蓮華経と名《なづ》く。日蓮又日月と蓮華との如くなり」(『四条金吾殿女房御書《しじょうきんごどのにょぼう》』)とも言っている。

さて、両親との再会を果たし、しかも両親の帰信を得るという願ってもない幸運に恵まれた日蓮は、それからまもなく鎌倉に姿をあらわした。関東第一の都会において、いよいよ本格的な布教に乗り出そうというのである。

鎌倉は山の多い町で、山と山との間に開けた平地は谷《やつ》と呼ばれている。日蓮が鎌倉における居と定めて小庵を営んだのは、そうした谷の一つ、名越《なごえ》の松葉谷《まつばがやつ》であった。清澄寺の受難劇から一カ月とたたない、建長五年五月のことである。同年八月には、末法の到来を厳として認めず、日蓮とは遠く隔ったところで独自の宗教を構築した道元が、京都に没している。

現在、松葉谷を訪れると、そこはすっかり住宅街に変じており、その裏手に妙法寺《みょうほうじ》という日蓮宗寺院が建っている。三方を山にかこまれ、西南の方向だけが外界に開かれたこの妙法寺の境内が、日蓮の営んだ小庵の跡だという。

この妙法寺からだと、鎌倉のメインストリート若宮大路や、かつて幕府政庁が置かれていた地域はごく近い。そうした位置関係からすると、日蓮が松葉谷に居を構えたのは、一つに布教の利便も考えてのことであったのだろう。

しかし、日蓮はなかなか鎌倉布教の挙にうって出ようとはしなかった。そのかわり、小庵にこもってもっぱら『法華経』の読誦《どくじゅ》にふけったり、閲覧を許された鶴岡八幡宮の経蔵に赴いて一切経をひもといたりと、日蓮はしばらく内省と待機の明け暮れを送る。

この沈潜ぶりは、概して行動的な日蓮の性向からすると一見いぶかしいが、しかし考えてみれば、今の日蓮はまさに天涯孤独なのである。日蓮を理解し、助けてくれる味方は周辺にだれ一人としていない。そのうえ、今回の鎌倉布教は、『法華経』の行者としての日蓮の真骨頂を広く世に問う、はじめての実践行でもあった。いきおい慎重に構えざるをえなかったのだ。

正確な年月日ははっきりしないが、日蓮が念願の鎌倉布教を開始したのは、翌建長六年に入ってからのことのようである。

その直前の建長五年末、日蓮は肉親以外の弟子をはじめてもつことになった。比叡山の学僧で、成弁《じょうべん》という人物である。成弁は、かねてより『法華経』と『大日経《だいにちきょう》』（真言密教の根本経典）との勝劣について惑っていたのだが、たまたま鎌倉に新説をたてるものがいると伝え聞いて松葉谷の小庵を訪れ、日蓮の説くところにたちまち魅了された。そこで、成弁は日蓮より一歳の年長だったが、すすんで日蓮に師弟の礼をとり、日昭《にっしょう》という法号を授けられたのである。日蓮をして鎌倉布教に踏み切らせた直接のきっかけは、この日昭という後事を託するに足る人物を弟子に得たことだったという。

ついで、年が明けてまもなく、日昭の義弟平賀有国《ひらがありくに》の子で、年わずか十歳の少年吉祥麿《きっしょうまろ》が、日蓮のもとに入門した。後年、日蓮からもっとも愛され、六老僧の一人に任ぜられた日朗《にちろう》である。

一方、在俗の信徒もおいおい増加し、松葉谷の小庵に集まるようになった。主な顔ぶれをあげると、富木五郎胤継《ときごろうたねつぐ》、工藤吉隆《くどうよしたか》、池上宗仲《いけがみむねなか》・宗長《むねなが》父子、四条金吾頼基《しじょうきんごよりもと》、波木井六郎実長《はきいろくろうさねなが》らであり、彼らはたいていが武士、それも幕府の御家人だったようだ。日蓮が常々、今のような末法末代には悪人が成仏できるもできないも、罪の軽量ではなく、ただ

『法華経』を信じるか信じないかによるとし、昼夜に殺生を宿命づけられた武士もその例外ではない、と説き示したことに共鳴してのことであった。

増加する信徒のなかには、女性の姿もまた見かけられた。当時の女性は、身に五障を備えているため成仏できないとされ、ともすると不条理な差別を強いられがちであった。それに対し、日蓮は『法華経』の提婆達多品《だいばだったほん》第十二を証拠にして、女人成仏をはっきりと認めていた。

提婆達多品第十二を見ると、そこには龍王の娘で八歳の龍女が、文殊菩薩の導きによって『法華経』の正覚《さとり》を得たことが語られている。人間でない龍女ですら『法華経』は救ってくれるのに、人間の女性がどうして救われないことがあろうか——。すでに、二乗作仏のなかに救いの平等性を読みとっていた日蓮にとって、この龍女成仏の文証《もんしょう》（経典による証明）をかさね合わせたとき、『法華経』が女人救済の教えであることは疑いようもない真理だったのである。

もっとも、日蓮のもとにやってくるのは、すべてがすべて好意的な人ばかりではなかった。このころのことを追懐して、日蓮は次のようなことを述べている。

「在家の人々は不審あるゆゑに各各の持僧等、或《あるい》は真言師、或は念仏者、或はふるき天台宗、或は禅宗、或は律僧などをわきにはさみて、或は日蓮が住所に向《むか》ひ或はかしこへ呼ぶ」（『破良観等御書《はりょうかんとう》』）

日蓮の教説を聞き伝えた在俗の人々が、自分の信じる宗派の僧とともに宗論を挑んでくることも、たびたびあったのである。日蓮はこれらの人々を論破するかたわら、営々と鎌倉布教を継続し、こうして徐々にではあるが、松葉谷の草庵を核とする教団的なものが形成されていった。

『立正安国論』と国主諫暁

布教を開始してから数年間、日蓮の身辺にはそう大きな変化が認められない。信徒は微増するにとどまり、名のある貴顕の帰依もみられず、日蓮の拠点は依然として松葉谷の小庵であった。政治の世界でも、この数年間は鎌倉中期の安定期にあたり、さしたる変動がなかった。

だが、天変地異という観点からすると、この数年間はいささか異常の気味があった。日蓮が布教に着手した建長六年（一二五四）七月、二十年来という大暴風雨が荒れ狂ったのを手はじめに、大雨、大地震、大火、疫病、飢饉、それに当時の人々に不吉の前兆と恐れられた日蝕、月蝕などが相ついで発生したのだ。そのため、社会の不安は増幅される一方で、巷《ちまた》にはいよいよ末法の世が本格化したという嘆きの声があふれるようになった。日蓮も松葉谷の草庵で、そのような天変地異の続発と世情の混乱を、つぶさに見聞していた。日蓮もやはり、続発する天変地異の意味を末法の深化のあらわれとみなしたが、その反応の仕方はおのずから世間一般とは異なっていた。

これらの天変地異こそ、人々が真実の教えである『法華経』を信ぜず、浄土宗、禅宗などの邪法にふけっていることへの、天の警告にほかならない――日蓮はそう読み取ったのである。そして、日蓮はこの危機的状況を逆に正法流布《るふ》の絶好機だと把握し、より巨視的な立場での布教を思いたつ。すなわち、布教の焦点を公権力にしぼり、幕府を相手どって正法への覚醒をうながそうと決意したのであった。

だが、幕府を相手どるといっても、当時の日蓮には、幕府の要路に直接持論を開陳できるだけの人脈も手だてもなかった。そこで、日蓮は自分の主張を文書にして幕府に提出し、突破口を開くことにした。

その文書を作成するにあたって日蓮のとった方法が、これまた例の原典主義であった。人々を承服させるには、ただ口先で「天の警告だ」と言いつのっても、たいした効果はあがらないに違いない。ましてや今回の相手は、幕府である。諸経典のなかから文証を摘出し、それによって現前の変異を合理的に説明してみせなくては、とうてい納得させることはできないであろう――そう判断した日蓮は、迷うことなく松葉谷の小庵を出て駿河国《するがのくに》岩本《いわもと》の実相寺《じつそうじ》に赴き、同寺所蔵の大蔵経の閲読にとりくんだのである。

そのころ、実相寺の学頭をつとめていたのは、日蓮の比叡山時代の法友智海《ちかい》法印であり、智海は日蓮のために何くれとなく便宜をはかってくれた。大蔵経閲読は、日蓮にとってその比叡山時代に続く二度目のことであったが、日蓮は何と文証検出のために、教団形成の大切な時期であったにもかかわらず、足かけ三年もの歳月をつぎこんでいる。このような、足もとをゆるがせにしない地道な営為のうちに、文応元年（一二六〇）、稿が成ったのが『立正安国論《りっしょうあんこくろん》』であった。

『立正安国論』は、その標題が示すように、正法の『法華経』を立てて国土を安んずる方策を説いた論文であり、構成は旅客と宿の主人の問答体となっている。日蓮の主張を代行するのは宿の主人のほうであり、その要旨を聞かされた旅客が、「唯《ただ》、我（『法華経』を）信ずるのみに非《あら》ず、又他（宗）の誤《あやまり》を誡《いまし》めんのみ」と誓う場面をもって結ばれている。

日蓮は詩人肌の宗教家だといわれるが、その素質をうかがわせるように、文章は洗練されてよどみがない。文証としては、『金光明経《こんこうみょうきょう》』『大集経《だいじっきょう》』『仁王経《にんのうきょう》』『薬師経《やくしきょう》』『涅槃経《ねはんきょう》』などの経文があげられており、邪宗非難の鉾先《ほこさき》はもっぱら浄土宗に向けられている。

では、天変地異に姿をかりた「天の警告」とは、どのような危難をさしているのか。また、その危難を防ぐには、どうしたらよいのか。『立正安国論』の主張は、以下のとおりである。


諸経に説かれた災難について検討を加えると、すでに発生したものと未発のものとにわけることができる。その未発のものをさらに整理すると、諸経とも表現は違うものの、結局は「他国侵逼難《たこくしんぴつなん》」と「自界叛逆難《じかいはんぎゃくなん》」の二種に帰す。「他国侵逼難」とはわが国が他国の侵略を受けることであり、「自界叛逆難」とは国内に謀反が起こることにほかならない。

すでに、悪法流布の科《とが》によって諸経の説く多くの災難が現実のものとなっている以上、残るこの二難が絶対生じないという保証がどこにあろう。現状のままでは、この二難も近い将来まちがいなく発生すると考えなければならず、そうなればわが国は地獄と同様の苦界と化すこと、必定である。

そのような悲惨な目にあいたくなかったら、その方法はただ一つ、国内の人々がこぞって正法に覚醒するほかにない。人々が『法華経』を尊信すれば、三界はみな仏国となり十方はことごとく宝土となる。この世が仏国・宝土となれば、衰えることも壊《やぶ》れることもなくなり、先の二難もまた因を失って生ずることなく、人々は心安らかに真実の仏果を体得できるであろう——。

『立正安国論』の草稿は、文応元年の六月から七月初めにかけてできあがったものとみられる。執筆したのは、実相寺での大蔵経閲読を終わって戻った松葉谷の小庵においてであった。日蓮は草稿が成ると、幕府の儒官で自分の信徒でもある比企能本《ひきよしもと》に字句の校閲を依頼し、十分に文章を練った上で、七月十六日幕臣宿屋光則《やどやみつのり》を訪ね、前執権北条時頼《ときより》への上書を申しこんだ。

日蓮が上書の相手に時頼を選んだのは、浄土宗信者の多い幕府上層部において、時頼が比較的諸宗派に対して公平であり、また執権の座を退いたとはいえ、北条得宗《とくそう》（本家）の当主として強大な影響力を保持していたからだった。

しかし、『立正安国論』の上書は、日蓮の期待もむなしく、空振りに終わった。『立正安国論』は時頼の手もとに届いたようだが、時頼は特別な反応を示さず、あっさり黙殺したのである。まだ無名の弱小教団を率いるにすぎない当時の日蓮にとって、幕府の壁はあまりに厚かった。

ただ、ここで注意しておかなくてはならないのは、『立正安国論』の上書が日蓮の布教方針の大きな転回点となった、ということである。それまで日蓮が布教の主対象としてきたのは一般大衆であった。ところが、今や日蓮は、鎌倉幕府という巨大な政治権力に向かって、正法鼓吹の営みをはじめたのだ。そして、国主諫暁《こくしゅかんぎょう》と呼ばれるこの営みは、日蓮の晩年にいたるまで継続される。

一般大衆相手から国主諫暁へ――この布教方針の大転回については、個人的伝道では成果のあがらぬことに業《ごう》を煮やした日蓮の一種の売名行為ではないか、という説も行なわれている。しかし、それはいささか皮相的な見方だとしなければなるまい。

はじめにもふれたように、日蓮は娑婆即寂光土《しゃばそくじゃっこうど》といって、『法華経』の信仰が行き渡れば、この世がそのまま浄土となるという信念に立っている。個々人の救済にとどまらず、国土全体を浄土と化することが、日蓮の念願であった。その立場からすれば、一般大衆を教化することも大切だが、一方で、今国土を治めている政治権力に正法への覚醒をうながす操作も当然必要になってくる。浄土宗のような来世往生ではなく、娑婆即寂光土という、より前向きな理想を掲げ、国土安泰を思うかぎり、時の権力への諫暁はおのずから導き出される不可避の方法論といってよいであろう。

だが、最初の国主諫暁はみごとに失敗した。その上、『立正安国論』において、浄土宗に対する痛烈な批判を展開し、天変地異をなだめようとするなら千万の祈禱を修するよりもこの「一兇」(浄土宗)を禁ずることのほうが肝心だなどと主張したことが、日蓮の身にまた迫害を招くことになった。

そもそも、諸宗が共存していたこの時代にあって、自説の正しさを強調するのはともかく、他宗を非難するのは一種のルール違反とみなされてもやむをえない。浄土宗の門徒たちは、かねてから自宗をそしる日蓮に対して、不快の念を禁じえないでいた。そこへもってきて、日蓮がついに浄土宗批判の書を幕府に奉ったということが知れたから、彼らの憤りは一挙に燃えさかった。とはいえ、法論を挑んでも、浄土門きっての学僧道阿弥陀仏道《どうあみだぶつどう》教《きょう》ですらかなわなかったように、いつも負けるのは浄土門のほうであった。となれば、あとは実力行使に訴えるほかにない。『立正安国論』の上書から一カ月あまりたった文応元年八月末のことだ。堪忍袋の緒を切った浄土門徒は、その日の夜、大挙して松葉谷の草庵に襲いかかり、手にした松明《たいまつ》を投げこんで、草庵もろとも日蓮を焼き殺そうとした。

日蓮の遺文によると、このとき押し寄せた浄土門徒は総勢千人に及び、その背後には幕府の権力者の使嗾《しそう》があったという。その権力者とはおそらく、執権北条長時《ながとき》およびその父極楽寺入道重時《しげとき》らをさすのであろう。浄土門徒の多かった幕府上層部のなかでも、重時・長時父子は有数の篤信者であり、彼らの使嗾が事実とすると、今回の襲撃事件は、幕府権力による最初の日蓮弾圧という性格も備えていたわけだ。それだけに、辛うじて逃げのびた日蓮は、開教の折の受難に数倍する感慨をおぼえたようで、正法イコール『法華経』の確信をますます強めることになった。

このあと、日蓮は鎌倉を離れて下総《しもうさ》に難を避け、その地の領主で年来の信徒富木胤継《ときたねつぐ》の庇護のもとに下総一帯の布教にあたった。ちなみに、日蓮遺文の三分の二を収蔵することで知られる中山法華経寺《なかやまほけきようじ》は、富木胤継の邸宅を寺院にあらためたもので、日蓮は同寺奥の院のあたりに設けられた一堂に起居していたという。

思わざる椿事《ちんじ》の結果とはいえ、日蓮の下総布教はかなりの成果をあげたようだ。だが、一般の大衆相手よりも国主諫暁のほうに布教の力点を置きつつあった日蓮の心はともすると鎌倉に飛び、はやる思いをおさえかねた日蓮は翌弘長元年（一二六一）、早くも鎌倉へ引き返し、前にもまして激しい調子で折伏《しやくぶく》の説法を再開した。

それにともない、浄土門徒の間にふたたび不穏の気が盛りあがった。しかし、前回の実力行使が失敗に終わっただけに、浄土門徒も今度は下手に手を出すわけにはいかない。同じ失敗をくり返せば、世間の嘲笑をあびるのは浄土門徒のほうということになる。

そこで、彼らはみずからの手を汚さず、幕府の力を借りて合法的に日蓮を葬り去ろうとはかった。当時、幕府のナンバーワン執権とナンバーツウ連署《れんしょ》の地位を占めていたのは、ともに浄土門徒の北条長時、同政村《まさむら》だったから、それは十分成算のあることだった。

はたして幕府は、彼らが日蓮の非法を訴え出ると、待っていたように受理し、一度も審理を行なわないまま、日蓮に伊豆《いず》流罪を申し渡した。「貞永式目《じょうえいしきもく》」の第十二条に「悪口《あっく》の科《とが》の事」として、「闘殺《とうさつ》の基《もとい》、悪口より起る。その重きは流罪に処せ……」とある。幕府は、日蓮の浄土宗非難を「悪口」と認定し、この条文を適用したのである。

日蓮は、幕府の処置を一方的にすぎるとして声高に難詰したが、もはや判決を覆《くつがえ》すことはできなかった。日蓮は同年五月、由比《ゆい》ガ浜《はま》から船に乗せられて伊豆の配所に向かい、足かけ三年の謫居《たくきょ》生活を強いられることになる。その間の弘長二年（一二六二）十一月、親鸞が九十歳の高齢をもって京都に没し、日蓮に先行する鎌倉新仏教の祖師はここにすべて世を去った。

小松原の法難

日蓮が伊豆流罪を解かれたのは、弘長三年（一二六三）二月のことだった。この赦免は、『立正安国論』の上書以来、日蓮の人物をひそかに評価していた北条時頼のはからいという。遺文には、「最明寺殿《さいみようじ》（時頼）計《ばか》りこそ子細あるかとをもわれて、いそぎゆるされぬ」（『破良観等御書《はりようかんとう》』）とある。

赦免状に接した日蓮は、四たび鎌倉の土を踏み、布教に従事したが、そのうちに最大の理解者と期待した時頼が急逝したりしたため、翌文永元年（一二六四）の初秋、久しぶりに故郷へ向けて旅立った。

この時点で、すでに父の妙日は没しており、故郷に日蓮を待つのは、母の妙蓮一人である。日蓮は、年老いた母と十年ぶりに再会できることに心をはずませ、駆けるようにして小湊をめざした。ところが、生家に帰りついてみると、母は重病の床に横たわっており、面上に死相があらわれて臨終の寸前であった。

日蓮はその枕頭にすわり、母の名を呼びかけたが、妙蓮はピクリとも動かない。そこで日蓮は居ずまいを正すと、数珠を押しもんで一心に『法華経』を読誦《どくじゅ》しはじめた。すると、妙蓮の顔にはしだいに生気がよみがえり、やがて病も本復して、さらに四年の寿命を保つことができた、という。

これは事実だったようだ。日蓮自身も後年、「悲母《ひぼ》をいのりて候ひしかば、現身《げんしん》に病をいやすのみならず、四箇年の寿命を延《の》べたり」(『可延定業御書《かえんじょうごうごしょ》』) といささか自慢そうに語っている。

しかし、宗教者としての意識を問題にするならば、こういうところにまだ完全に純化されていない日蓮の限界が露呈されているともいえる。

『法華経』を見ると、薬王菩薩本事品《やくおうぼさつほんじほん》第二十三の中に確かに、『法華経』は全世界の病める人の良薬であって、『法華経』を信じれば病はなおり、不老不死になるであろう、と説かれている。日蓮がこの経文を念頭において『法華経』を読誦したことは、「薬王品の文にて候」(『伯耆公御房《ほうきこうごぼう》』) と遺文にもあることから明らかだ。

だが、『法華経』の本旨は、一人の病者を読誦祈禱を通して治癒させるということではない。少なくとも、日蓮の立場からすれば、そのように受けとめてはならなかったはずである。もしそういうことなら、日蓮の理解は、枝葉末節の現世利益《げんぜりやく》を強調し売り物にする旧来の祈禱仏教の類と、何ら変わりがなくなってしまう。

当時は、まだ加持祈禱の験力《げんりき》が宗教者評価の大きなポイントとされていた時代であり、現代でもなおそのような見方が根強く残っているほどだから、無理もないともいえるが、その点を割引いても、なおかつこうした旧《ふる》い体質の残滓《ざんし》が認められるというのは、日蓮にとって惜しむべきことといえよう。

ともあれ、日蓮は老母の病を癒やし、その本復を見届けてから、旧師道善房とも面会して懐旧の情にひたり、故郷での休養を心体両面から享受した。だが、そのような安寧の日々はそう長く続かず、日蓮はまたもや迫害に直面しなければならなかった。

今回の迫害劇の主役は、開教の日に日蓮を殺そうとした、例の東条景信である。日蓮と景信との対立関係はあれ以来とぎれていたわけではなく、逆に清澄寺ほかを浄土宗に宗旨替えさせようとする景信の権力ずくの横暴を、日蓮が陰に陽に立ち働いて妨げたりしたため、当時いっそう険悪になっていた。

それゆえ、帰郷してからの日蓮の動静は、ずっと景信側の監視にさらされていたのであろう。ある日、日蓮が小湊に隣接する天津《あまつ》の領主工藤吉隆の招きを受けて、逗留中の華房《はなぶさ》蓮華寺《れんげじ》を出、小松原という地点にさしかかったところ、突如景信の率いる軍勢が夕闇の迫る松林の陰から湧き出て、日蓮の一行を押し包んだのだ。

この奇襲は、まったく予期していなかったものだけに、日蓮一行はたちまち斬り立てられ、殺される者、重傷を負って倒れ伏す者が相ついだ。日蓮自身も頭に切り傷を受け、あわやという瀬戸際まで追いつめられた。もし、そのとき幸運にも、出迎えの工藤吉隆主従が来合わせなかったなら、日蓮の生死はどうなっていたかわからないところであった。日蓮を助けようとして矢面に立った工藤吉隆は結局その場に戦死したから、日蓮憎しの念にこりかたまった景信側の攻撃がいかにすさまじいものであったか、容易に察することができるであろう。

だが、日蓮は伊豆への流罪に続き、「小松原の法難」と呼ばれるこの危地を体験したことによって、さらにまた一段の成長をとげる。

日蓮は、自身を称してよく「日本第一の法華経の行者」と言った。その認識が確信にまで高まったのは、この「小松原の法難」を契機としてのことなのである。

現に、日蓮は小松原の受難から一カ月ほどのち、駿河国の信徒南条兵衛七郎《なんじょうひょうえしちろう》に書き送った消息のなかで、次のように言っている。「日本国中に法華経を読み学《がく》する人これ多し」、だが「法華経の故《ゆえ》にあやまたるる（迫害される）人は一人もなし」、「されば日蓮は日本第一の法華経の行者なり」――と。

そういえば、鎌倉新仏教の祖師のなかで、日蓮ほどたびたび厳しい迫害に見舞われた僧はほかにいないけれども、同時にまた、日蓮ほど有効に、迫害を人格・思想形成の糧として活用してみせた人物もほかに見当たらない。その行跡をみると、日蓮は内心必ずしも迫害を厭《いと》わず、むしろ歓迎していたようなふしすらうかがえるのだ。たとえば、日蓮は言う。「日蓮が仏にならん第一の方人《かたうど》。(『種種御振舞御書《しゅじゅおふるまいごしょ》』)――つまり日蓮に迷いなく仏の道を歩ませてくれた大恩人」は、あの東条景信ら、自分の身に迫害を加えた人々である、と。

日蓮をしてそう認識させたのは、一つには日蓮特有の進取果敢な性格であり、東国生まれという環境の影響も考えられるが、最も直接的なインパクトとして想定すべきは、やはり『法華経』との関わりであろう。

『法華経』は、数ある大乗経典のなかでも、持経者の受難を予言するという特異な性格をもっており、勧持品《かんじほん》第十三には、持経者の迫害をもっぱらにする「三類の強敵《ごうてき》」というのが示されている。無知の大衆「俗衆増上慢《ぞくしゅぞうじょうまん》」、悟ってもいないのに悟ったふりをする「道《どう》門《もん》増上慢」、世間から生き仏のように崇《あが》められながら裏では世俗の名利に執着する僧侶

「僭《せん》聖《しょう》増上慢」の三類である。

それに、釈迦本人も法師品《ほっしほん》第十において、薬王菩薩ほかの諸菩薩にこう諭《さと》している。

「『法華経』はあまりに尊い経典なので、私が親しく説いても、多くの仇《あだ》をなす者が出てくる。だから、私の滅後に『法華経』を弘通《ぐづう》しようとするなら、もっともっと酷《ひど》い困難と迫害を覚悟しなければならない」

そうすると、『法華経』を説くがゆえに次々と迫害がふりかかる現実は、そのままただちに日蓮が真正の『法華経』の行者であることの、恰好の証左となるわけだ。しかも、そのことをさらに敷衍《ふえん》すれば、行者が迫害にさらされるというのは『法華経』の予言と合致することなのだから、『法華経』がまぎれもない正法であることの強固な裏づけともなりうる。

以上要するに、日蓮は自己の信ずる教えを鼓吹するかぎり、迫害と無縁でいることができないが、その迫害がとりもなおさず、自己の教えの正しさの証明となる――そのようなサイクルのなかに闘いの足場を築いた、異色の宗教家だったということができるであろう。日蓮の論法をもってすれば、まことに迫害こそ「日蓮が仏にならん第一の方人」だったわけであり、日蓮がいっこうに挫《くじ》けず、むしろ進んで弾圧の渦中にわが身を投じようとしたのは、主としてそのような理由にもとづいてのことだったと思われる。

さて、日蓮にそのような意識の深化をもたらした〝恩人〟東条景信は、小松原の襲撃からまもなく、変死というように近い異常なありさまで亡くなったらしい。その結果、日蓮の行動を妨害する一派は逼塞《ひっそく》し、日蓮は迫害らしい迫害にあうこともないまま、安房《あわ》、上総《かずさ》、下総《しもうさ》の一帯に教化の足を伸ばすことができた。日蓮の地方行脚《あんぎゃ》はおよそ四年に及び、その間に有力な信徒の帰依もあって布教の成果はずいぶんあがり、鎌倉だけではない広い範囲の教団形成の地盤が培われることになる。なお、その当時、親鸞の門徒も常陸《ひたち》を中心として東国の各地に教線を広げていたが、その東限は下総にとどまって上総、安房には届かず、また門徒の主体をなしたのも農民だったので、日蓮の布教との間に軋轢《あつれき》が起ることはほとんどなかったようである。

予言適中

日蓮が房総一帯の布教につとめているころ、中国大陸では世祖《せいそ》フビライ汗《かん》に率いられたモンゴル（蒙古、一二七一年、国号を元とする）が勢威をふるい、南宋を滅亡寸前に追いつめていた。やがてフビライは、海を越えたわが国にも侵略の魔手をのばし、高麗《こうらい》人潘阜《はんぷ》を使者として国書を送り届けてきた。文永五年（一二六八）一月のことである。

フビライの詔書は、「上天《じょうてん》の眷命《けんめい》せる大蒙古国皇帝、書を日本国王に奉ず」という前書きがあって、次に自国の他に冠絶した実力を説きたて、今回わざわざ国書を送ったのは「今より以往、通問《つうもん》（国交をひらく）して好《よしみ》を結び、以て相親睦せんこと」が目的なので、「（日本の）王、それ之《これ》を図《はか》れ」と結んであった。表面上は、お互いに仲よく親交を結ぼうではないか、という申し出になっている。だが、詔書には、「兵を用うるに至る、それ孰《いずく》んぞ好むところならん」との一文もあり、これが曲者だった。言うことを聞かなければ兵力を用いるという恫喝《どうかつ》にほかならず、それから察すると、フビライの真意が日本の属国化の実現にあることは疑う余地がなかった。

わが国が外国の侵寇《しんこう》の危機にさらされたのは、奈良・平安時代このかた、これがはじめてのことである。そのため、国内では大きな恐慌がまきおこって人心は不安の極に達し、諸社寺において盛んに異敵調伏の祈禱が行なわれた。

だが、日蓮の反応は違った。日蓮は、蒙古使節来朝の報を耳にすると、ただちに地方布教をうち切り、勇躍鎌倉にはせ向かった。

前述のように、日蓮は『立正安国論』において、国内が正法に帰依しなければ、いずれわが国は「他国侵逼難《たこくしんぴつなん》」「自界叛逆難」の両難に見舞われるであろう、と予言した。蒙古使節の来朝は、そのうちの「他国侵逼難」の出来《しゅったい》にほかならない。そこで日蓮は、これこそ正法を弘通《ぐづう》すべき天与の機会と考え、予言適中という実績をふりかざして、ふたたび幕府の諫暁《かんぎょう》に乗り出そうとしたのである。

このように、現実的な予言を布教に活用しようとしたのも、日蓮の宗教意識の一つの限界として、従来からしばしば指摘されている。確かに、法然を先頭とする鎌倉仏教界の新しいうねりは、前代の加持祈禱仏教、予言仏教の克服をめざして盛りあがったものであり、予言という行為を日蓮ほど重用したものは他にあまり見当たらない。

では、原典主義をとるなど本来論理的であるはずの日蓮が、それに相反するような予言を重視したのは、なぜなのだろう。

考えられる理由の一つは、日蓮が布教に着手した当時、浄土、真言、禅、律などの先行諸宗派がすでに根をおろし、幕府からも信仰されていたという事情である。そのため、日蓮の布教はなかなか効果があがらず、諫暁を試みてもていよく黙殺される始末で、既存の体制の壁は厚かった。

そこへもってきて、日蓮には前述のような強烈な使命感と危機意識が、一方にあった。そんな隘路を一挙に打開し、自説の正しさを天下に印象づけようとするなら、よほどショッキングな手段に訴えなくてはならず、その場合、予言は確かにてっとり早く魅力的な手段ということになる。

誤解を恐れずにいえば、日蓮は宗教者でありながら、一面ですぐれた戦略家でもあった。その戦略家としての目配りが、日蓮をして予言に赴かせた背後に、必要な契機としてはたらいていたということは、まず認めてよいであろう。

しかし、日蓮に予言的行為をとらせたもっと直接的なきっかけは、迫害を日蓮が歓迎した事情と同じく、『法華経』という経典の性格にあったとみるべきである。『法華経』は、口の悪い人にかかると〝薬屋の効能書き〟みたいだといわれるように、「『法華経』を信受すれば、何々の功徳を享《う》けることができるであろう」といったたぐいの予言的文章をたくさんつらねている。むろん、それは釈迦の口を通して語られた言辞であり、キリスト教でいう「預言」とひとしく、日蓮の行なった現世的予言とはおのずと別のものである。

だが、このような予言的要素に富んだ章句のあふれる経典に色読《しきどく》意識をもって日常的に接していれば、その影響をこうむらないほうがむしろ不思議というものであろう。しかも、日蓮は、自身を「日本第一の法華経行者」と称し、上行菩薩の生まれ変わりのように思っていたのである。その高調した意識からすれば、自身の行為が釈迦のそれと同等とまでは考えなくとも、予言するということに、それほど心理的抵抗を覚えなかったに違いない。ただし、日蓮は最晩年にいたって、予言的行為をいっさい慎むようになる。

さて、話を蒙古使節来朝の時点に戻すと、心を躍らせて鎌倉に乗り込んだ日蓮は、幕府の要人法鑑房《ほうかんぼう》を訪ねてこのたびの外寇のことを論じ、四月五日には予言の適中を強調した『安国論御勘由来《ごかんゆらい》』という書面を送りつけた。続いて八月二十一日、かつて『立正安国論』の上書を依頼した宿屋光則に対しても意見書を送り、予言適中に関する幕府当局の見解をただそうとした。

だが、幕府の反応は、依然として冷やかであった。またもや黙殺である。

ここにおいて、もはや尋常の手段ではとうてい世論を動かせないと悟った日蓮は、時の執権時宗《ときむね》や幕府高官、諸大寺の長老に対し、諸宗の勝劣を公の場で討論によって決しようではないかという、きわめて刺激的な文辞をつらねた挑戦状をつきつけた。この挑戦状は十一カ所にあてられたので『十一通御書』と呼ばれており、送られた先は執権時宗のほか、平頼綱《よりつな》、宿屋光則、北条弥源太《やげんた》、建長寺道隆《どうりゅう》、極楽寺良観《りょうかん》、大仏殿別当、寿福寺、浄光明寺、多宝寺、長楽寺であった。

日蓮は、時宗あての書状の中で、予言適中を前提として大意次のように主張している。

「国家の安危は政道の直否《ちょくひ》にあり、仏法の邪正は経文の明鏡《めいきょう》（明らかな証拠）によるという。正法とすべきは『法華経』であり、日蓮は『法華経』の御使《おんつかい》である。お疑いあるならば、御前に諸宗を集め、仏法の正邪を決せられるがよい。以上は、自分一身のためでなく、神のため、君のため、国のため、一切衆生のために申しあげるのである」

一方、諸大寺にあてたものは、諸宗に対する論難と、公の場において対決しようという挑戦を基調としている。そのなかでは、建長寺の蘭渓《らんけい》道隆に送った書に、いわゆる四箇格《しかかく》言《げん》がはじめて明記されており、注目される。

四箇格言とは、日蓮の他宗批判の核をなす激越にして簡潔な表現で、「念仏は無間《むげん》地獄の業《ごう》、禅宗は天魔の所為《しょい》、真言は亡国の悪法、律宗は国賊の妄説」の四条から成っている。略して、「念仏無間、禅天魔、真言亡国、律国賊」という用い方もされる。

前にもふれたように、諸宗が暗黙の諒解のうちに共存していた当時にあって、このような仮借ない他宗非難は、いわば一種のルール違反であった。だから、ここにも、日蓮の宗教の一特徴があらわれているわけである。

ただし、日蓮はただやみくもに他宗非難の声をはりあげたのではない。日蓮には、そうせざるをえない、彼なりの論理的必然性があったのだ。

つまり、日蓮はあらゆる経典を直接渉猟して比較対照するという、きわめて理詰めな方法論を実践して、正法イコール『法華経』という結論に到達した。ということは、その過程において、『法華経』以外の経典も熟読し、結果的に正しくないと判断したわけで、そうするとそれらの経典にもとづく諸宗も、日蓮にとっては自動的に邪宗ということになる。

これがもし、たまたま目にした経典の内容に感激し、その経典に帰依することになったというのであれば、事情はずいぶん変わる。だが、日蓮は原典主義に徹し、論理的に結論を得た。そのとき、日蓮には、自分だけが「真理」を知ったという、ゆるぎない自負が芽生えていたに違いない。そんな彼の目からすれば、現世に「邪宗」がはびこっている現実は、とうてい坐視できないことであった。

かくて日蓮は、「真理を知ってしまった者」としての使命感に燃え、世の迷妄を正し、末法の闇に光明をもたらそうとして、しきりに他宗非難につとめたのであった。ちなみにいえば、ルターと並ぶ宗教改革の主役カルヴァンも、同様の心理によって運動に挺身《ていしん》する勇気を鼓舞されたということを吐露している。

生涯最大の受難

日蓮が『十一通御書』の送付に寄せたいちばんの狙いは、時宗《ときむね》あてにも諸大寺あてにも強調されているように、先行諸宗との公場対決であった。法論を闘わせる公の場さえ与えられれば、日蓮は他宗を論破し、自説の正しさを認めさせる自信があったのである。

しかし、その結果は、今回もやはりかんばしくなかった。幕府は書状こそ受理したものの例のように黙殺、諸大寺のなかには、嘲弄をもって使者を追い返すところもあった。しかも、蒙古の使者が朝廷や幕府の強気の応対の前になすすべもなく立ち去ったため、日蓮の予言が適中したこともしだいに忘れられていった。

そんな状況のもとで、日蓮はなお鎌倉にとどまり、孤独な戦いを継続する。そして、この時期、日蓮が最も敵意を抱き、破折《はしゃく》しようとつとめたのは、極楽寺良観という僧であった。

良観は忍性《にんしょう》の名でも知られるが、奈良西大寺《さいだいじ》の叡尊《えいそん》に師事して頭角をあらわした真言律宗の高僧である。真言律宗は、いわゆる大乗菩薩道《だいじょうぼさつどう》、橋を架《か》けたり道路を開いたり、病人や貧民などに救いの手をさしのべたりする、具体的な救済行為を重んじており、良観はその大乗菩薩道の方面で実績を重ねた。そして、建長四年（一二五二）、関東布教のため道を東にとり、ちょうど日蓮が伊豆流罪に処された弘長元年（一二六一）、とうとう執権時頼の帰依も獲得、蒙古使節来朝のころには生き仏と崇《あが》められて、その名が鎌倉中に鳴りひびくほどの存在となっていた。

だが、そんな良観も、『法華経』を信奉していない以上、日蓮から見れば所詮妄説の徒にすぎなかった。ちなみに、さきの『十一通御書』は良観にあてた書がもっとも辛辣《しんらつ》をきわめており、「聖人に似て非なる矯賊《きょうぞく》で、その僭聖増上慢の罪により今生《こんじょう》では国賊となり、来世は地獄に堕《お》ちること必定であろう」と、まっこうから決めつけている。つまり、日蓮は良観をもって『法華経』の説く「三類の強敵」の典型とみなしていたわけだ。

しかし、こうした激しい良観への敵意が、やがて日蓮を生涯最大の受難劇にまきこむことになった。その発端は、良観が幕府から命じられた雨乞いの修法に失敗し、それを日蓮が嘲罵《ちょうば》したことにある。その折、日蓮は「失敗したからには、さきの約束どおり、すみやかに日蓮の門に降《くだ》って弟子となるがよい。そうすれば、雨を降らす法と仏になる道を教えて進ぜよう」（『頼基陳状《よりもとちんじょう》』）というようなことを良観のもとに申し送ったが、〝生き仏〟に対して「仏の道を教えて進ぜる」とは、痛烈きわまる皮肉といえよう。

穏和なことで知られた良観も、さすがにこれほどの屈辱は耐えしのぶことができず、十数日後、日蓮の罪を数えあげた訴状を幕府に提出した。その訴状には、謂《いわ》れのない他宗非難をはたらいたことなどと並んで、日蓮が松葉谷の小庵に武器をたくわえているということも記されてあった。日蓮は、幕府の取り調べに際し、法華守護のために武器を置くのは仏法の定法だと、経典をひいて論駁《ろんばく》したが、その理非はともかく、武器の存在を認めたことはまずかった。幕府は、つとに武家を除く階層の帯刀禁止令を鎌倉市中に出していたし、それに加え、僧侶の参画した謀反事件がおこったりしたので、僧侶と武器との関わりについてことのほか神経をとがらせていたからだ。松葉谷の小庵にどれほどの武器がたくわえられていたものか、おそらく反日蓮の徒の襲撃から身を守るのもおぼつかない程度のものだったことだろうが、武器は武器である。

それと、日蓮の取り調べにあたったのが、侍所《さむらいどころ》の所司《しょし》平頼綱だったのも、日蓮にとって不利に作用した。平頼綱は、そのころ幕府に強い発言力をもちはじめた新興の御内方《みうちかた》の筆頭であり、同時に熱心な浄土門徒として日蓮の言動に露骨な不快感を抱き、その弾圧を策していた幕府内の急先鋒でもあった。日蓮もそのようなことを知ってはいたが、自分の所信を幕府に開陳するのはこのときとばかり、頼綱の威圧的な尋問に対して堂々の論陣を張り、最後の取り調べの日にはまなじりを決して次のように言い放った。

「日蓮は日本国の棟梁であり、日蓮を失うのは日本国の柱を倒すのと同じである。いっさいの念仏者・禅僧らのこもる寺塔を焼き払い、彼らの頸を由比ガ浜に斬らなければ、わが国は必ず亡びるであろう」（『撰時抄《せんじしょう》』ほか）

だが、日蓮の激越な言辞は、いたずらに頼綱の心証を害する役割しか果たさず、やがて下った判決は佐渡《さど》流罪というものであった。伊豆流罪の場合と同じく、「悪口《あっく》の科《とが》」を適用され、しかも再度重犯ということで遠流《おんる》相当と判定されたのである。

日蓮はその日の深夜、ひとまず佐渡の地頭本間重連《しげつら》の相州依智《そうしゅうえち》（神奈川県厚木市）の館に送られることになり、警固の武士とともに幕府の評定所を発した。その途次のことである。日蓮は鶴岡八幡宮の社前にさしかかると、馬をとめさせ、大意次のようなことを大音声で述べはじめた、という。

「いかに八幡大菩薩はまことの神か。かつて釈迦仏が『法華経』をお説きになったとき、善神《ぜんしん》・聖人《しょうにん》あい集《つど》って、法華経の行者を加護することを誓ったはずではなかったか。それなのに、日本第一の法華経の行者が難にあおうとする今、なぜここに姿をあらわさないのか。今夜、日蓮が頸切られて霊山浄土《りょうぜんじょうど》（釈迦の浄土）に赴くことになったなら、教主釈尊に対し奉り、八幡大菩薩は天照大神《あまてらすおおみかみ》とともに誓願に背いた神の筆頭だと申し伝えるぞ」（『種種御振舞御書』）

神の不実をなじり、叱咤する――ここにも、他の祖師には見られない、日蓮の特異性が顔をのぞかせている。では、日蓮にとって、日本固有の神々とはいかなる存在だったのか。

わが国では、仏教が伝来して以来、固有の神々との関係が常に問題にされてきた。そのなかで、最も広く行なわれたのは、本地垂迹《ほんじすいじゃく》説《せつ》である。この説に従えば、もろもろの神々は仏が衆生を救済するためわが国に垂迹（姿を借りて顕《あらわ》れること）したものとされ、仏と神はもともと同体だということになる。実際にも、天照大神の本地は大日如来、八幡《はちまん》神《しん》の本地は阿弥陀如来というふうに、神と本地仏を具体的に結びつける作業も盛んであった。

それに対し、日蓮の場合は、今見た八幡大菩薩への叱咤の内容からも明らかなように、本地垂迹説とはだいぶニュアンスが違う。すなわち、日蓮にとって日本固有の神々とは、まず何よりも『法華経』の行者を守護しなければならない使命を負った存在であった。そして、その使命は、教主釈尊の前で誓願したことによって生じたととらえている。ということは、神々もまたひとしく仏弟子であって、仏法とは別の超越的世界の主宰者でないということを意味する。しかも、後年日蓮が身延山《みのぶさん》においてあらわした大曼荼羅《だいまんだら》を見ると、日本の神々は釈迦、多宝仏を頂点とするピラミッドの第四層に、日天《にってん》、月天《がってん》など仏教の神々とともに位置づけられている。日本の神々の超越性はどこにも見られず、本地垂迹説とくらべても仏の圧倒的な優位が目立つばかりで、当時としては実に斬新かつ大胆な解釈といってよい。日蓮は、日本国家という概念を前面に押し出したりしたので、とかく国家主義的な宗教者だと受けとめられがちだが、この一事をもってしても偏狭な国家主義者でないことは明らかであろう。日蓮は確かに、日本を他に冠絶した国とみなす傾きがあったが、それは後述するようにあくまでも仏教的認識の枠内でのことであった。

さて、以上のような独特の解釈に立って八幡大菩薩を叱咤した日蓮は、ふたたび馬に乗り、若宮大路を南下して由比ガ浜から磯づたいに西に進んだ。やがて七里ガ浜を過ぎれば、その先は当時刑場とされていた竜口《たつのくち》である。そして、この竜口において、世に喧伝《けんでん》された「奇蹟」が起こったことになっている。

ただし、その場の状況は、確かな史料がないため、もう一つはっきりしない。日蓮の自伝的著述『種種御振舞御書』（自筆原本は存在せず）によれば、佐渡流罪のはずが竜口にいたってにわかに斬首と刑があらたまり、日蓮は刑場のまん中にひき据えられた。ついで首斬り役が太刀を振りおろそうとした瞬間、江の島の方角から月のような光り物が突然浮きあがり、東南の方角から北西に向けて鞠《まり》のように飛び渡った。まだ夜明けには遠いのに、あたりは人の顔が見えるほどに明るくなり、異様な気配が漂う。そのため、首斬り役は目がくらんで倒れ伏し、警固の武士どもは肝をつぶして逃げまどい、そうこうするうちに東の空が白みはじめたので、日蓮の処刑はなしくずしに中止になった、という。古来、この奇蹟については賛否両論さまざまな解釈がほどこされており、近年はＵＦＯ愛好者から光り物を円盤とみなす奇説も提示されている。

ただ、全体の推移を見るに、竜口の刑場において斬首のまねごとのようなことが行なわれたのは、事実とみなしてよいようだ。その演出をしたのは、おそらく平頼綱であろう。日蓮嫌いの頼綱としては、おとなしく佐渡へ送り出すだけでは腹の虫がおさまらず、この機会に日蓮を思いっきり脅かしてやれということで、警固の武士たちに言い含めて斬首の芝居を演じさせたのではなかったか。その可能性がいちばん高いように思える。

日蓮は、この〝奇蹟〟から九日後、年来の信徒の三条金吾頼基に送った消息のなかで、「たつのくちこそ、日蓮が命を捨てたる処《ところ》なれ」と言い、またのちに佐渡で著わした『開目抄』では、「日蓮と云ひし者は去《いぬる》年《とし》九月十二日子丑《ねうし》の時に頸はねられぬ。此《これ》（開目抄）は魂魄佐土《さど》の国にいたりて返年《かえるとし》の二月雪中にしるして有縁の弟子へをく（送）れば、をそ（恐）ろしくてをそろしからず、みん人いかにを（怖）ぢぬらん」と述べている。このことも、竜口の刑場において、日蓮が斬首寸前の状況に置かれたことの有力な傍証とすることができよう。

だが、それにしても、自分は竜口に死んだ――そうはっきり断言しながら、一方で魂魄は佐渡に渡ったと説く『開目抄』の一文は、まことに興味深い。それは、深夜の竜口において、死と正面から向かいあった瞬間、突然の宗教的回転ないし回心が日蓮の心に生じ、それまでの日蓮とは別の、新たな日蓮が誕生したという意味であろう。いいかえるなら、これまで凡夫性をまつわりつかせてきた日蓮が、さらに一段高い霊的な段階へ脱皮したともいえようか。いずれにしても、日蓮はここにまた迫害を逆手にとって成長をとげたわけであり、この体験は佐渡の地での日蓮の宗教的成熟にも大きな寄与をなすことになる。

天台宗からの自立

旧暦の十月二十九日といえば、佐渡はもう厳冬の季節である。鎌倉出発からおよそ一カ月半を経た文永八年（一二七一）のこの日、日蓮は途中にいくつかのエピソードをはさみながら、日本海を渡って配所に到着した。

当初、日蓮は佐渡の地頭本間氏の邸に迎え入れられたが、配流の罪人を露骨に厄介者視する当主重連《しげつら》によって、三日目に本間邸の裏手にある塚原三昧堂《つかはらさんまいどう》に移された。三昧堂といえば、立派な堂宇のように聞こえるが、その実は墓地のなかに建つ方一間《ほういっけん》の粗末な荒屋《あばらや》であって、遺文によると、天井は隙間だらけで壁もいたるところが破れ、「雨はそとの如し。雪は内に積る」（『妙法尼御返事』）ありさまだったという。その上、重連は食事も満足に与えなかったというから、当年五十歳を数える初老の流人は、長旅の疲れを癒やすひまもなく、並みの人間なら凍死するか飢え死にしても不思議はない環境に放り出されたわけだ。日蓮本人も、のちに往時を回想し、「現身《げんしん》に餓鬼道を経《へ》、寒地獄に堕《お》ちぬ」（『法蓮抄《ほうれんしょう》』）と述懐している。

日蓮が辛苦に耐えた塚原三昧堂の故地は、島内最大の寺院である日蓮宗根本寺《こんぽんじ》境内の祖師堂のあたりだと、長く信じられてきた。根本寺は、国中《くになか》平野のほぼ中央部、小佐渡山脈寄りに広がる新穂《にいほ》村のなかにある。

しかし、近年の研究の成果によると、本間重連の邸は、根本寺から西へ五キロほど離れた畑野《はたの》町安国寺《あんこくじ》地区に置かれていたことが明らかにされている。そこで、塚原三昧堂の故地も、いまでは、この重連邸跡に近い熊野社のあたりではないかという説が有力だ。

いずれにしても、日蓮の謫居《たっきょ》生活をとりまく環境が過酷であったことには変わりがなく、日蓮はそのような逆境のうちに足かけ四年の歳月を佐渡に送った。日蓮はふだんの言動が派手であったため、とかく誤解されがちだが、決して常に戦闘的だったわけではない。耐えるべきときには徹底して耐え、耐えることの反発力を外界へではなく内面の充実に向けて集中する――それが日蓮の一つの行動哲学であった。逆境のうちに内面的な飛躍をとげる、といいかえてもよい。それだけに、佐渡における四年の歳月は、求法上の実に豊かな実りを日蓮にもたらした。

日蓮自身も、こう語っている。

「さどの国へ流され候し已前《いぜん》の法門は、ただ仏の爾前《にぜん》の経《きょう》とをぼしめせ」（『三沢鈔《みさわしょう》』）

釈迦は、正法である『法華経』を明らかにする前に、その地ならしとしてさまざまな方便の教え、つまり爾前経《にぜんきよう》を説いた。それと同じく、日蓮が佐渡以前に説いたことどもは、その爾前経のようなものだった——というのである。たいへんな自信というべきだが、事実そのとおりであって、日蓮の思想、教学はこの佐渡流罪の時期に大輪の花を咲かせ、本格的に体系化された、と称しても過言ではない。

たとえば、日蓮宗では『開目抄』を「人開顕《にんかいけん》の書」、『観心本尊抄《かんじんほんぞんしよう》』を「法開顕の書」と呼んで最重要視するが、その両書ともに書き著わされたのは佐渡においてである。

『開目抄』は上下二巻から成る大部の書で、日蓮自身の言によれば、塚原三昧堂に押しこめられた直後から執筆にとりかかり、凍える指を励ましながら約三カ月を要して翌年二月に脱稿したという。日蓮に『開目抄』の執筆を急がせたのは、せっかく自分が感得した教えもこのままではむなしく埋もれてしまうのではないかという、危機感と使命感であった。

『開目抄』のなかで、日蓮は執拗に問いを発する。あまたの経典をさしおいて、『法華経』一経を正法としたのはなぜか。正法たる『法華経』がなかなか世に受け入れられないのは、どういう理由からか。仏はどうして『法華経』の行者を守護してくれないのか。それとも、この日蓮は『法華経』の行者の名に値しないのか……。

日蓮は精魂をこめてそれらの問いにとりくみ、自身をぎりぎりまで内省し、ついに自身がまぎれもない『法華経』の行者であることを再確認し、そのことを力強く主張する。そして、「我日本の柱とならむ、我日本の眼目《がんもく》とならむ、我日本の大船《たいせん》とならむ」という三大誓願を発し、末法の衆生の大導師たるべきは自分をおいて他にない、との信念を表明するのである。『開目抄』が「人開顕の書」と呼ばれるのは、このように日蓮が『法華経』の行者であることを明示したことにちなむ。

『開目抄』はまた「娑婆即寂光土《しゃばそくじゃっこうど》」に言及し、次のように述べている。

「十方《じっぽう》を浄土とかう（号）して、此土《このど》を穢土《えど》ととかれしを打《うち》かへして、此土は本土《ほんど》となり、十方浄土は垂迹《すいじゃく》の穢土《えど》となる」

釈迦ははじめ、娑婆世界（この世）を穢土と説いたが、『法華経』如来寿量品《にょらいじゅりょうほん》第十六において久遠実成《くおんじつじょう》の本体を顕わし、娑婆世界こそ本土、すなわち寂光土であることを明らかにした。久遠実成の仏がはるかな過去からはるかな未来にわたって常住し、救いの手をさしのべているこの娑婆世界が、どうして浄土門のいうように穢土でありえよう。逆ではないか。今や、十方浄土（極楽浄土ほか久遠実成の仏の分身とされる諸仏の浄土）と娑婆世界との関係は逆転し、娑婆世界のほかに真の浄土がないことがはっきり証明された、というのである。

一方、『観心本尊抄』は『開目抄』完成の翌年、日蓮教学全体の根底を説き明かす目的で述作されたものである。内容については、これまで述べたことと重複する部分が多いので割愛するが、易行化《いぎょうか》の工夫としてさきにあげた「事の一念三千」や、「妙法蓮華経」の五字のなかに『法華経』の功徳がすべて凝縮されているゆえんを詳しく語っている。また、「法開顕の書」の称は、日蓮が信徒に対して「仏滅後二千二百二十余年、未だ此の書の心あらず」(『観心本尊抄副状《そえじょう》』)と書き送っているように、釈迦が入滅して以来、末法の今の時代にいたるまで、かつて説きあらわされたことのない法門を顕わした、という自負に由来している。

日蓮の佐渡時代の述作としてもう一つ注目されるのは、『開目抄』と『観心本尊抄』との中間に成った『法華宗内証仏法血脈《ほっけしゅうないしょうぶっぽうけちみゃく》』であろう。日蓮は、この著述において、天台宗からの自立という重大かつ画期的な決意を宣言している。

すでに見たように、日蓮は延暦寺の末寺の清澄寺で出家剃髪したあと、十年あまり延暦寺に遊学し、『法華経』を根本経典とする開教への確信を得た。その経歴からすれば、日蓮は明らかに天台沙門《しゃもん》である。そして、その天台宗では、法脈継承の流れを、インドの釈迦→中国の天台智顗《ちぎ》→日本の最澄という系譜で認識されていた。いわゆる外《げ》相承《そうじょう》と呼ばれる系譜であり、日蓮もこれまで、その系譜をそのまま受けとめ、開教以後は最澄の次に自分の名をつけ加えて過ごしてきた。

ところが、『法華宗内証仏法血脈』では、それが釈迦→上行菩薩《じょうぎょうぼさつ》→日蓮という流れに変化する。外相承に対して内相承《ないそうじょう》と呼ばれる系譜であり、前者は歴史的事実、後者は日蓮の信仰のうちでの認識だが、要するに内相承の言わんとするところは、上行菩薩をなかだちにして釈迦直伝の法を日蓮は承《う》けついだ、ということである。

天台智顗と最澄は、少なくともわが国で『法華経』を学ぶ者にとって、はるかに仰ぎ見る二大巨峰であった。日蓮は今、仏法の理解において、『法華経』の信仰において、その両者を凌駕した、という。釈迦の真の教えを体得したのは、日蓮ただ一人だ、と言っているのである。この恐ろしいほどの確信――その意味で、日蓮は宗教者として、ここにまた一段の飛躍をとげたといってよいであろう。これ以後、日蓮は天台沙門の称を捨て、本朝沙門日蓮と記すようになる。

さて、佐渡における日蓮の流謫《るたく》生活は、赦免状を携えた幕府使者の来島によって、文永十一年（一二七四）三月上旬に終わりを告げた。それから二十日ほどして鎌倉に戻ると、例の平頼綱が待ち受けていて、以前とはうって変わった丁重さで日蓮を遇し、蒙古襲来の時期について諮問した。日蓮は、今年のうちにまちがいなく、と答え、さらに言葉をついで、その国難を安ずるためには真言宗を禁じるのが先決だということを強調した。浄土門批判にはじまった日蓮の他宗非難は、この主張からも明らかなように、この時期以降、もっぱら真言宗に対してあびせられるようになる。

蒙古襲来に関する日蓮の予言はまもなく適中し、同年十月総勢二万と号する元軍が博多湾に姿をあらわした。第一回目の元寇《げんこう》、文永《ぶんえい》の役《えき》である。だが、このときすでに日蓮は鎌倉を去り、まだ佐渡流罪の傷《いた》みも癒えぬ五十三歳の身を、甲斐《かい》の秘境身延山《みのぶさん》にはこび、その山中に住みついていた。

その当時、身延山は年来の信徒波木井実長《はきいさねなが》の所領であった。鎌倉から見れば、富士山のかなた、富士川の急流に隔てられた、文字どおりの深山である。それにしても、日蓮はなぜ、幕府から諮問されるほどの地位を獲得したにもかかわらず、このような山間僻地にあわただしく身を隠してしまったのであろう。

日蓮は言っている、身延山は「天竺《てんじく》の霊　山《りようぜん》にも勝れ、日域の比叡山にも勝れ」(『波木井殿御書』)た山であると――。霊山つまり霊　鷲山《りようじゆせん》は、『法華経』によると、釈迦が『法華経』を説き顕わした唯一無二の聖地とされる。そのひそみにならえば、あらゆる仏、菩薩を超えて、釈迦から直《じか》に法を授かった日蓮もまた、自身の霊鷲山を必要とした。おそらく、それが日蓮の身延入山の主要な動機であったことだろう。

身延山は、日蓮が入るまで、未開の山であった。その未開の山は、日蓮が入ったことによって〝霊鷲山にまさるとも劣らぬ〟山に変わるのである。少なくとも、日蓮にとっては、そうであった。すなわち、「かかる不思議なる法華経の行者(日蓮)の住処《じゆうしよ》なれば、いかでか霊山浄土に劣るべき」(『南条兵衛七郎殿御返事』)であり、「天竺の霊山此処《ここ》に来《きた》れり」(『松野殿《まつのどの》女房御返事』)ということである。

こうして〝自身の霊鷲山〟を設定した日蓮は、わが国が蒙古に滅ぼされたあと、年来の信徒や蒙古の難から生きのびた衆生とともに、真の法華王国を身延山一帯に築こうという遠大な理想を、ひそかにあたためていたようだ。ただ、身延山の自然環境は厳しく、食糧も欠乏しがちだったから、日常の生活は佐渡流罪時とあまり変わらなかったが、それでも日蓮を慕って身延山に棲《す》みつく信徒がおいおいふえ、弘安四年(一二八一)には、信仰の道場としての法華堂も竣工をみた。

その間の建治二年（一二七六）三月、日蓮は旧師道善房の死去の報に接し、『報恩抄』二巻を著わしてその墓前に送り届けた。道善房に対する日蓮の感謝の念は厚く、「日蓮は草木《そうもく》の如く、師匠は大地の如し」（『華果成就御書《かかじょうじゅごしょ》』）と、のちにも師の恩を追懐している。『報恩抄』は、日蓮の発心求道《ほっしんぐどう》が父母・師匠・国主の恩に報いることにあったという由縁から説きおこし、その結果『法華経』を正法と確信するにいたった経緯、真言密教・天台密教が邪法の最たるものであることの理由を述べ、ついで本門《ほんもん》の本尊・本門の戒壇・本門の題目——いわゆる三大秘法を総括的に顕わしている。『法華経』の内容が迹門《じゃくもん》と本門に大別されることは前述したが、ここに言う本門とはそれをさす。天台智顗《ちぎ》、最澄とつらなる天台宗は、本迹二門を立てながら迹門を中心としたのに対し、日蓮が『法華経』解釈の中心に置いたのは本門であった。したがって日蓮は、この本門の本尊・戒壇・題目——三大秘法をして、天台智顗も最澄も説き残されたことであって、日蓮がはじめてその秘密を知り、説き顕わしたことだ、と自負する。そして、やがてはこの世全体が『法華経』に帰依し、正法のみ行なわれる仏国土となるはずだから、そのときは日本国内に本門の戒壇を建立し、仏国土の中心とするつもりだという、きわめて気宇広大な未来展望を披瀝するのである。日蓮が、時として日本の卓越性を強調し、後世から国家主義的と誤解される言動をとったのも、このような宗教的情熱にもとづいた未来展望があればこそであった。

しかし、日蓮は『報恩抄』を著わした翌年から身体の不調をおぼえるようになり、法華堂竣工の喜びにひたって間もない弘安四年の秋から冬にかけて、病状は極度に悪化した。

「此の法門申し候事すでに二十九年なり。日々《にちにち》の論義、日々の難、両度の流罪に身つかれ心いたみ候し故にや、此の七八年が間、年年に衰病をこり候つれどもなのめにて候つるが、今年（弘安四年）は正月より其の気分出来《しゅつらい》して既に一期《いちご》をはりになりぬべし。其の上齢《よわい》既に六十にみちぬ、たとひ十に一今年はすぎ候とも、一二をばいかですぎ候べき」（『八幡宮造営の事』）

明けて弘安五年の秋、日蓮はついに身延山を下山する。

「ひとつ志《こころざし》あり。一七日《いちしち》にして返る様《よう》に、安房国にやりて旧里《ふるさと》を見せばや」（『波木井殿御書』）

下山を決するにあたり、日蓮はそう語ったという。死ぬ前にもう一度故郷を訪ねたい――それは人間ならだれしもが抱く願望であろうが、生きながら上行菩薩を標榜《ひょうぼう》した日蓮の言葉であるだけに、このあまりにも人間的な願いの吐露は、ひとしおなつかしくせつないひびきを感じさせる。それは、勁《つよ》さとか弱さを超えた、日蓮の純な魂の奥底からおさえようもなく湧きあがってきた渇仰《かつごう》の思いであったことだろう。

だが、日蓮は結局、その願いを満たすことができなかった。身延出山から十日目、一夜のつもりで入った信徒池上宗仲の館（その跡が現在の池上本門寺《いけがみほんもんじ》と伝える）において、衰弱しきった日蓮は床を離れることができなくなり、病臥すること二十五日、最期の時を迎えたのである。弘安五年十月十三日の朝のことであり、享年は数えの六十一であった。

日蓮は、臨終を前にして次のことを遺言したと伝える。

一、日蓮没後の法門は、鎌倉開宗以来の弟子日昭、日朗ら六人（六老僧）が中心になってその運営にあたるべきこと。

一、釈迦が八カ年『法華経』を説いた霊鷲山に葬られたひそみにならい、自分の墓は九カ年住みなれた身延山中に設けてほしいこと。

一、年少の弟子平賀経一丸《ひらがきょういちまる》の成人後、京都布教に赴かせるべきこと。

日蓮の遺骸は、二日後茶毘《だび》に付され、遺言どおり身延山に送られた。そして、百カ日にあたる翌弘安六年一月二十六日、身延山の廟所に納められ、六老僧が交替で廟所の管理にあたることになった。また、成人して日像《にちぞう》と名をあらためた平賀経一丸は、およそ四十年の苦闘ののち、建武元年（一三三四）にいたって京都布教の公許をかちとることに成功した。日蓮の教えが急速に教線を広げるのは、ちょうどそのころからのことである。

本書は、平成元年五月、ＰＨＰ研究所から刊行されました。

百瀬　明治（ももせ　めいじ）

1942年、長野県生まれ。京都大学文学部史学科卒業。『表象』同人。『季刊歴史と文学』編集長を経て作家活動へ。日本史へのユニークな視点で読者の期待は高い。主な著書に『「軍師」の研究』『日蓮の謎』『御家騒動』『徳川吉宗』『怪傑！大久保彦左衛門』『蓮如』『戦国武将の妻たち』など多数。

開《かい》祖《そ》物語《ものがたり》

平成16年5月20日　第1刷
平成22年10月15日　第3刷

著　者　百瀬明治

発行者　笹　節子

発行所　株式会社　たちばな出版

〒167-0053 東京都杉並区西荻南2-20-9 たちばな出版ビル
電話 03-5941-2341(代)　FAX 03-5941-2348
ホームページ　http://www.tachibana-inc.co.jp

印刷・製本　萩原印刷株式会社

ISBN4-8133-1816-9

「タチバナ教養文庫」発刊にあたって

人は誰でも「宝」を持っているけれども、ただ漫然としていては開花しません。それには「宝」を開ける鍵が必要です。それは、他からの良い刺激（出会い）に他なりません。そんな良き刺激となる素晴らしい古典・現代の名著が集まった処…。

それを「タチバナ教養文庫」はめざしています。

伝教大師最澄は、道心のある人を「宝」といい、さらにそれをよく実践し人々に話すことのできる人を、「国宝」と呼び、そういう人材を育てようとされたのです。そして、比叡山では、真実の学問を吸収し実践した多くの「国宝」が輩出し、時代時代の宗教的リーダーとして人々を引っぱっていったのです。

当文庫は、できるだけ広い分野から著者の魂や生命の息吹が宿っている書物をお届けし、忙しい現代人が、手軽に何時でも何処でも真実の学問を吸収されることを願って発刊するものです。そして、読者の皆様が、世に有為なる「国宝」となられ、豊かで輝かしい人生を送る糧となれば幸いです。

絶版などで、手に入れにくいものでも、できる限り復刻発刊させて戴きたいので、今まで入手困難と諦めていた書物でも、どんどんリクエストして下さい。

読者の熱烈なる求道心に応え、読者とともに成長していく魅力溢れる「タチバナ教養文庫」でありたいと念願しています。

《既刊書より》

タチバナ教養文庫（定価は税込み）

1 碧巌録（上） 大森曹玄

『無門関』とならぶ禅の二大教書の一つ。剣・禅・書に通じた大森曹玄老師による解説は、深い禅的境涯に立ち、出色した名著との定評がある。 定価九九九円

2 碧巌録（下） 大森曹玄

多くの名だたる禅匠が登場して、互いに法の戦いを交え、これほどおもしろい祖録も少ないといわれる、代表的な禅の問答公案集。 定価九九九円

3 茶席の禅語（上） 西部文浄

茶席の掛け物に見られる禅語をテーマに、その禅語の意味内容を、平易な言葉でわかりやすく解説した、禅の入門書としても最適の書。 定価九九九円

4 茶席の禅語（下） 西部文浄

茶掛の禅語に加え、下巻では、図版も多く載せられ、画題の解説が丁寧になされている。禅僧略伝も付記。上下巻共に収録禅語一覧付。 定価九九九円

5 古神道は甦る 菅田正昭

神道研究の第一人者による、古神道の集大成。いま、世界的に注目を浴びる神道の核心に迫る本書は、この分野での名著との評価が高い。 定価九九九円

6 言霊の宇宙へ 菅田正昭

「ことば」の真奥から日本文化の源流を探るための格好の入門書。無意識に使っている言語表現の中に、宇宙的なひろがりを実感できる名著。 定価九九九円

タチバナ教養文庫

13 近思録（上） 湯浅幸孫

中国南宋の朱子とその友呂祖謙が、宋学の先輩、四子（周敦頤・張載・程顥・程頤）の遺文の中から編纂した永遠の名著。道体篇他収録。 定価九九九円

14 近思録（中） 湯浅幸孫

十四の部門より構成され、四子の梗概はほぼこの書に尽くされ、天地の法則を明らかにした書。治国平天下之道篇他を収録。 定価九九九円

15 近思録（下） 湯浅幸孫

「論語」「大学」「中庸」「孟子」の理解のための入門書ともなり、生き方のヒントが随所にちりばめられた不朽の名著。制度篇他収録。 定価九九九円

16 菜根譚 吉田公平

処世の智慧を集成した哲学であり、清言集の秀逸なものとして日本において熱狂的に読まれ続けている、性善説を根底にすえた心学の箴言葉。 定価九九九円

17 洗心洞箚記（上） 吉田公平

江戸末期、義憤に駆られ「大塩の乱」を起こして果てた大塩平八郎の読書ノートであり、偉大なる精神の足跡の書。全文現代語訳、書き下し文。 定価一二六〇円

18 洗心洞箚記（下） 吉田公平

「救民」のために命を賭けた陽明学者、大塩平八郎の求道の書。現代語訳完結。「佐藤一斎に寄せた書簡」解説「大塩平八郎の陽明学」付き。 定価一二六〇円

タチバナ教養文庫

19 十八史略(上)　竹内弘行

中国の歴史のアウトラインをつかむ格好の入門書。太古より西漢まで。面白く一気に読める全文の現代語訳と書き下し文及び語注付。

定価一三六五円

20 臨済録　朝比奈宗源

中国の偉大な禅僧、臨済一代の言行録。語録中の王とされている。朝比奈宗源による訳註ついに復刊！生き生きとした現代語訳が特色。

定価一〇五〇円

21 論語　吉田公平

漢字文化圏における古典の王者。孔子が、人間らしく生きる指針を示す教養の書。時代、民族を超えて読書人の枯渇を癒してきた箴言葉。

定価一二六〇円

22 東西相触れて　新渡戸稲造

世界的名著「武士道」の著者の西洋見聞録。世界平和に貢献した国際連盟事務次長時代の書。表記がえを行い読みやすく復刊！

定価一〇五〇円

23 修養　新渡戸稲造

百年前、「武士道」で日本人の精神文化を世界に伝えた国際人・新渡戸稲造の実践的人生論。百年後、世紀を越えていまだに日本人に勇気を与えてくれる。現代表記に改めて復刊。

定価一三六五円

24 随想録　新渡戸稲造

若き日の立志、「太平洋の橋とならん」を生涯貫いた新渡戸稲造は、偉大な教育者でもあった。体験からにじみ出た「知行一致」のアドバイスは、現代にも豊かな道標を指し示す。

定価一〇五〇円

タチバナ教養文庫

25 新篇葉隠　神子侃編訳

「武士道の聖典」とされる原著から、現代に活きる百四十篇を選び、現代語訳・注・原文の順に配列。現代人にとっての「人生の指南書」。**定価一三五〇円**

26 山岡鉄舟　剣禅話　高野澄編訳

武芸を学ぶ心をいつも禅の考えの中に置いて、剣禅一致を求めた山岡鉄舟の文言を収録。幕末の偉傑・鉄舟の思想と行動を解明する。**定価一〇五〇円**

27 開祖物語　百瀬明治

仏教の道を開いた超人、最澄・空海・親鸞・道元・日蓮。日本仏教史に輝く五つの巨星の人間像と苦汁に満ちた求道の生涯を力強く描く。**定価一三六五円**

28 孝経　竹内弘行

孔子が「孝」を説く、『論語』と並ぶ古典。中国で普及・通行した『今文（きんぶん）孝経』の本邦初訳。語注・訓読・原文及び解説付。**定価一〇五〇円**